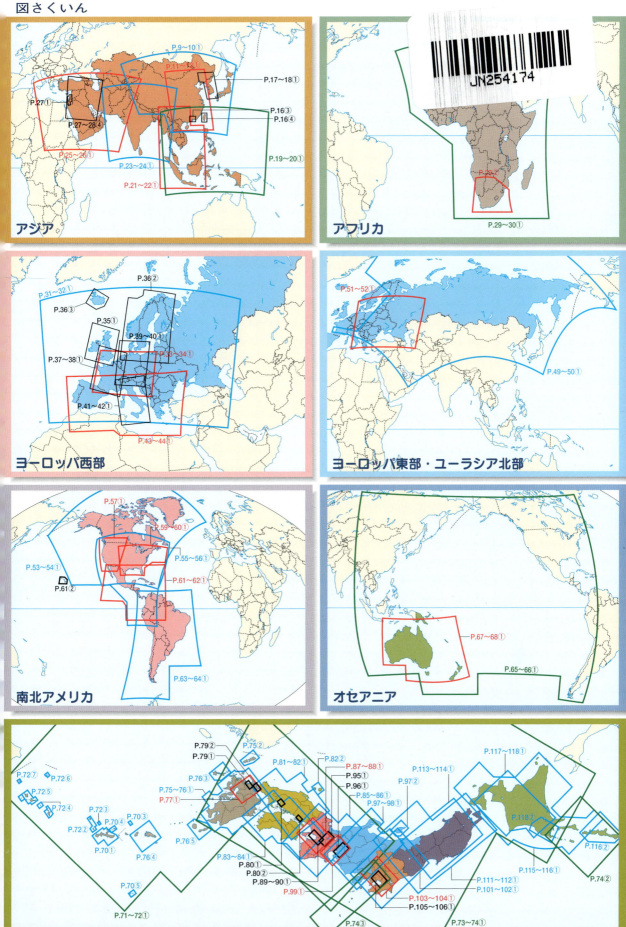

新ワールドアトラス

TVのそばに一冊　世界／日本

もくじ

- 1　世界の国々
- 4　図さくいん
- 5　もくじ・地図の記号
- 6　日本の周辺
- 7　ユーラシア・北極・オセアニア

アジア　9～28
- 9　東アジア
- 11　中国要部
- 13　ペキン・ターリエン・シーアン
- 15　シャンハイ
- 16　ホンコン・台湾
- 17　朝鮮半島
- 19　東南アジア・西太平洋
- 21　東南アジア要部
- 23　南アジア
- 25　西アジア
- 27　イスラエル・中東要部

アフリカ　29～30
- 29　アフリカ

ヨーロッパ・ロシア　31～52
- 31　ヨーロッパ
- 33　ヨーロッパ要部
- 35　イギリス・アイルランド
- 36　スカンディナヴィア半島
- 37　フランス周辺
- 39　ドイツ周辺
- 41　イタリア周辺
- 43　地中海地方
- 45　ロンドン
- 46　パリ
- 47　フランクフルト・デュッセルドルフ
- 48　ベルリン・ブリュッセル・アムステルダム
- 49　ユーラシア北部
- 51　東ヨーロッパ・ロシア連邦要部

南北アメリカ　53～64
- 53　北アメリカ
- 55　アメリカ合衆国
- 57　アメリカ合衆国西部
- 58　ニューヨーク・ワシントンD.C.
- 59　アメリカ合衆国東部・中央部
- 61　中央アメリカ　ハワイ
- 63　南アメリカ

太平洋・オセアニア　65～69
- 65　環太平洋
- 67　オーストラリア・ニュージーランド
- 69　北極・南極

沖縄・日本列島　70～74
- 70　沖縄
- 71　日本列島Ⅰ
- 73　日本列島Ⅱ

九州地方　75～79
- 75　九州地方
- 77　九州北部
- 78　福岡市・北九州市
- 79　福岡・北九州周辺の行政区分

中国・四国地方　80～84
- 80　広島・岡山周辺の行政区分
- 81　中国地方
- 83　四国地方

近畿地方　85～95
- 85　近畿地方
- 87　大阪とその周辺
- 89　大阪周辺の行政区分
- 91　大阪市中心部
- 93　奈良周辺・京都市中心部
- 95　京都周辺の行政区分

中部地方　96～100
- 96　名古屋周辺の行政区分
- 97　中部地方
- 99　名古屋とその周辺
- 100　名古屋市・金沢市

関東地方　101～110
- 101　関東地方
- 103　東京とその周辺
- 105　東京周辺の行政区分
- 107　東京中心部
- 109　横浜市
- 110　さいたま市・千葉市

東北地方　111～114
- 111　東北地方
- 113　東北地方要部

北海道地方　115～118
- 115　北海道地方
- 117　北海道地方要部

資料・さくいん
- 119　結びつく世界
- 120　平成の市町村大合併
- 125　世界の国旗
- 134　統計資料
- 143　さくいん
- 167　日本の行政区分

地形の記号

世界の記号

領土記号
- 〔ア〕アメリカ合衆国
- 〔イ〕イギリス
- 〔オ〕オランダ
- 〔オー〕オーストラリア
- 〔ス〕スペイン
- 〔デ〕デンマーク
- 〔ニュー〕ニュージーランド
- 〔ノ〕ノルウェー
- 〔フ〕フランス
- 〔ポ〕ポルトガル
- 〔南ア〕南アフリカ共和国

日本の記号

①日本の周辺 6

②沖ノ鳥島

③南鳥島

沖ノ鳥島は満潮時の水没を防ぐために護岸工事を行い，排他的経済水域を確保している。南鳥島には気象庁や海上自衛隊などの施設がある。

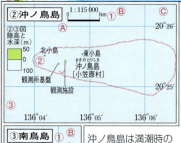

④尖閣諸島（沖縄県石垣市）

1895年に日本に編入されたが，付近の海底に大量の石油埋蔵の可能性が出た頃から中国や台湾が領有権を主張し始めた。2012年，日本政府は国有化を決定。

⑤竹島（島根県隠岐の島町）

竹島は1905年に日本（島根県）に編入。二つの島と周辺の岩礁からなる。第二次世界大戦後，韓国が領有を宣言，現在も不法占拠を続けている。

⑥北方領土（北海道択捉島）

北海道にある国後，択捉，色丹の三島および歯舞群島からなる日本固有の領土。第二次世界大戦後，ソ連の占領下に置かれ，現在もロシアが不法占拠している。

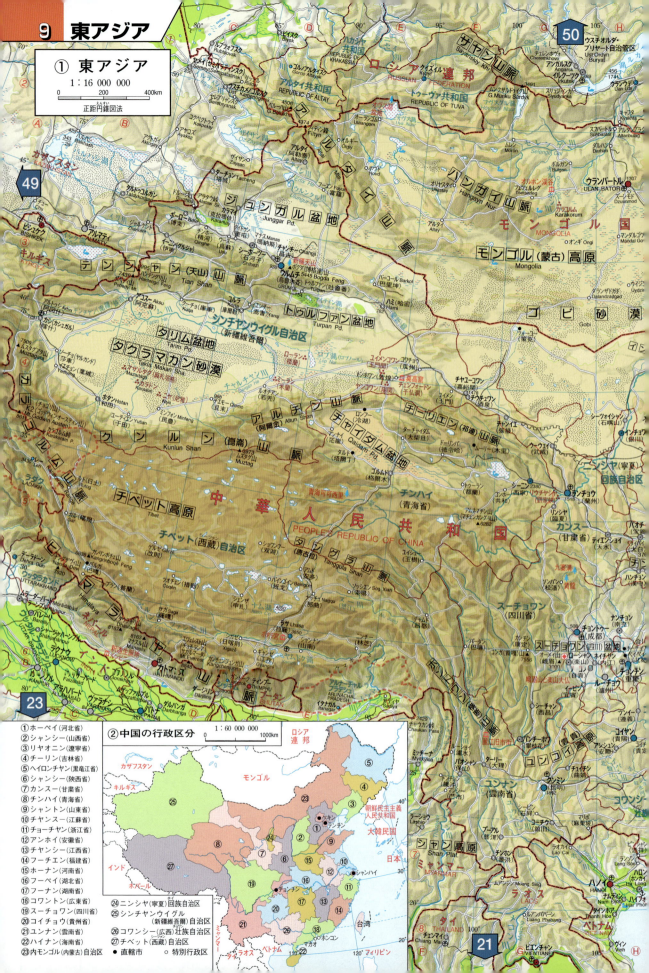

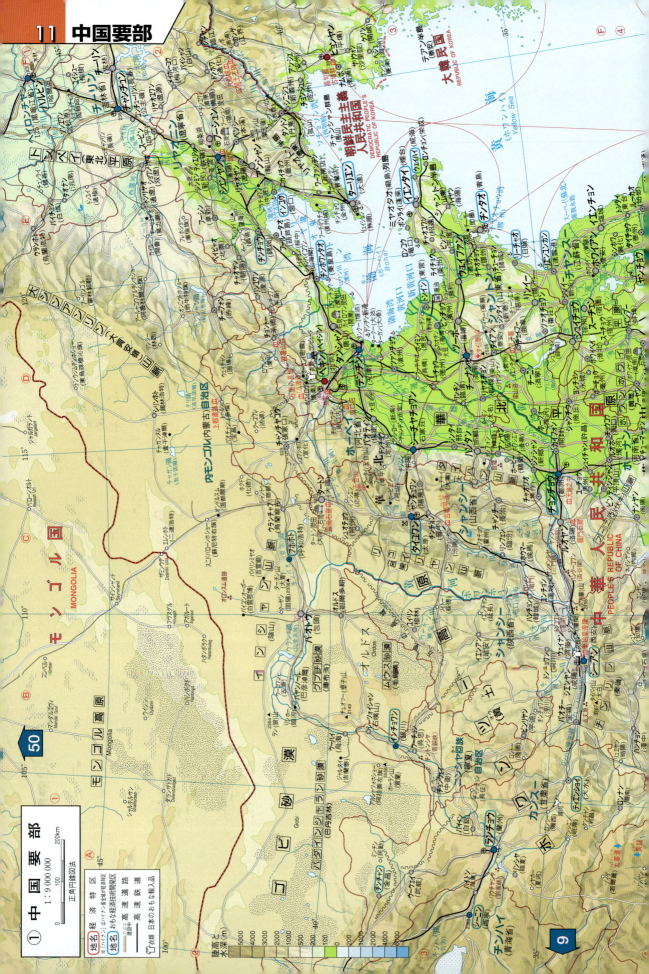

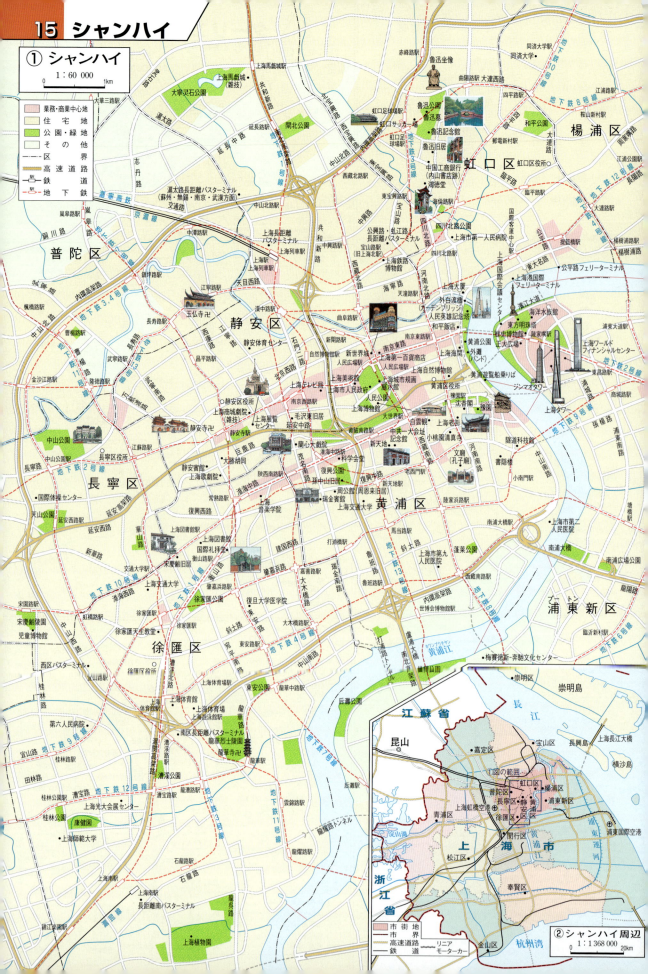

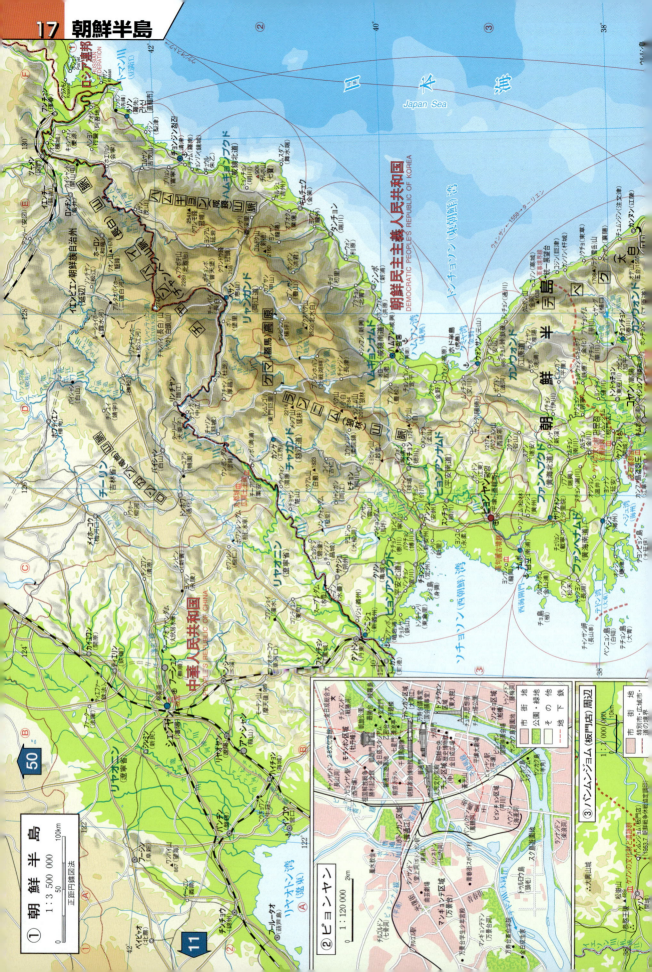

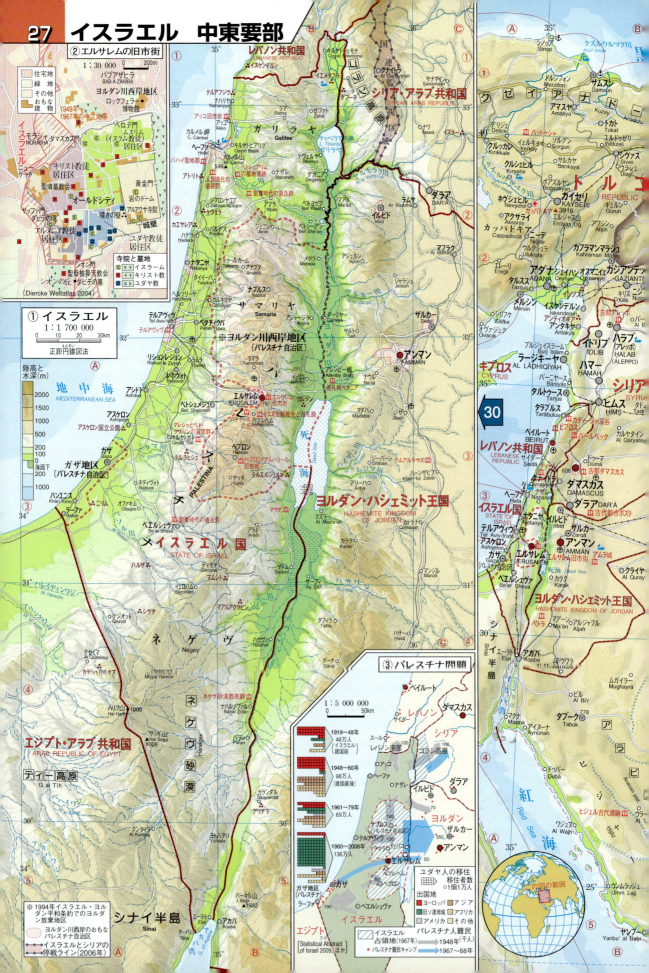

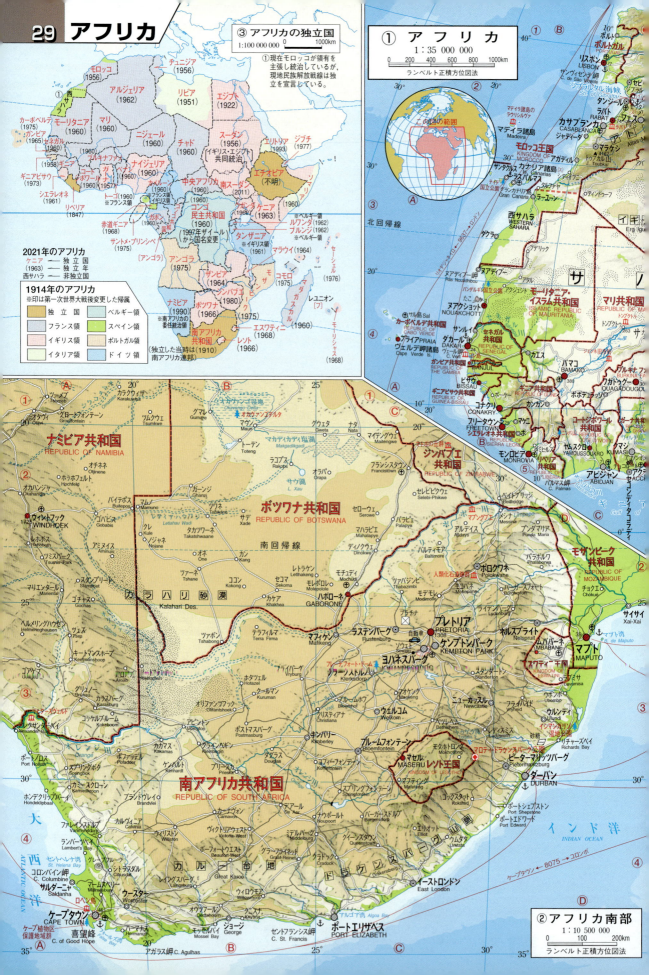

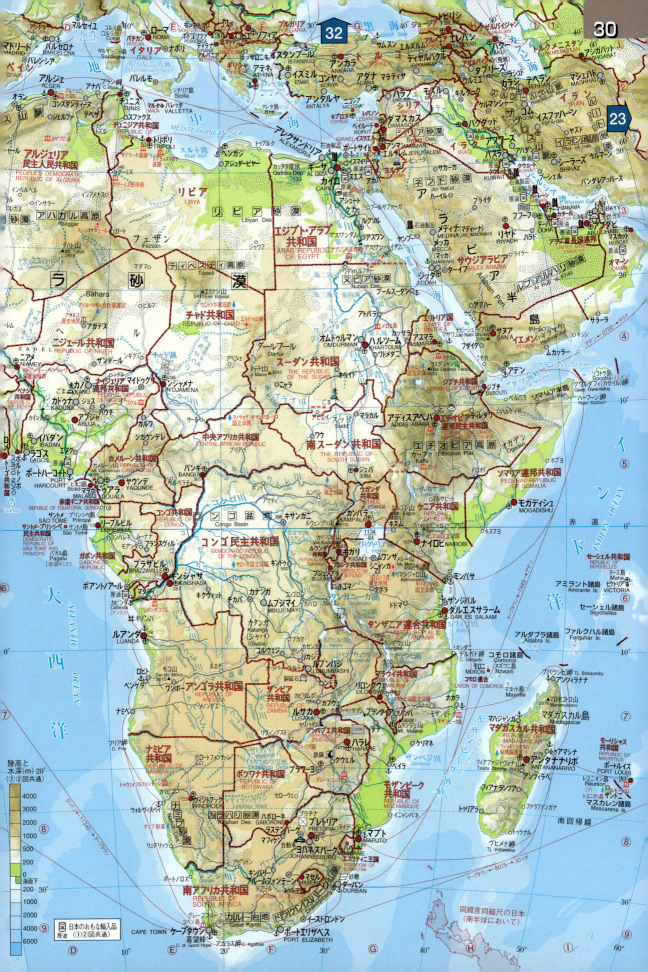

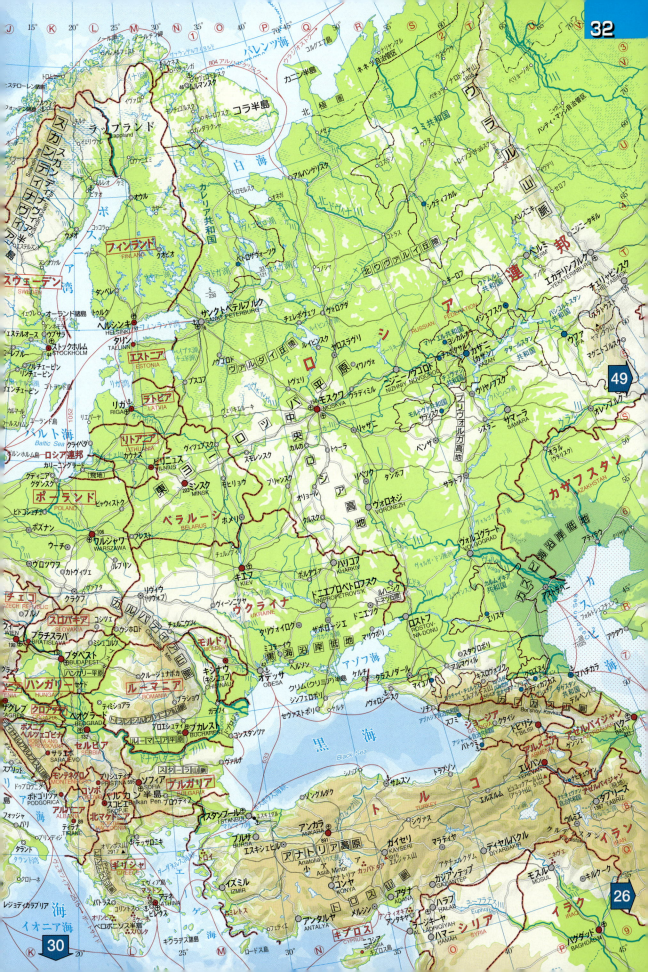

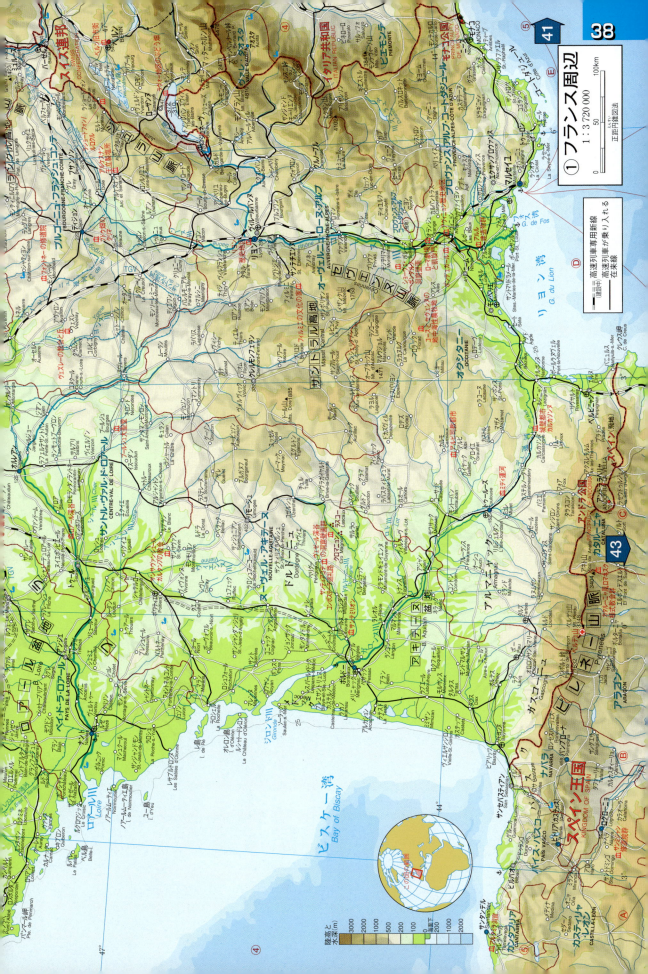

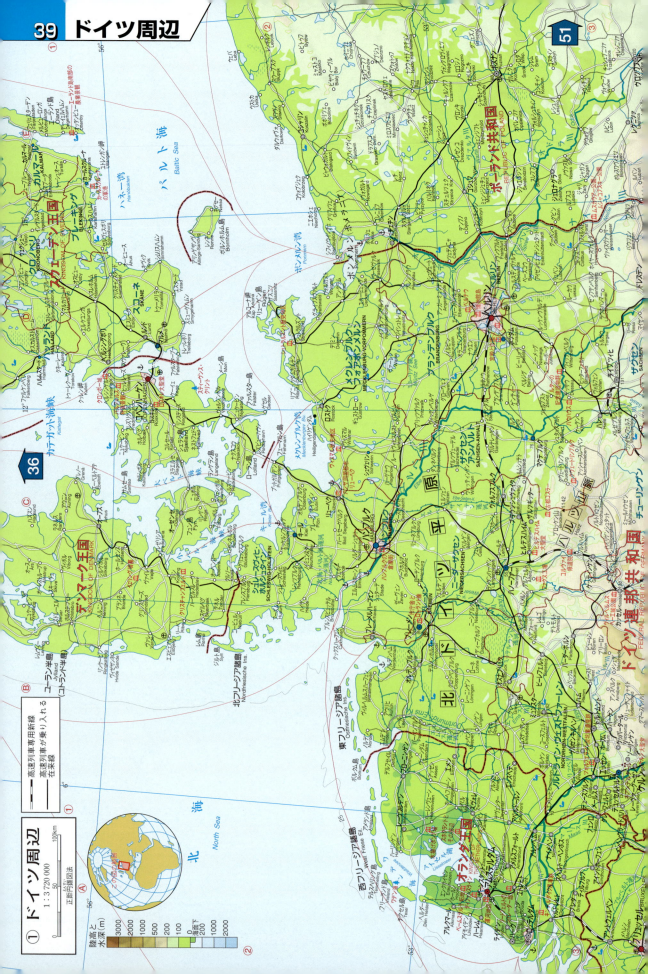

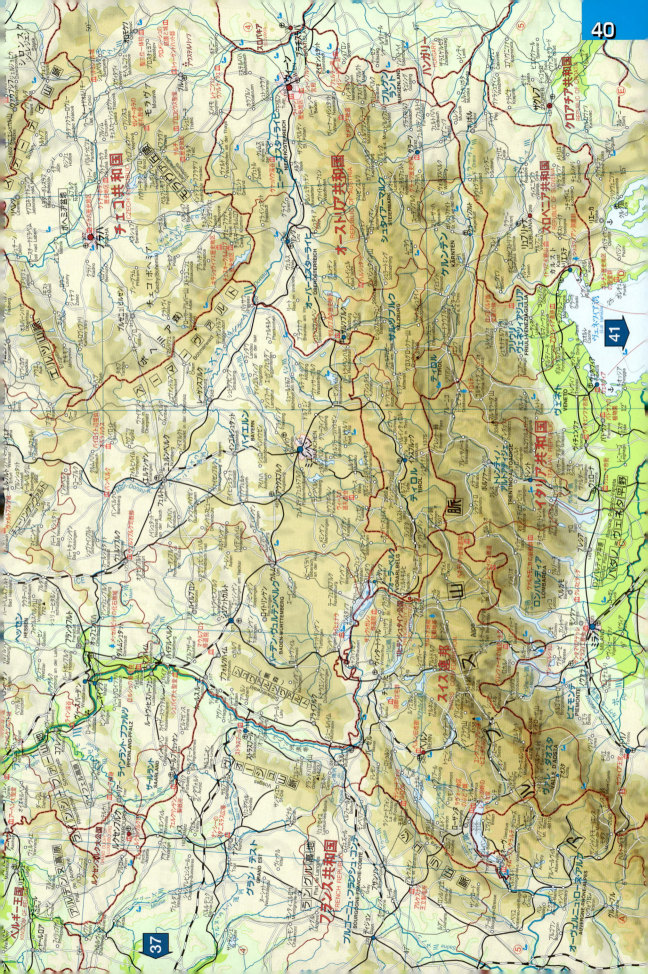

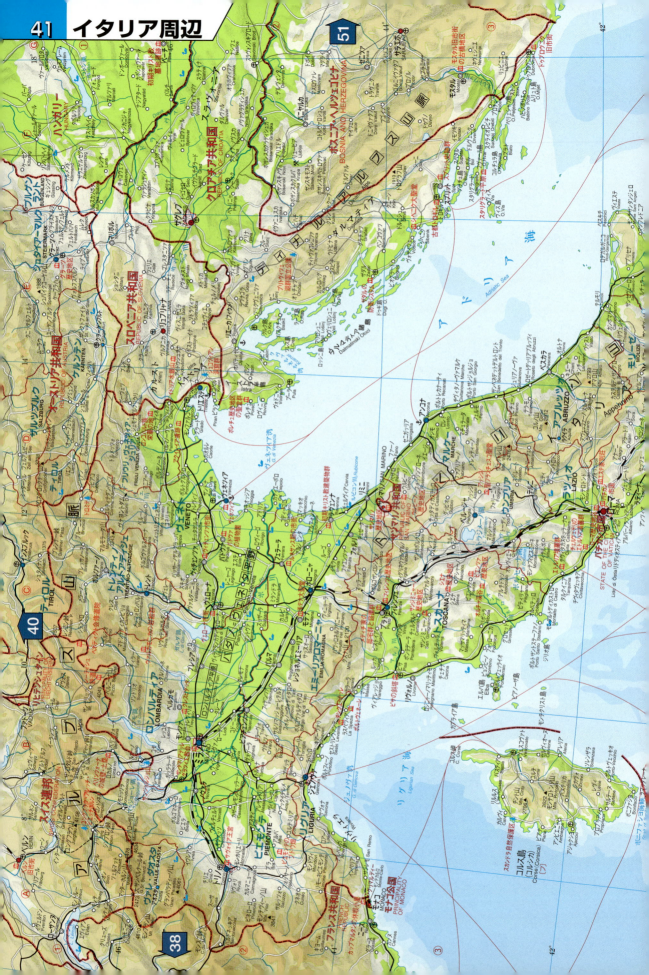

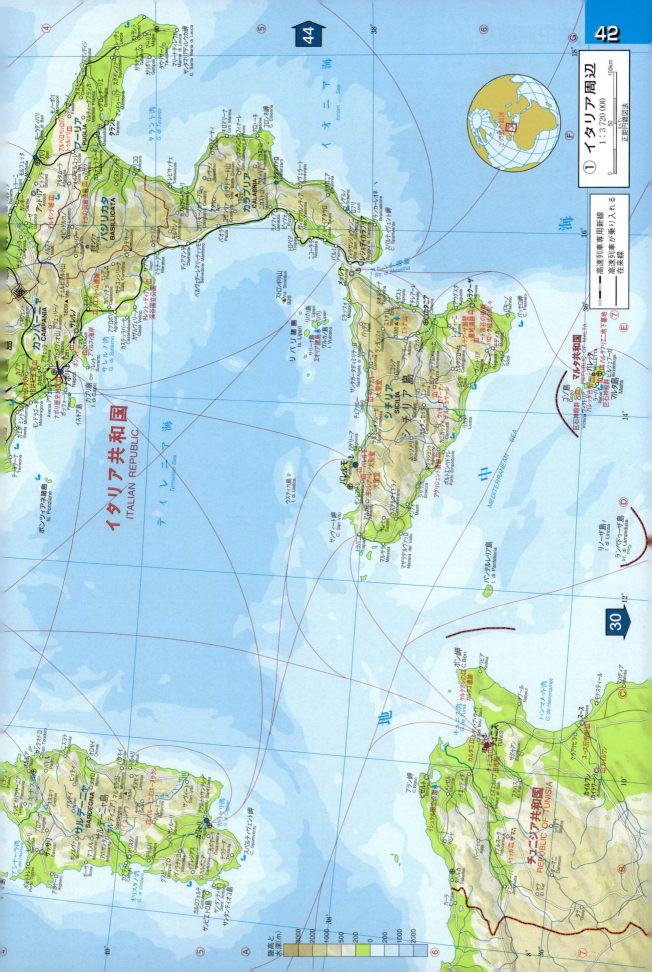

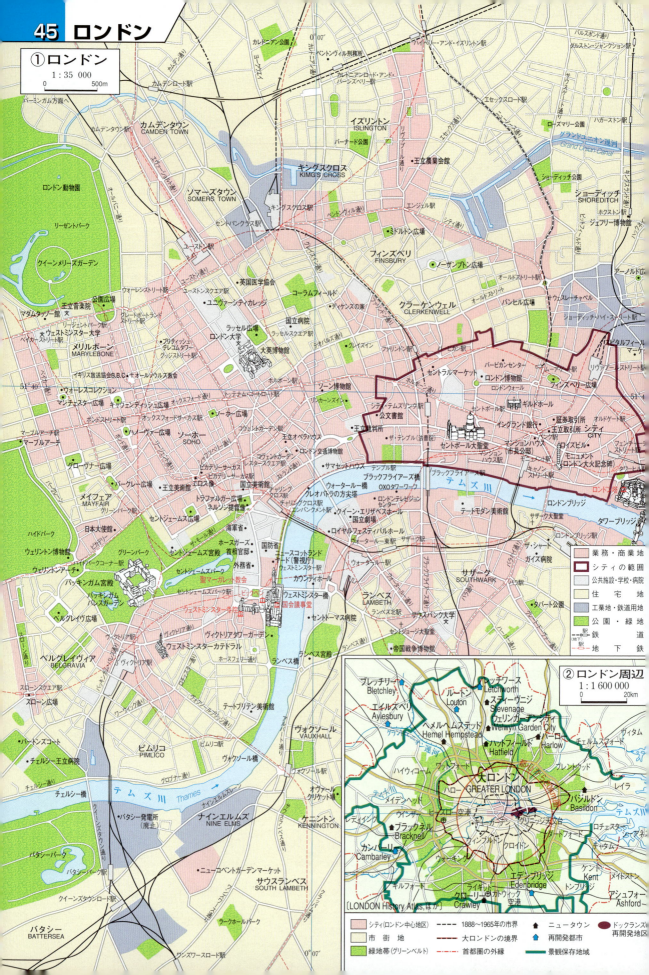

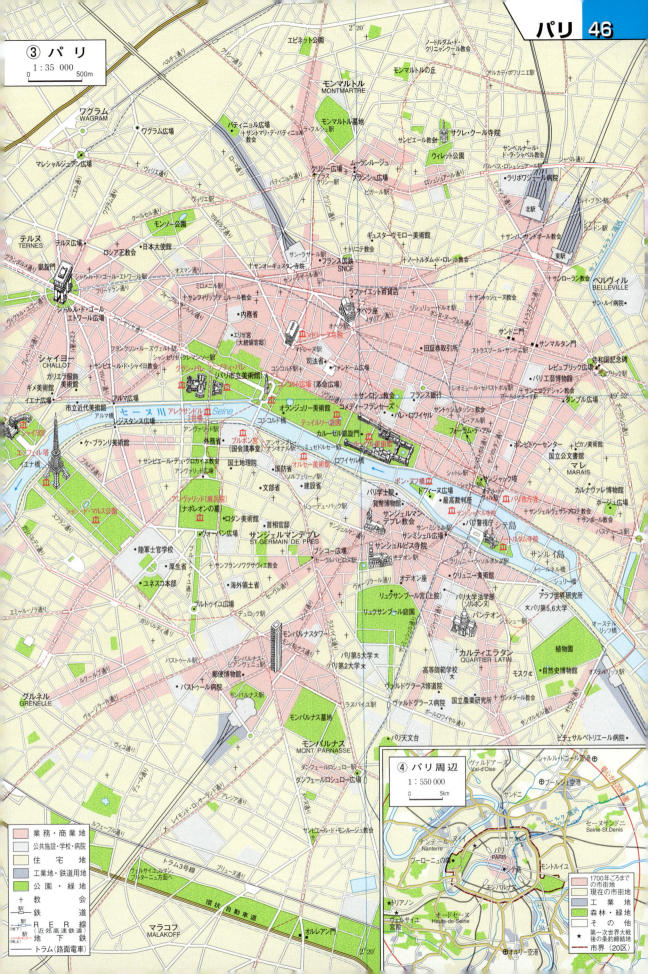

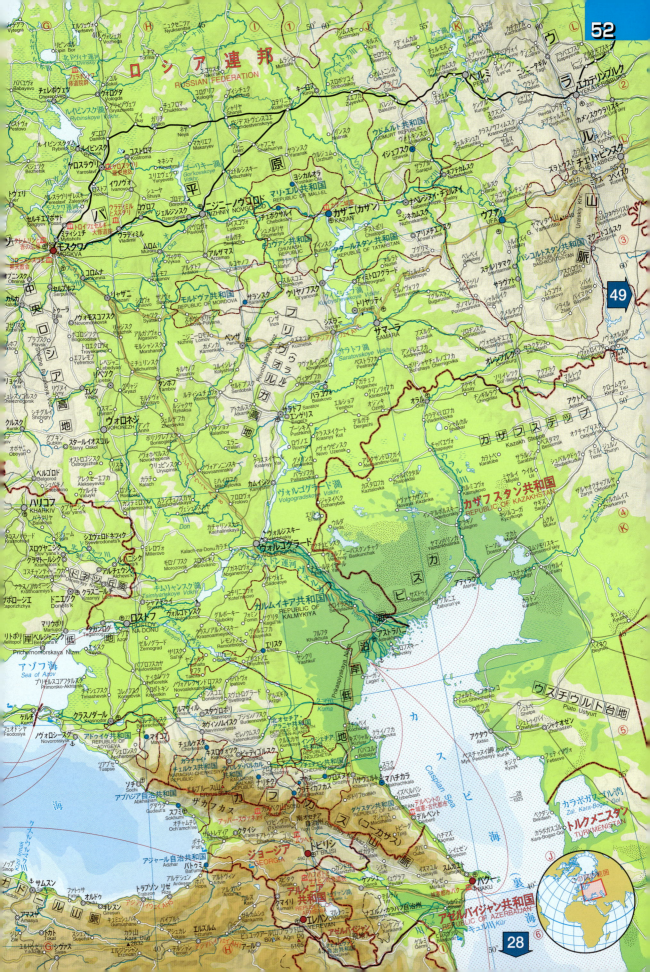

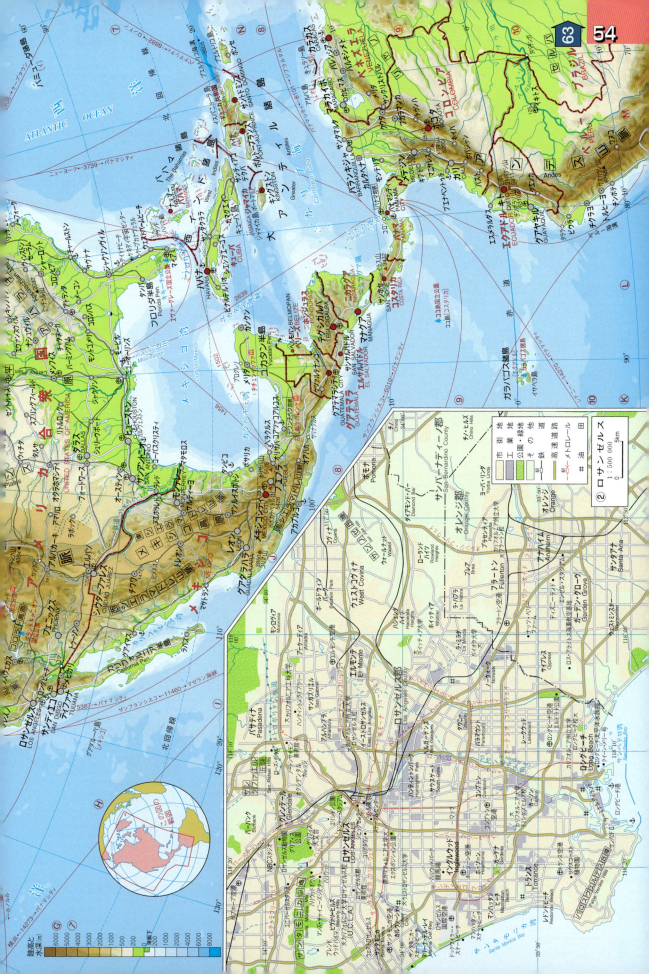

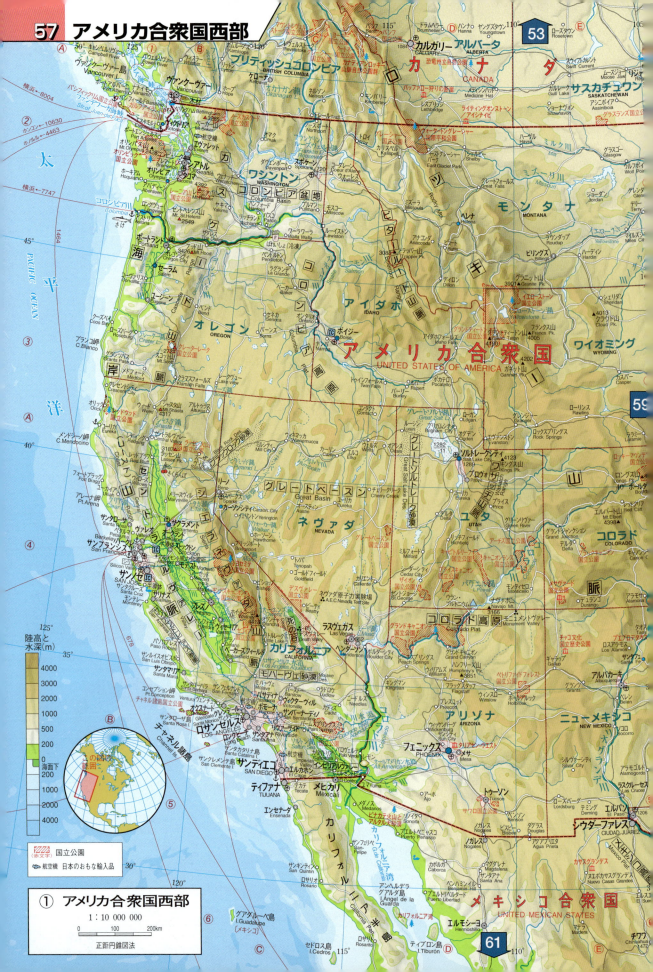

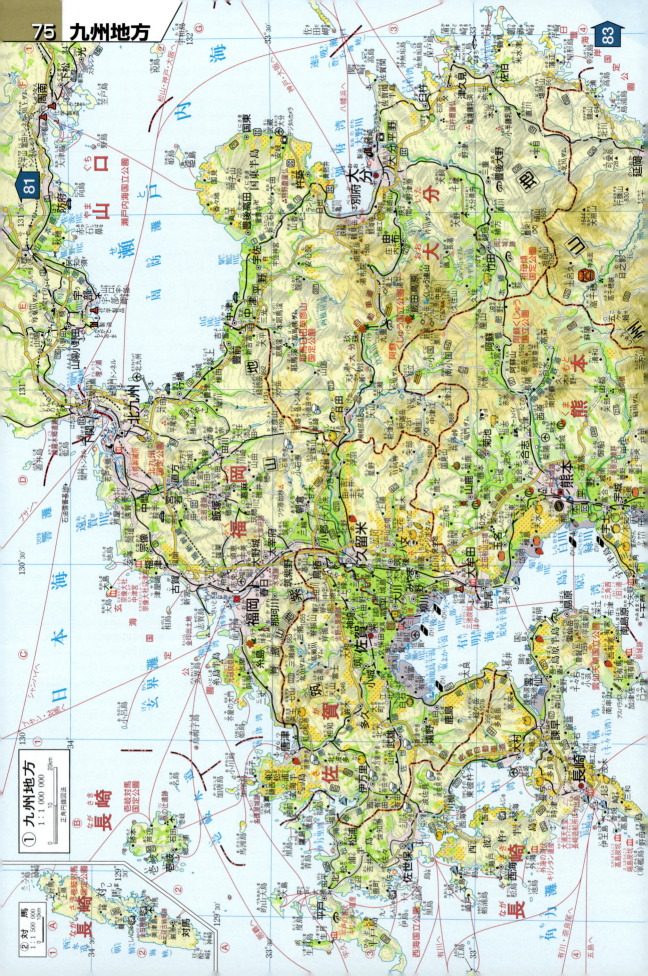

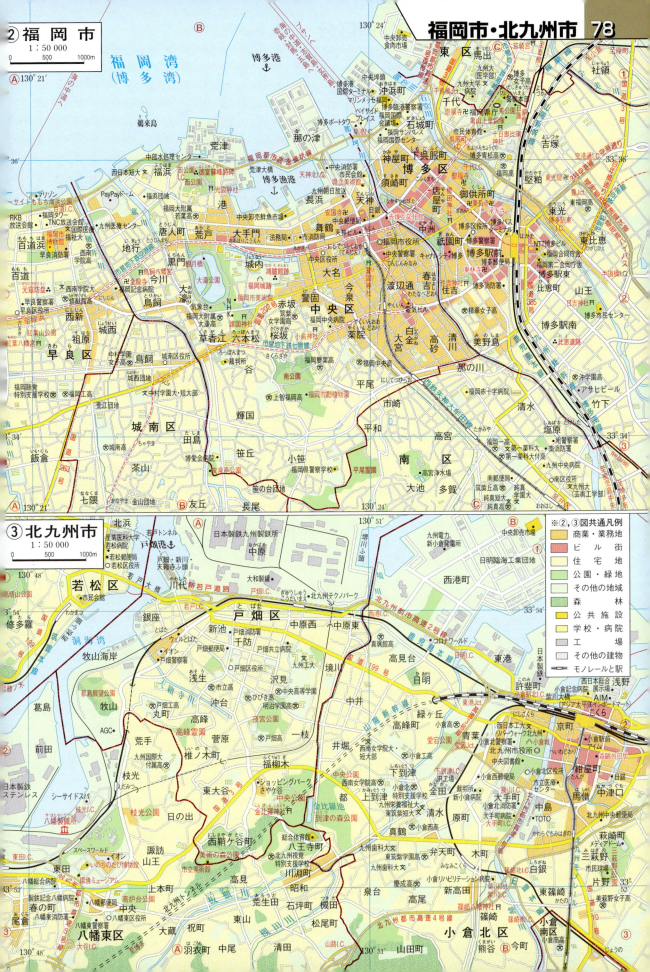

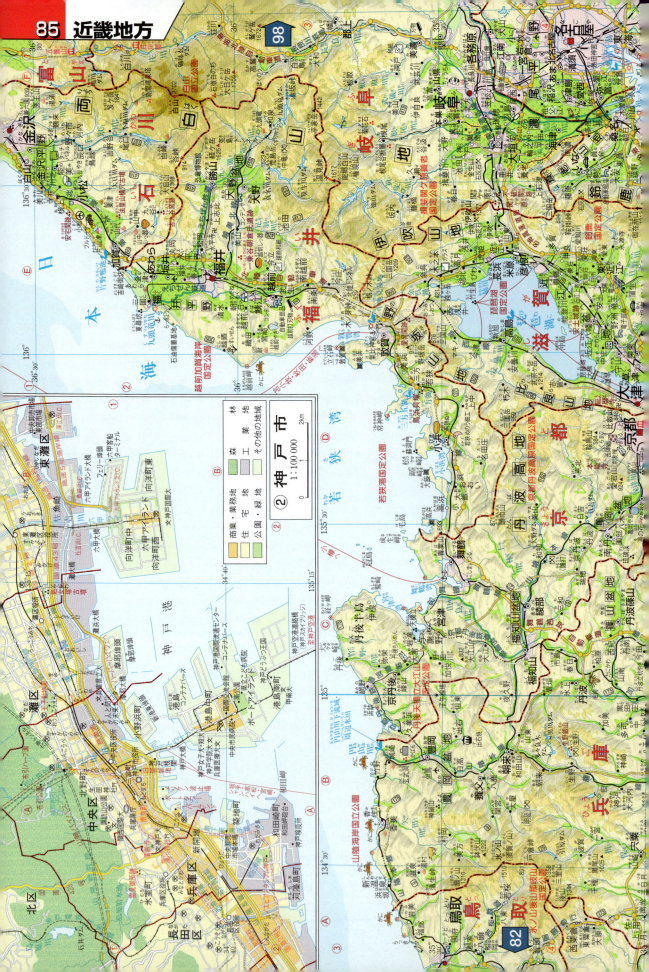

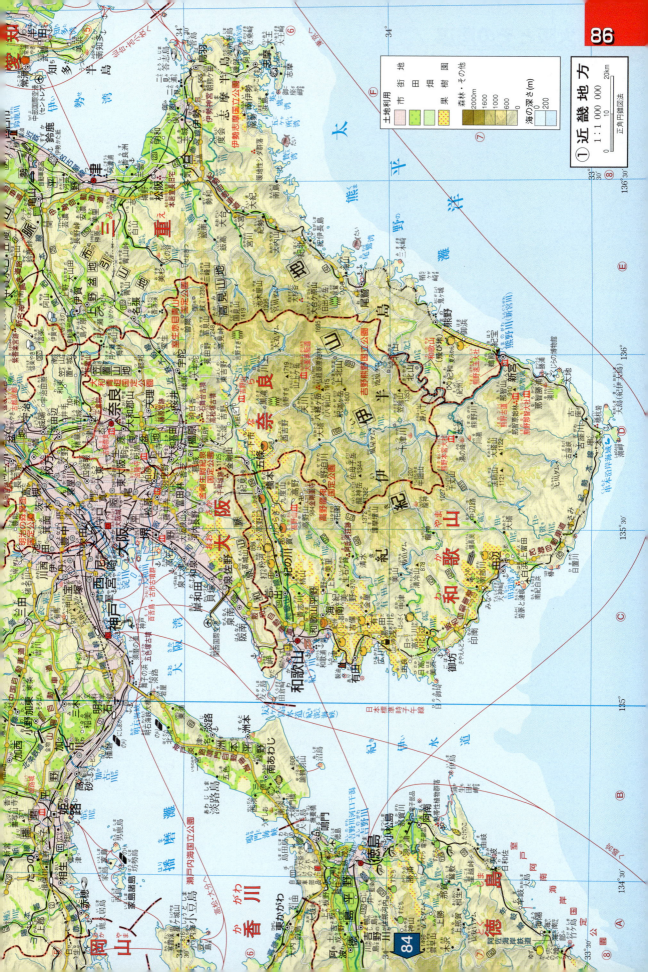

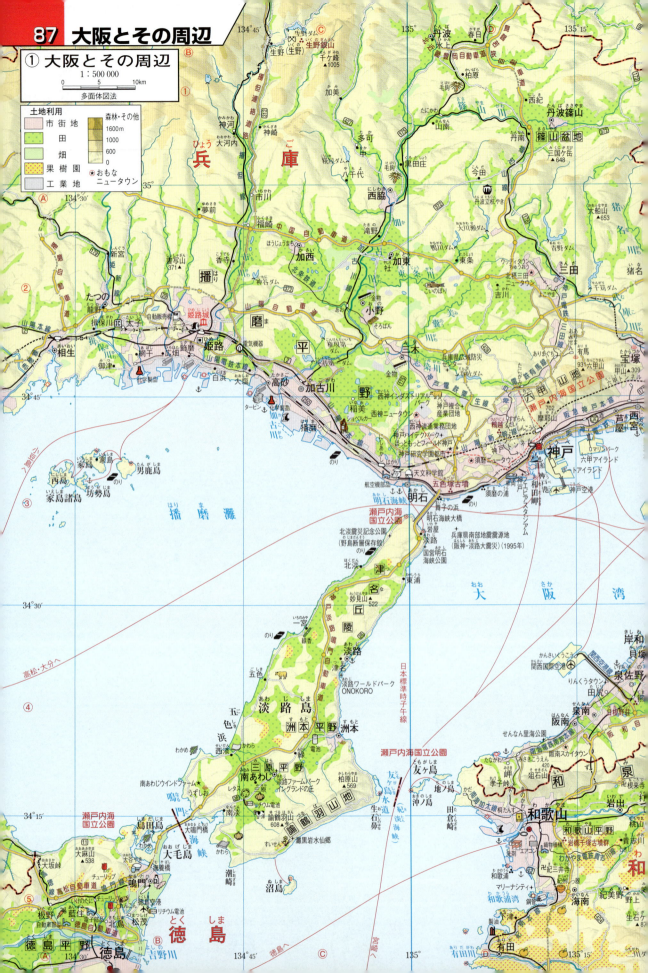

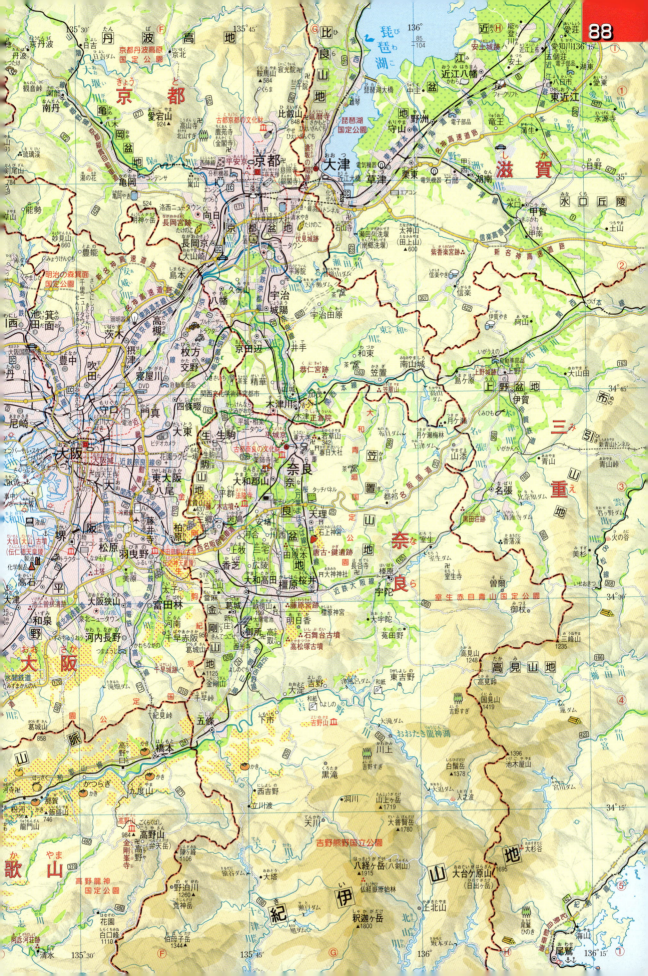

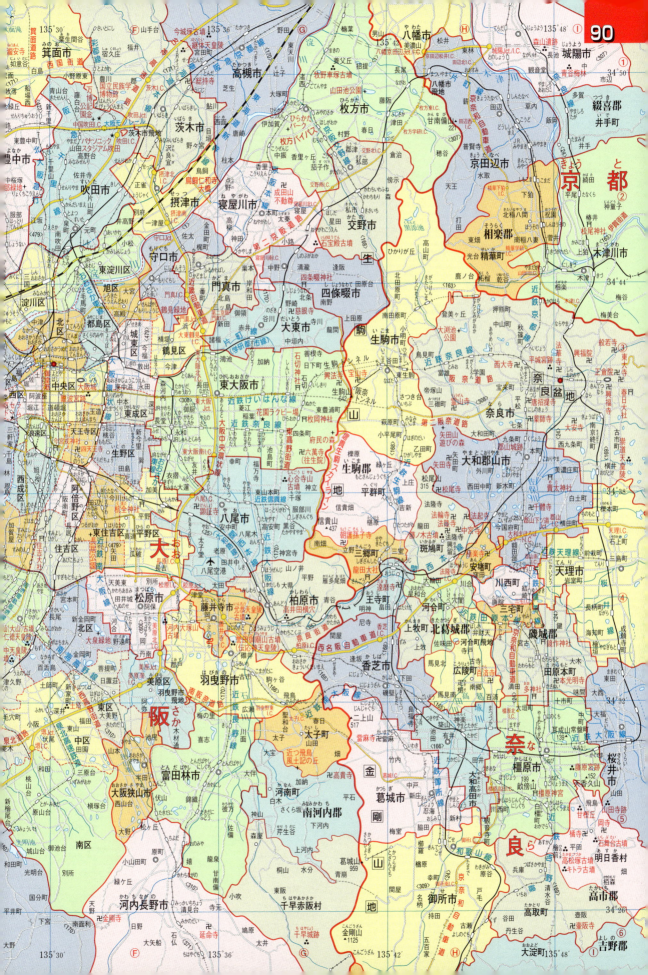

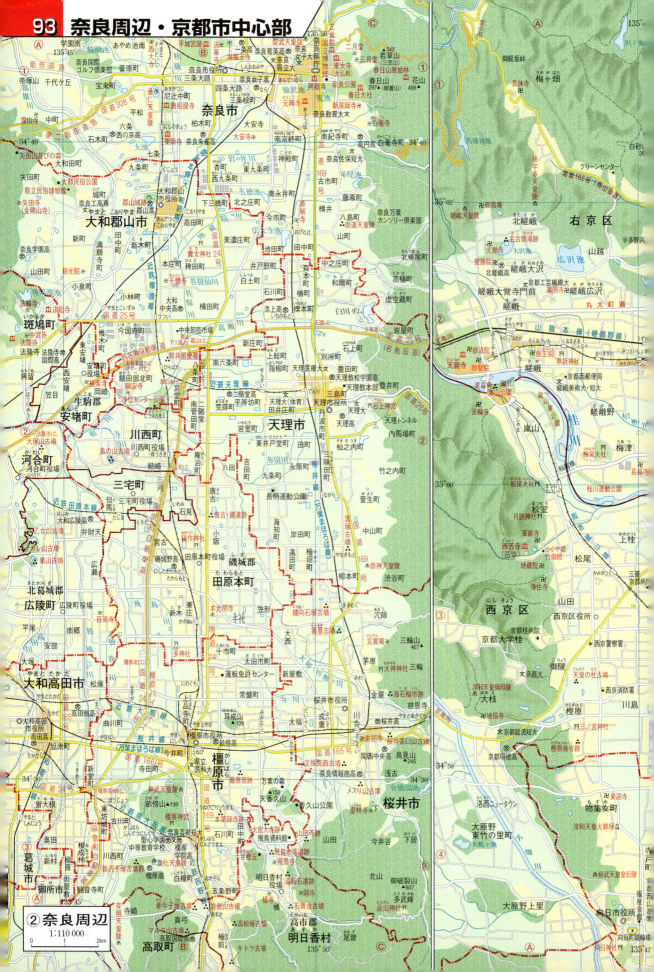

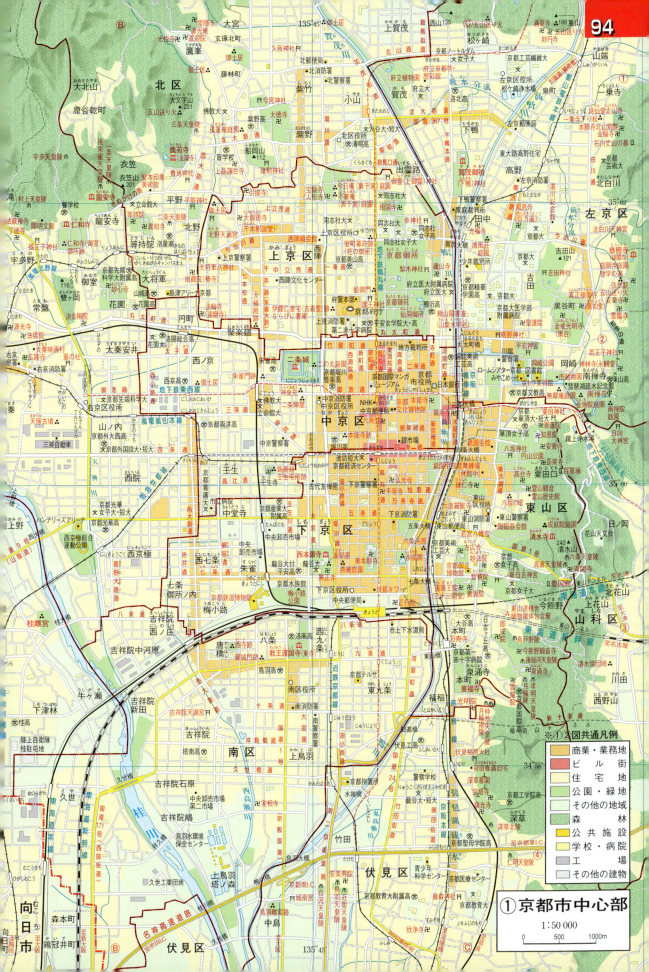

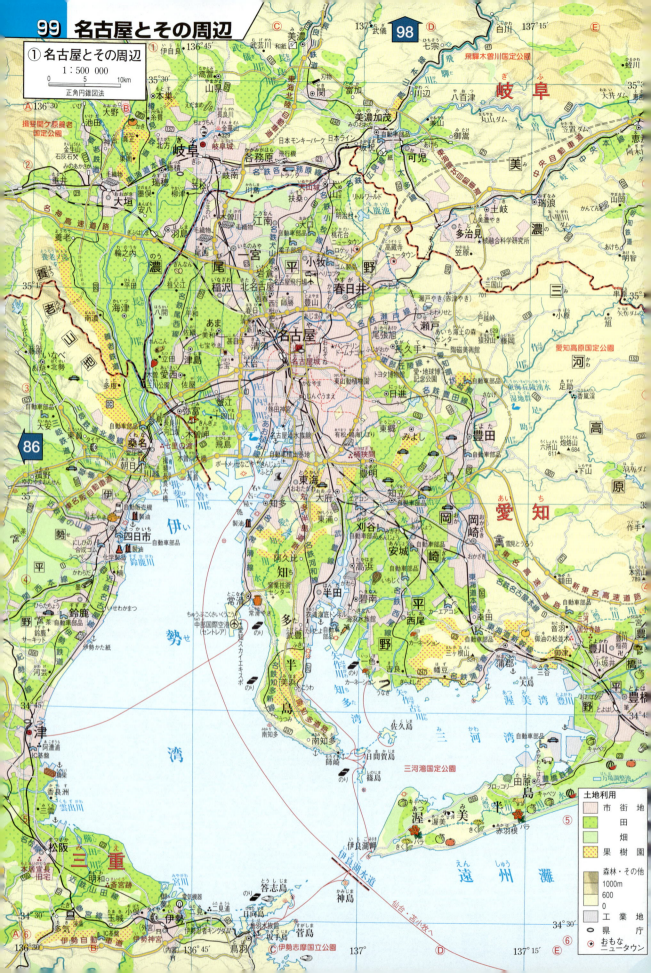

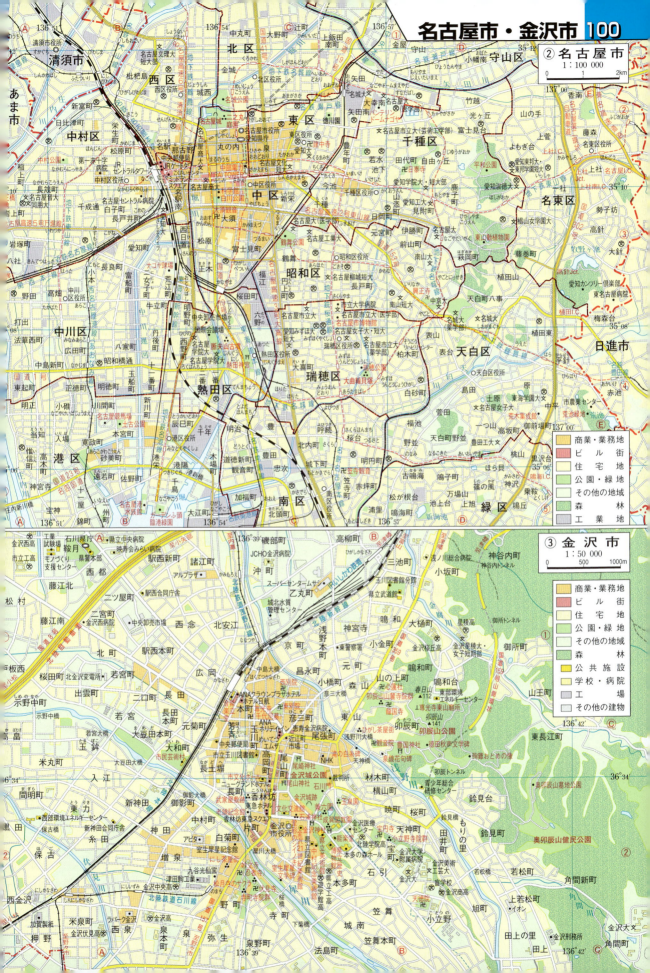

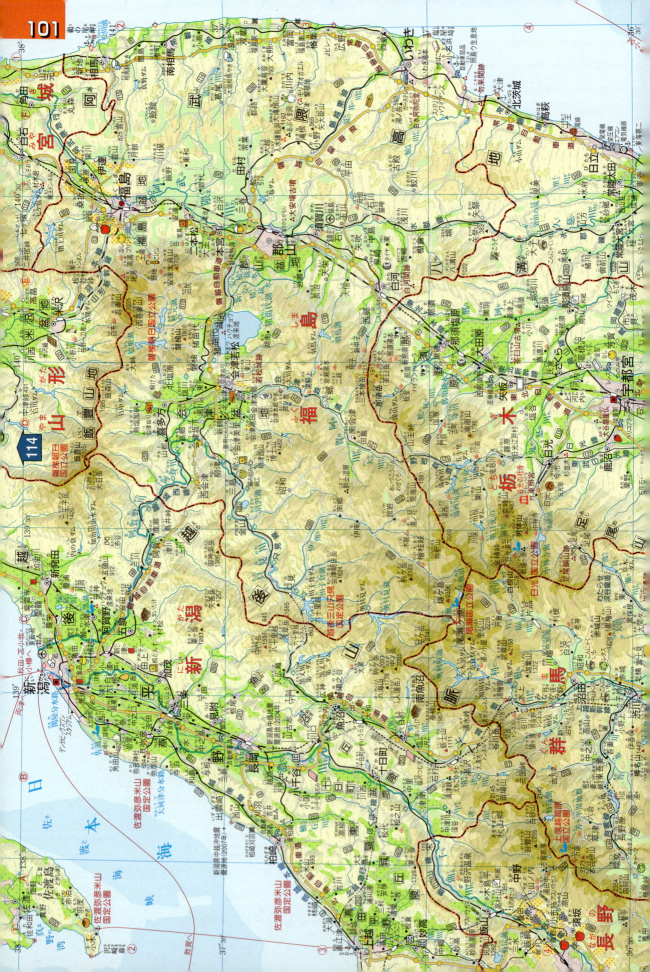

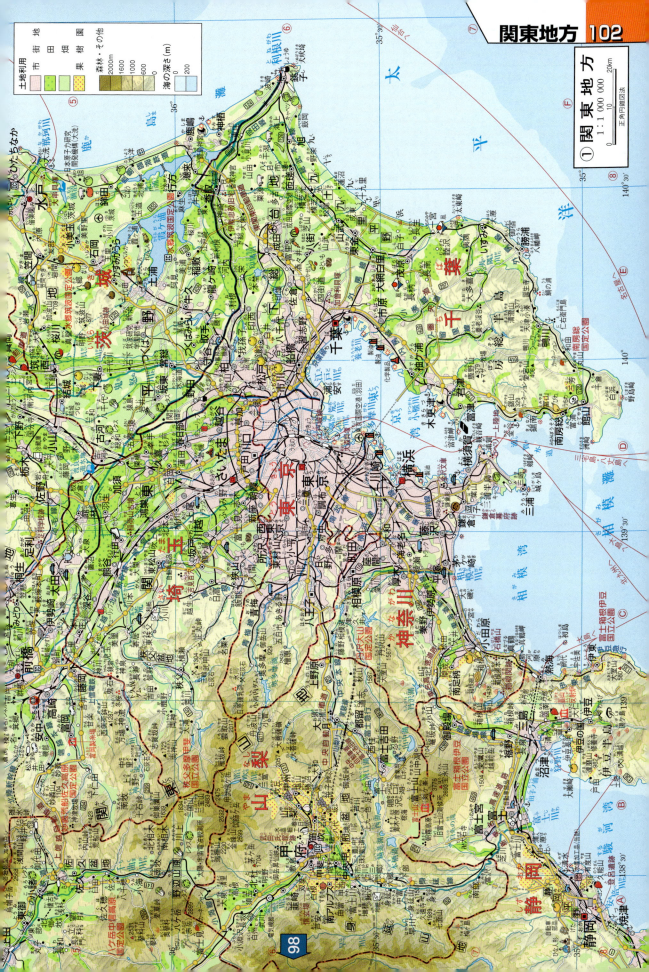

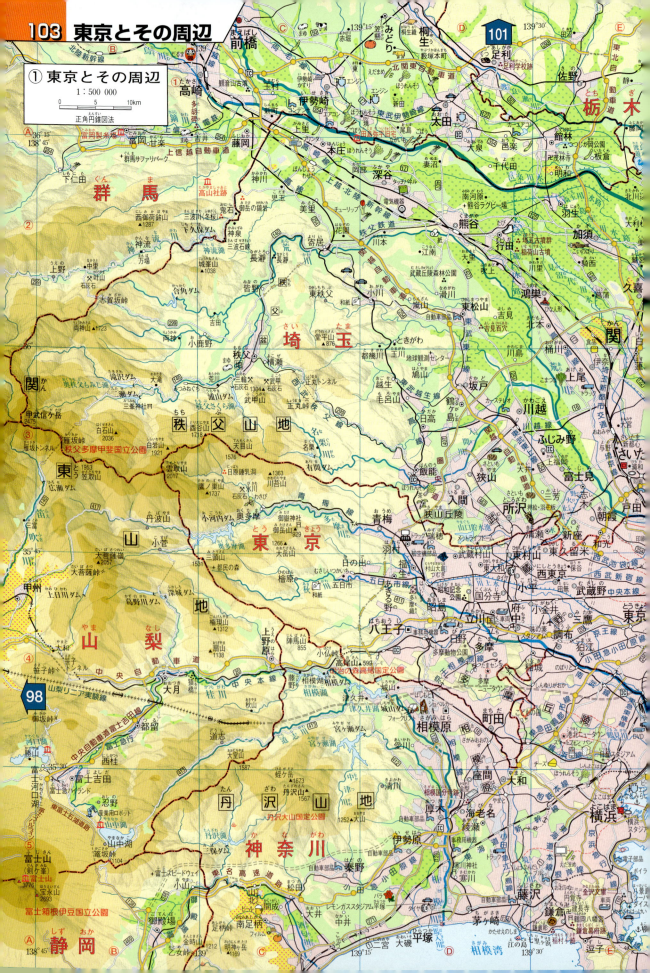

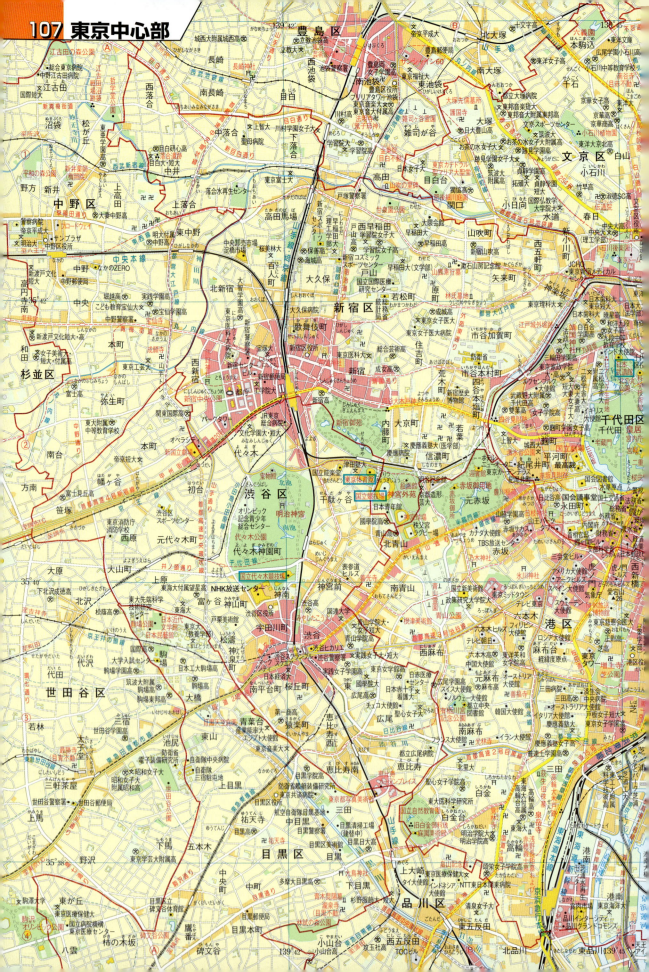

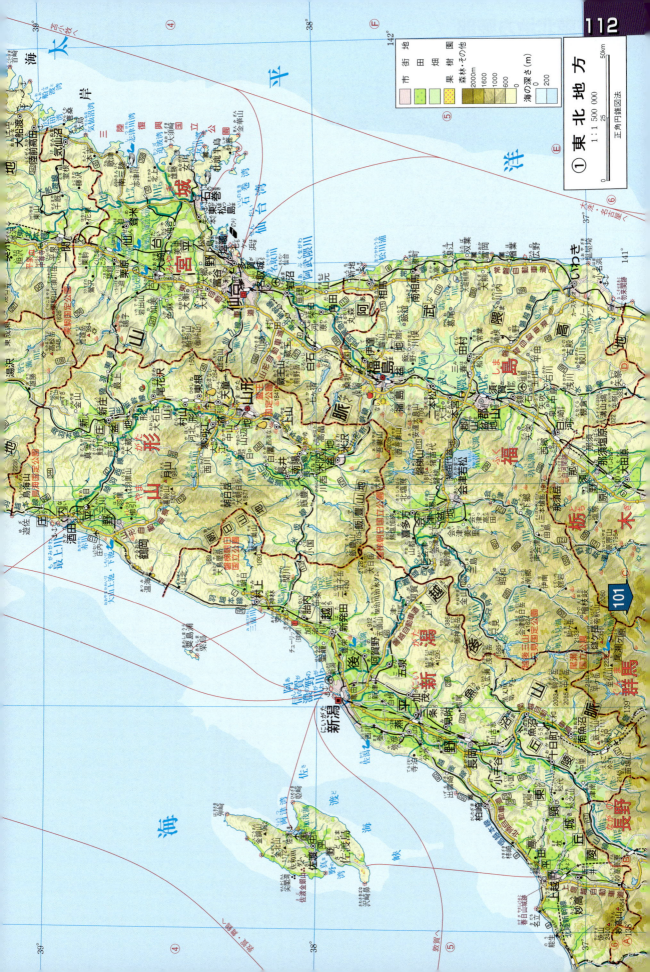

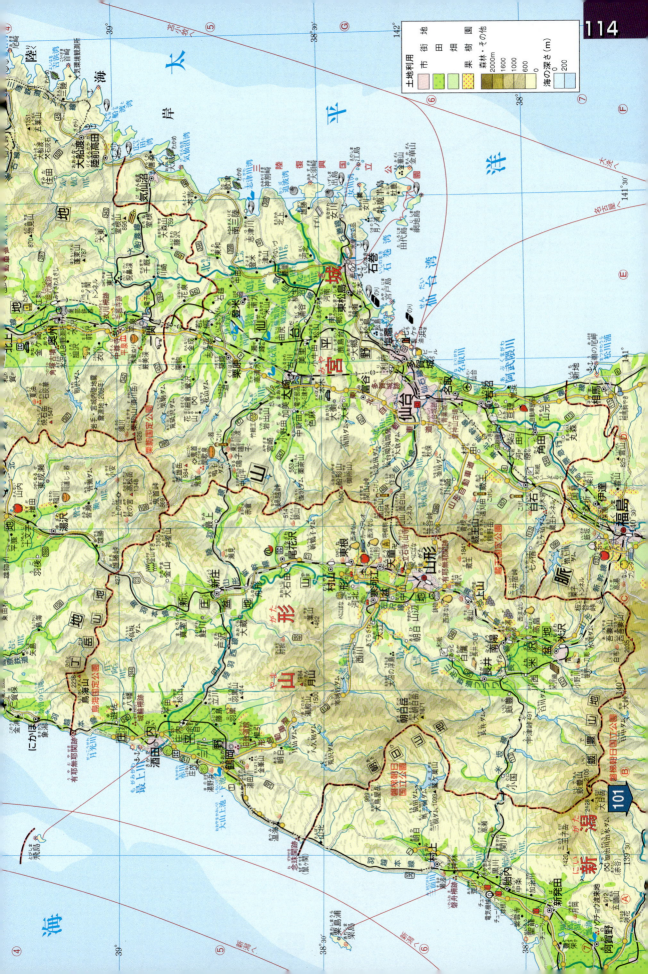

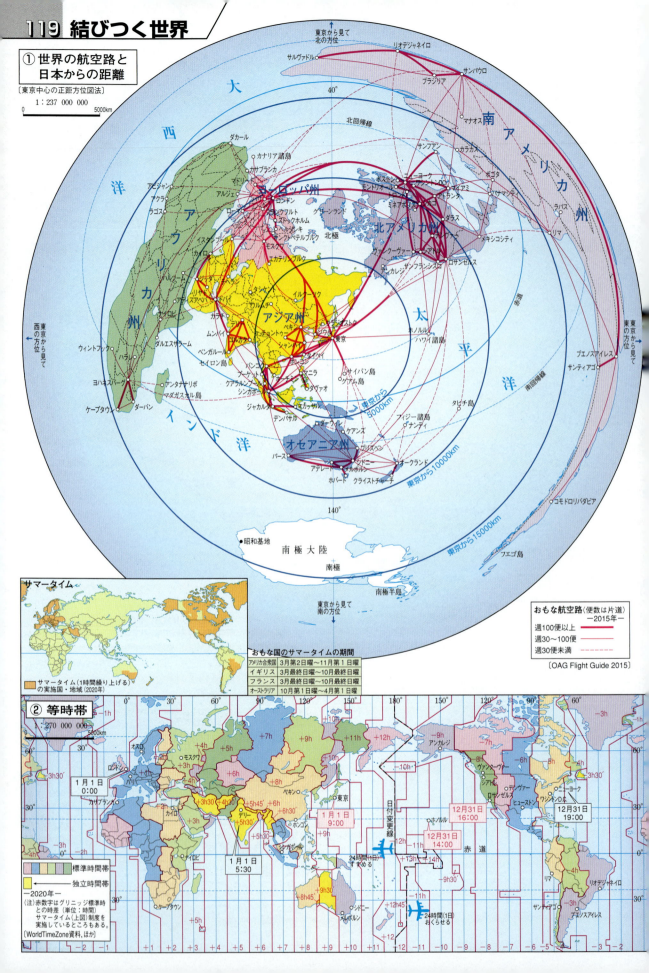

特集 平成の市町村大合併 ① 120

2021年4月までの合併市町村

注1）2021年4月1日現在の状況をもとに作成。
2）年月日は、合併年月日。年は、西暦の下2桁のみ表示。

- 2021年4月1日までの合併市町村
- 都・道・府・県庁の所在地
- 都道府県界
- 合併後の市町村界 ─ 旧市町村界

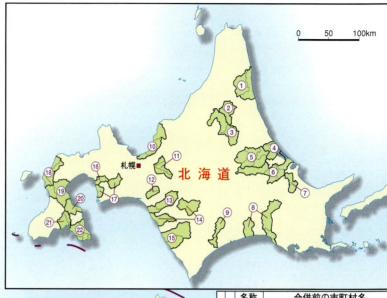

	名称	合併前の市町村名	年月日
1	枝幸町	枝幸町,歌登町	06.3.20
2	名寄市	名寄市,風連町	06.3.27
3	士別市	士別市,朝日町	05.9.1
4	湧別町	上湧別町,湧別町	09.10.5
5	遠軽町	生田原町,遠軽町,丸瀬布町,白滝村	05.10.1
6	北見市	北見市,端野町,留辺蘂町,常呂町	06.3.5
7	大空町	東藻琴村,女満別町	06.3.31
8	釧路市	釧路市,阿寒町,音別町	05.10.11
9	幕別町	幕別町,忠類村	06.2.6
10	石狩市	石狩市,厚田村,浜益村	05.10.1
11	岩見沢市	岩見沢市,北村,栗沢町	06.3.27
12	安平町	早来町,追分町	06.3.27
13	むかわ町	鵡川町,穂別町	06.3.27
14	日高町	日高町,門別町	06.3.1
15	新ひだか町	静内町,三石町	06.3.31
16	洞爺湖町	虻田町,洞爺村	06.3.27
17	伊達市	伊達市,大滝村	06.3.1
18	せたな町	大成町,瀬棚町,北檜山町	05.9.1
19	八雲町	熊石町,八雲町	05.10.1
20	森町	森町,砂原町	05.4.1
21	北斗市	上磯町,大野町	06.2.1
22	函館市	函館市,戸井町,恵山町,椴法華村,南茅部町	04.12.1
23	むつ市	むつ市,川内町,大畑町,脇野沢村	05.3.14
24	外ヶ浜町	蟹田町,平舘村,三厩村	05.3.28
25	中泊町	中里町,小泊村	05.3.28
26	五所川原市	五所川原市,金木町,市浦村	05.3.28
27	つがる市	木造町,森田村,柏村,稲垣村,車力村	05.2.11
28	深浦町	深浦町,岩崎村	05.3.31
29	弘前市	弘前市,岩木町,相馬村	06.2.27
30	藤崎町	藤崎町,常盤村	05.3.28
31	青森市	青森市,浪岡町	05.4.1
32	東北町	上北町,東北町	05.3.31
33	七戸町	七戸町,天間林村	05.3.31
34	平川市	尾上町,平賀町,碇ヶ関村	06.1.1
35	十和田市	十和田市,十和田湖町	05.1.1
36	おいらせ町	百石町,下田町	06.3.1
37	五戸町	五戸町,倉石村	04.7.1
38	南部町	名川町,南部町,福地村	06.1.1
39	八戸市	八戸市,南郷村	05.3.31
40	二戸市	二戸市,浄法寺町	06.1.1
41	八幡平市	西根町,安代町,松尾村	05.9.1
42	洋野町	種市町,大野村	06.1.1
43	久慈市	久慈市,山形村	06.3.6
44	盛岡市	盛岡市,玉山村	06.1.10
45	西和賀町	湯田町,沢内村	05.11.1
46	花巻市	花巻市,大迫町,石鳥谷町,東和町	06.1.1
47	遠野市	遠野市,宮守村	05.10.1
48	宮古市	宮古市,田老町,新里村	05.6.6
49	宮古市	宮古市,川井村	10.1.1
50	奥州市	水沢市,江刺市,前沢町,胆沢町,衣川村	06.2.20
51	一関市	一関市,花泉町,東山町,川崎村,大東町,千厩町,室根村	05.9.20
52	一関市	一関市,藤沢町	11.9.26
53	大船渡市	大船渡市,三陸町	01.11.15
54	気仙沼市	気仙沼市,唐桑町	06.3.31
55	気仙沼市	気仙沼市,本吉町	09.9.1
56	南三陸町	志津川町,歌津町	05.10.1

	名称	合併前の市町村名	年月日
57	登米市	迫町,登米町,東和町,中田町,豊里町,米山町,石越町,南方町,津山町	05.4.1
58	栗原市	築館町,若柳町,栗駒町,高清水町,一迫町,瀬峰町,鶯沢町,金成町,志波姫町,花山村	05.4.1
59	大崎市	古川市,松山町,三本木町,鹿島台町,岩出山町,鳴子町,田尻町	06.3.31
60	加美町	中新田町,小野田町,宮崎町	03.4.1
61	美里町	小牛田町,南郷町	06.1.1
62	東松島市	矢本町,鳴瀬町	05.4.1
63	石巻市	石巻市,雄勝町,河南町,桃生町,北上町,牡鹿町,河北町	05.4.1

	名称	合併前の市町村名	年月日
64	八峰町	八森町,峰浜村	06.3.27
65	能代市	能代市,二ツ井町	06.3.21
66	大館市	大館市,田代町,比内町	05.6.20
67	北秋田市	鷹巣町,森吉町,阿仁町,合川町	05.3.22
68	三種町	琴丘町,山本町,八竜町	06.3.20
69	男鹿市	男鹿市,若美町	05.3.22
70	潟上市	昭和町,飯田川町,天王町	05.3.22
71	秋田市	秋田市,河辺町,雄和町	05.1.11
72	仙北市	田沢湖町,西木村,角館町	05.9.20
73	大仙市	大曲市,神岡町,西仙北町,中仙町,協和町,南外村,仙北町,太田町	05.3.22
74	美郷町	六郷町,千畑町,仙南村	04.11.1
75	横手市	横手市,平鹿町,雄物川町,大森町,大雄村,山内村,増田町,十文字町	05.10.1
76	由利本荘市	本荘市,矢島町,岩城町,由利町,西目町,鳥海町,東由利町,大内町	05.3.22
77	にかほ市	仁賀保町,金浦町,象潟町	05.10.1
78	湯沢市	湯沢市,稲川町,雄勝町,皆瀬村	05.3.22
79	酒田市	酒田市,八幡町,松山町,平田町	05.11.1
80	庄内町	立川町,余目町	05.7.1
81	鶴岡市	鶴岡市,藤島町,羽黒町,櫛引町,朝日村,温海町	05.10.1

特集 平成の市町村大合併 ②

愛知県
西尾市	西尾市、一色町、吉良町、幡豆町	11.4.1

愛知県
田原市	田原町、赤羽根町	03.8.20
田原市	田原市、渥美町	05.10.1
いなべ市	員弁町、大安町、北勢町、藤原町	03.12.1
桑名市	桑名市、多度町、長島町	04.12.6
四日市市	四日市市、楠町	05.2.7
亀山市	亀山市、関町	05.1.11
伊賀市	上野市、伊賀町、島ヶ原村、阿山町、大山田村、青山町	04.11.1
津市	津市、久居市、河芸町、芸濃町、美里村、安濃町、香良洲町、一志町、白山町、美杉村	06.1.1

三重県
松阪市	松阪市、嬉野町、三雲町、飯南町、飯高町	05.1.1
多気町	多気町、勢和村	06.1.1
大台町	大台町、宮川村	06.1.10
伊勢市	伊勢市、二見町、小俣町、御薗村	05.11.1
志摩市	浜島町、大王町、志摩町、阿児町、磯部町	04.10.1
南伊勢町	南勢町、南島町	05.10.1
大紀町	大宮町、紀勢町、大内山村	05.2.14
紀北町	紀伊長島町、海山町	05.10.11
熊野市	熊野市、紀和町	05.11.1
紀宝町	紀宝町、鵜殿村	06.1.10

滋賀県
長浜市	長浜市、浅井町、びわ町	06.2.13
長浜市	長浜市、虎姫町、湖北町、高月町、木之本町、余呉町、西浅井町	10.1.1
米原市	山東町、伊吹町、米原町	05.2.14
米原市	米原市、近江町	05.10.1
愛荘町	秦荘町、愛知川町	06.2.13
近江八幡市	近江八幡市、安土町	10.3.21
東近江市	八日市市、永源寺町、五個荘町、愛東町、湖東町	05.2.11
東近江市	東近江市、蒲生町、能登川町	06.1.1
甲賀市	水口町、土山町、甲賀町、甲南町、信楽町	04.10.1
湖南市	石部町、甲西町	04.10.1
野洲市	中主町、野洲町	04.10.1
大津市	大津市、志賀町	06.3.20
高島市	マキノ町、今津町、安曇川町、高島町、新旭町、朽木村	05.1.1

京都府
京丹後市	峰山町、大宮町、網野町、丹後町、弥栄町、久美浜町	04.4.1
与謝野町	加悦町、岩滝町、野田川町	06.3.1
福知山市	福知山市、三和町、夜久野町、大江町	06.1.1
京丹波町	丹波町、瑞穂町、和知町	05.10.11
南丹市	園部町、八木町、日吉町、美山町	06.1.1
京都市	京都市、京北町	05.4.1
木津川市	山城町、木津町、加茂町	07.3.12

大阪府
堺市	堺市、美原町	05.2.1

兵庫県
新温泉町	浜坂町、温泉町	05.10.1
香美町	香住町、村岡町、美方町	05.4.1
豊岡市	豊岡市、城崎町、竹野町、日高町、出石町、但東町	05.4.1
養父市	八鹿町、養父町、大屋町、関宮町	04.4.1
宍粟市	山崎町、宍粟郡一宮町、波賀町、千種町	05.4.1
朝来市	生野町、和田山町、山東町、朝来町	05.4.1
佐用町	佐用町、上月町、南光町、三日月町	05.10.1
神河町	神崎町、大河内町	05.11.7
丹波市	柏原町、氷上町、青垣町、春日町、山南町、市島町	04.11.1
多可町	中町、加美町、八千代町	05.11.1
たつの市	龍野市、新宮町、揖保川町、御津町	05.10.1
西脇市	西脇市、黒田庄町	05.10.1
篠山市	篠山町、西紀町、丹南町、今田町	99.4.1
加東市	社町、滝野町、東条町	06.3.20
三木市	三木市、吉川町	05.10.24
姫路市	姫路市、家島町、夢前町、香寺町、安富町	06.3.27
淡路市	津名町、淡路町、北淡町、津名郡一宮町、東浦町	05.4.1
洲本市	洲本市、五色町	06.2.11
南あわじ市	緑町、西淡町、三原町、南淡町	05.1.11

奈良県
奈良市	奈良市、月ケ瀬村、都祁村	05.4.1
葛城市	新庄町、當麻町	04.10.1
宇陀市	大宇陀町、菟田野町、榛原町、室生村	06.1.1
五條市	五條市、西吉野村、大塔村	05.9.25

和歌山県
橋本市	橋本市、高野口町	06.3.1
かつらぎ町	かつらぎ町、花園村	05.10.1
紀の川市	打田町、粉河町、那賀町、桃山町、貴志川町	05.11.7
紀美野町	野上町、美里町	06.1.1
海南市	海南市、下津町	05.4.1
有田川町	吉備町、金屋町、清水町	06.1.1
日高川町	川辺町、中津村、美山村	05.5.1
みなべ町	南部町、南部川村	04.10.1
田辺市	田辺市、龍神村、中辺路町、大塔村、本宮町	05.5.1
新宮市	新宮市、熊野川町	05.10.1
白浜町	白浜町、日置川町	06.3.1
串本町	串本町、古座町	05.4.1

石川県
能美市	根上町、寺井町、辰口町	05.2.1
白山市	松任市、美川町、鶴来町、河内村、吉野谷村、鳥越村、尾口村、白峰村	05.2.1
加賀市	加賀市、山中町	05.10.1

福井県
あわら市	芦原町、金津町	04.3.1
坂井市	三国町、丸岡町、春江町、坂井町	06.3.20
永平寺町	松岡町、永平寺町、上志比村	06.2.13
福井市	福井市、美山町、越廼村、清水町	06.2.1
越前市	武生市、今立町	05.10.1
越前町	朝日町、宮崎村、越前町、織田町	05.2.1
大野市	大野市、和泉村	05.11.7
南越前町	南条町、今庄町、河野村	05.1.1
若狭町	三方町、上中町	05.3.31
おおい町	大飯町、名田庄村	06.3.3

岐阜県
飛騨市	古川町、河合村、宮川村、神岡町	04.2.1
高山市	高山市、丹生川村、清見村、荘川村、宮村、久々野町、朝日村、高根村、国府町、上宝村	05.2.1
下呂市	萩原町、小坂町、下呂町、金山町、馬瀬村	04.3.1
郡上市	八幡町、大和町、白鳥町、高鷲村、美並村、明宝村、和良村	04.3.1
中津川市	中津川市、坂下町、川上村、加子母村、付知町、福岡町、蛭川村	05.2.13
中津川市	中津川市、長野県山口村	05.2.13
恵那市	恵那市、岩村町、山岡町、明智町、串原村、上矢作町	04.10.25
関市	関市、洞戸村、板取村、武儀町、上之保村、武芸川町	05.2.7
山県市	高富町、伊自良村、美山町	03.4.1
本巣市	本巣町、真正町、糸貫町、根尾村	04.2.1
揖斐川町	揖斐川町、谷汲村、春日村、久瀬村、藤橋村、坂内村	05.1.31
大垣市	大垣市、上石津町、墨俣町	06.3.27
海津市	海津町、平田町、南濃町	05.3.28
瑞穂市	穂積町、巣南町	03.5.1
岐阜市	岐阜市、柳津町	06.1.1
各務原市	各務原市、川島町	04.11.1
可児市	可児市、兼山町	05.5.1
多治見市	多治見市、笠原町	06.1.23
一宮市	一宮市、尾西市、木曽川町	05.4.1
稲沢市	稲沢市、祖父江町、平和町	05.4.1
北名古屋市	師勝町、西春町	06.3.20
清須市	西枇杷島町、清洲町、新川町	05.7.7
清須市	清須市、春日町	09.10.1
あま市	七宝町、美和町、甚目寺町	10.3.22
愛西市	佐屋町、立田村、八開村、佐織町	05.4.1
弥富市	十四山村、弥富町	06.4.1
稲沢市	稲沢市、祖父江町、平和町	05.4.1
根羽村	豊根村、富山村	05.11.27
設楽町	設楽町、津具村	05.10.1
豊田市	豊田市、藤岡町、小原村、足助町、下山村、旭町、稲武町	05.4.1
新城市	新城市、鳳来町、作手村	05.10.1
岡崎市	岡崎市、額田町	06.1.1
豊川市	豊川市、一宮町	06.2.1
豊川市	豊川市、音羽町、御津町	08.1.15
豊川市	豊川市、小坂井町	10.2.1

長野県
木曽町	木曽福島町、日義村、開田村、三岳村	05.11.1
阿智村	阿智村、浪合村	06.1.1
阿智村	阿智村、清内路村	09.3.31
飯田市	飯田市、上村、南信濃村	05.10.1

富山県
黒部市	黒部市、宇奈月町	06.3.31
射水市	新湊市、小杉町、大門町、下村、大島町	05.11.1
高岡市	高岡市、福岡町	05.11.1
砺波市	砺波市、庄川町	04.11.1
南砺市	城端町、平村、上平村、利賀村、井波町、井口村、福野町、福光町	04.11.1
富山市	富山市、大沢野町、大山町、八尾町、婦中町、山田村、細入村	05.4.1

石川県
輪島市	輪島市、門前町	06.2.1
能登町	能都町、柳田村、内浦町	05.3.1
志賀町	富来町、志賀町	05.9.1
七尾市	七尾市、田鶴浜町、中島町、能登島町	04.10.1
中能登町	鳥屋町、鹿島町、鹿西町	05.3.1
宝達志水町	志雄町、押水町	05.3.1
かほく市	高松町、七塚町、宇ノ気町	04.3.1

■ 2021年4月1日までの合併市町村
■ 都・道・府・県庁の所在地
── 都道府県界
── 合併後の市町村界 ── 旧市町村界

※383篠山市は2019年5月1日に丹波篠山市に名称変更。

静岡県
富士宮市	富士宮市、芝川町	10.3.23
富士市	富士市、富士川町	08.11.1
沼津市	沼津市、戸田村	05.4.1
伊豆の国市	伊豆長岡町、韮山町、大仁町	05.4.1
伊豆市	修善寺町、土肥町、天城湯ケ島町、中伊豆町	04.4.1
西伊豆町	西伊豆町、賀茂村	05.4.1
静岡市	静岡市、清水市	03.4.1
静岡市	静岡市、蒲原町	06.3.31
静岡市	静岡市、由比町	08.11.1
川根本町	中川根町、本川根町	05.9.20
浜松市	浜松市、天竜市、浜北市、春野町、龍山村、佐久間町、水窪町、舞阪町、雄踏町、細江町、引佐町、三ケ日町	05.7.1
藤枝市	藤枝市、岡部町	09.1.1
焼津市	焼津市、大井川町	08.11.1
島田市	島田市、金谷町	05.5.5
島田市	島田市、川根町	08.4.1
牧之原市	相良町、榛原町	05.10.11
御前崎市	御前崎町、浜岡町	04.4.1
菊川市	小笠町、菊川町	05.1.17
掛川市	掛川市、大須賀町、大東町	05.4.1
袋井市	袋井市、浅羽町	05.4.1
磐田市	磐田市、福田町、竜洋町、豊田町、豊岡村	05.4.1
湖西市	湖西市、新居町	10.3.23

新潟県

207	十日町市	十日町市,川西町,中里村,松代町,松之山町	05.4.1
208	魚沼市	堀之内町,小出町,湯之谷村,広神村,守門村,入広瀬村	04.11.1
209	南魚沼市	六日町,大和町	04.11.1
210	南魚沼市	南魚沼市,塩沢町	05.10.1

長野県

255	飯綱町	牟礼村,三水村	05.10.1
256	中野市	中野市,豊田村	05.4.1
257	長野市	長野市,大岡村,豊野町,戸隠村,鬼無里村	05.1.1
257	長野市	長野市,信州新町,中条村	10.1.1
258	大町市	大町市,八坂村,美麻村	06.1.1
259	千曲市	更埴市,戸倉町,上山田町	03.9.1
260	筑北村	本城村,坂北村,坂井村	05.10.11
261	安曇野市	豊科町,穂高町,三郷村,堀金村,明科町	05.10.1
262	上田市	上田市,丸子町,真田町,武石村	06.3.6
263	松本市	松本市,四賀村,奈川村,安曇村,梓川村	05.4.1
264	松本市	松本市,波田町	10.3.31
265	東御市	東部町,北御牧村	04.4.1
266	佐久市	佐久市,臼田町,浅科村,望月町	05.4.1
267	長和町	長門町,和田村	05.10.1
268	佐久穂町	佐久町,八千穂村	05.3.20
269	塩尻市	塩尻市,楢川村	05.4.1
270	伊那市	伊那市,高遠町,長谷村	06.3.31

新潟県

187	佐渡市	両津市,相川町,佐和田町,金井町,新穂村,畑野町,真野町,小木町,羽茂町,赤泊村	04.3.1
188	村上市	村上市,荒川町,神林村,朝日村,山北町	08.4.1
189	胎内市	中条町,黒川村	05.9.1
190	新発田市	新発田市,豊浦町	03.7.7
190	新発田市	新発田市,加治川村,紫雲寺町	05.5.1
192	新潟市	新潟市,黒埼町	01.1.1
193	新潟市	新潟市,白根市,新津市,豊栄市,小須戸町,横越町,亀田町,岩室村,西川町,味方村,潟東村,月潟村,中之口村	05.3.21
194	新潟市	新潟市,巻町	05.10.10
195	阿賀野市	安田町,京ヶ瀬村,水原町,笹神村	04.4.1
196	阿賀町	津川町,鹿瀬町,上川村,三川村	05.4.1
197	五泉市	五泉市,村松町	06.1.1
198	燕市	燕市,分水町,吉田町	06.3.20
199	三条市	三条市,栄町,下田村	05.5.1
200	長岡市	長岡市,中之島町,越路町,三島町,山古志村,小国町	05.4.1
201	長岡市	長岡市,栃尾市,与板町,和島村,寺泊町	06.1.1
202	長岡市	長岡市,川口町	10.3.31
203	柏崎市	柏崎市,高柳町,西山町	05.5.1
204	上越市	上越市,安塚町,浦川原村,大島村,牧村,柿崎町,大潟町,頸城村,吉川町,中郷村,板倉町,清里村,三和村,名立町	05.1.1
205	糸魚川市	糸魚川市,能生町,青海町	05.3.19
206	妙高市	新井市,妙高高原町,妙高村	05.4.1

福島県

82	喜多方市	喜多方市,熱塩加納村,塩川町,山都町,高郷村	06.1.4
83	会津若松市	会津若松市,北会津村	04.11.1
84	会津若松市	会津若松市,河東町	05.11.1
85	会津美里町	会津高田町,会津本郷町,新鶴村	05.10.1
86	伊達市	伊達市,梁川町,保原町,霊山町,月舘町	06.1.1
87	福島市	福島市,飯野町	08.7.1
88	二本松市	二本松市,安達町,岩代町,東和町	05.12.1
89	本宮市	本宮町,白沢村	07.1.1
90	南相馬市	原町市,鹿島町,小高町	06.1.1
91	南会津町	田島町,舘岩村,伊南村,南郷村	06.3.20
92	須賀川市	須賀川市,長沼町,岩瀬村	05.4.1
93	田村市	滝根町,大越町,都路村,常葉町,船引町	05.3.1
94	白河市	白河市,表郷村,大信村,東村	05.11.7

茨城県

95	常陸大宮市	御前山村,大宮町,山方町,美和村,緒川村	04.10.16
96	常陸太田市	常陸太田市,金砂郷町,水府村,里美村	04.12.1
97	日立市	日立市,十王町	04.11.1
98	城里町	常北町,桂村,七会村	05.2.1
99	水戸市	水戸市,内原町	05.2.1
100	那珂市	那珂町,瓜連町	05.1.21
101	笠間市	笠間市,友部町,岩間町	06.3.19
102	桜川市	岩瀬町,真壁町,大和村	05.10.1
103	筑西市	下館市,関城町,明野町,協和町	05.3.28
104	石岡市	石岡市,八郷町	05.10.1
105	小美玉市	小川町,美野里町,玉里村	06.3.27
106	古河市	古河市,総和町,三和町	05.9.12
107	下妻市	下妻市,千代川村	06.1.1
108	坂東市	岩井市,猿島町	05.3.22
109	つくば市	つくば市,茎崎町	02.11.1
110	常総市	水海道市,石下町	06.1.1
111	つくばみらい市	伊奈町,谷和原村	06.3.27
112	土浦市	土浦市,新治村	06.2.20
113	かすみがうら市	霞ヶ浦町,千代田町	05.3.28
114	鉾田市	鉾田町,大洋村,旭村	05.10.11
115	行方市	麻生町,北浦町,玉造町	05.9.2
116	取手市	取手市,藤代町	05.3.28
117	稲敷市	江戸崎町,新利根町,桜川村,東町	05.3.22
118	鹿嶋市	鹿島町,大野村	95.9.1
119	潮来市	潮来町,牛堀町	01.4.1
120	神栖市	神栖町,波崎町	05.8.1

栃木県

121	那須塩原市	黒磯市,西那須野町,塩原町	05.1.1
122	日光市	日光市,今市市,足尾町,栗山村,藤原町	06.3.20
123	さくら市	氏家町,喜連川町	05.3.28
124	大田原市	大田原市,湯津上村,黒羽町	05.10.1
125	那須川町	馬頭町,小川町	05.10.1
126	鹿沼市	鹿沼市,粟野町	06.1.1
127	那須烏山市	南那須町,烏山町	05.10.1
128	宇都宮市	宇都宮市,上河内町,河内町	07.3.31
129	真岡市	真岡市,二宮町	09.3.23
130	佐野市	佐野市,田沼町,葛生町	05.2.28
131	栃木市	栃木市,大平町,藤岡町,都賀町	10.3.29
132	栃木市	栃木市,西方町	11.10.1
133	栃木市	栃木市,岩舟町	14.4.5
134	下野市	南河内町,石橋町,国分寺町	06.1.10

群馬県

135	みなかみ町	月夜野町,水上町,新治村	05.10.1
136	中之条町	中之条町,六合村	10.3.28
137	沼田市	沼田市,白沢村,利根村	05.2.13
138	渋川市	渋川市,北橘村,赤城村,子持村,小野上村,伊香保町	06.2.20
139	東吾妻町	吾妻郡東村,吾妻町	06.3.27
140	みどり市	笠懸町,大間々町,勢多郡東村	06.3.27
141	桐生市	桐生市,新里村,黒保根村	05.6.13
142	前橋市	前橋市,大胡町,宮城村,粕川村	04.12.5
143	前橋市	前橋市,富士見村	09.5.5
144	高崎市	高崎市,倉渕村,群馬町,新町,箕郷町	06.1.23
145	高崎市	高崎市,榛名町	06.10.1
146	高崎市	高崎市,吉井町	09.6.1
147	安中市	安中市,松井田町	06.3.18
148	富岡市	富岡市,妙義町	06.3.27
149	太田市	太田市,尾島町,新田町,藪塚本町	05.3.28
150	伊勢崎市	伊勢崎市,赤堀町,佐波郡東村,境町	05.1.1
151	藤岡市	藤岡市,鬼石町	06.1.1
152	神流町	万場町,中里村	03.4.1

埼玉県

153	本庄市	本庄市,児玉町	06.1.10
154	神川町	神川町,神泉村	06.1.1
155	小鹿野町	小鹿野町,両神村	05.10.1
156	秩父市	秩父市,吉田町,大滝村,荒川村	05.4.1
157	深谷市	深谷市,岡部町,川本町,花園町	06.1.1
158	熊谷市	熊谷市,大里町,妻沼町	05.10.1
159	熊谷市	熊谷市,江南町	07.2.13
160	行田市	行田市,南河原村	06.1.1
161	ときがわ町	都幾川村,玉川村	06.2.1
162	飯能市	飯能市,名栗村	05.1.1

埼玉県 (続)

163	鴻巣市	鴻巣市,川里町,吹上町	05.10.1
164	加須市	加須市,騎西町,北川辺町,大利根町	10.3.23
165	久喜市	久喜市,菖蒲町,栗橋町,鷲宮町	10.3.23
166	ふじみ野市	上福岡市,大井町	05.10.1
167	さいたま市	浦和市,大宮市,与野市	01.5.1
168	さいたま市	さいたま市,岩槻市	05.4.1
169	川口市	川口市,鳩ケ谷市	11.10.11
170	春日部市	春日部市,庄和町	05.10.1
171	野田市	野田市,関宿町	03.6.6
172	柏市	柏市,沼南町	05.3.28
173	印西市	印西市,印旛村,本埜村	10.3.23
174	成田市	成田市,下総町,大栄町	06.3.27
175	香取市	佐原市,山田町,栗源町,小見川町	06.3.27
176	旭市	旭市,干潟町,海上町,飯岡町	05.7.1
177	匝瑳市	八日市場市,野栄町	06.1.23
178	横芝光町	横芝町,光町	06.3.27
179	山武市	成東町,山武町,蓮沼村,松尾町	06.3.27
180	いすみ市	夷隅町,大原町,岬町	05.12.5
181	鴨川市	鴨川市,天津小湊町	05.2.11
182	南房総市	富浦町,富山町,三芳村,白浜町,千倉町,丸山町,和田町	06.3.20
183	あきる野市	秋川市,五日市町	95.9.1
184	西東京市	田無市,保谷市	01.1.21

神奈川県

185	相模原市	相模原市,津久井町,相模湖町	06.3.20
186	相模原市	相模原市,城山町,藤野町	07.3.11

山梨県

237	北杜市	明野村,須玉町,高根町,長坂町,大泉村,白州町,武川村	04.11.1
238	北杜市	北杜市,小淵沢町	06.3.15
239	甲斐市	竜王町,敷島町,双葉町	04.9.1
240	南アルプス市	八田村,白根町,芦安村,若草町,櫛形町,甲西町	03.4.1
241	中央市	豊富村,玉穂町,田富町	06.2.20
242	富士川町	増穂町,鰍沢町	10.3.8
243	市川三郷町	三珠町,市川大門町,六郷町	05.10.1
244	身延町	下部町,中富町,身延町	04.9.13
245	南部町	南部町,富沢町	03.3.1
246	甲府市	甲府市,中道町,上九一色村(北部)	06.3.1
247	山梨市	山梨市,牧丘町,三富村	05.3.22
248	甲州市	塩山市,勝沼町,大和村	05.11.1
249	笛吹市	春日居町,石和町,御坂町,一宮町,八代町,境川村	04.10.12
250	笛吹市	笛吹市,芦川村	06.8.1
251	富士河口湖町	河口湖町,勝山村,足和田村	03.11.15
252	富士河口湖町	富士河口湖町,上九一色村(南部)	06.3.1
253	上野原市	秋山村,上野原町	05.2.13

特集 平成の市町村大合併 ③

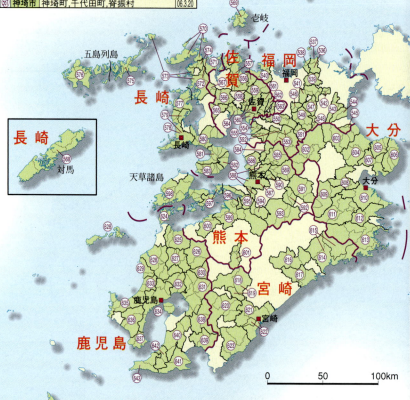

125 世界の国旗（アジア）

世界の国旗

* 国旗は、2021年4月現在。197か国。
* 国旗は、一部を除いて国連が使用している縦横比2：3の大きさで掲載した。
* 国名の右の青の数字は、その国の地図が記載されているページを示している。
* 国名の後の3文字は、IOC（国際オリンピック委員会）コード（オリンピックで用いられる国名の略称）。一部の国・地域にはない。
* 人口・面積は、2019年。(18)は西暦下2けたの年次。
* 国連未加盟国はコソボ、バチカン、クック諸島、ニウエ。

国際連合旗

北極中心の世界地図を平和の象徴であるオリーブの葉で囲んだもの。1947年10月制定。

オリンピック旗

五輪旗は1920年のアントワープ大会より使用され、五つの輪は世界の5大陸を示す。

赤十字旗

赤十字旗は1863年アンリ＝デュナンの提唱で作られた。彼の母国スイスの旗の色を逆にしたもの。イスラーム諸国ではイスラームの象徴である三日月（新月）に変えた赤新月旗が用いられる。

赤新月旗

アジア
*47国

アゼルバイジャン AZE P.28
Azerbaijan

首都 バクー
人口 1,002万人
面積 8.7万km²
通貨単位 アゼルバイジャン・マナト
主要言語 アゼルバイジャン語
主要宗教 イスラーム（シーア派、スンナ派）
国花 ─、国鳥 ─

中央の三日月と星はイスラームの国であることを表している。

アフガニスタン AFG P.26
Afghanistan

首都 カブール
人口 3,072万人
面積 65.3万km²
通貨単位 アフガニー
主要言語 ダリー語、パシュトゥー語
主要宗教 イスラーム（スンナ派、シーア派）
国花 赤チューリップ、国鳥 ─

アフガニスタン暫定行政機構の国旗として、新たに制定された。

アラブ首長国連邦 UAE P.26
United Arab Emirates

首都 アブダビ
人口 936万人(18)
面積 7.1万km²
通貨単位 UAEディルハム
主要言語 アラビア語
主要宗教 イスラーム（スンナ派、シーア派）
国花 ─、国鳥 ─

緑は豊かな国土、白は清浄な生活、黒は過酷な戦争、赤は血生臭い過去の歴史を表す。

アルメニア ARM P.28
Armenia

首都 エレバン
人口 296万人
面積 3.0万km²
通貨単位 ドラム
主要言語 アルメニア語
主要宗教 アルメニア教会
国花 ─、国鳥 ─

赤は血、青は空・希望・国土、オレンジは小麦と神の恵み・民衆の勇気を表している。

イエメン YEM P.25〜26
Yemen

首都 サヌア
人口 2,817万人(17)
面積 52.8万km²
通貨単位 イエメン・リアル
主要言語 アラビア語
主要宗教 イスラーム（スンナ派、シーア派）
国花 ─、国鳥 ─

赤は独立への情熱、白は平和と未来への希望、黒は過去の支配からの勝利を表す。

イスラエル ISR P.27
Israel

首都 エルサレム
人口 905万人
面積 2.2万km²
通貨単位 新シェケル
主要言語 ヘブライ語、アラビア語
主要宗教 ユダヤ教、イスラーム
国花 オリーブ

星は「ダビデの星」でユダヤの伝統的なシンボル、青は空、白は清浄。

イラク IRQ P.28
Iraq

首都 バグダッド
人口 3,883万人
面積 43.5万km²
通貨単位 イラク・ディナール
主要言語 アラビア語、クルド語
主要宗教 イスラーム（シーア派、スンナ派）
国花 紅バラ、国鳥 ─

赤は勇気、白は寛大さ、黒はイスラームの伝統、アラビア文字は「神は偉大なり」を表す。

イラン IRI P.25〜26
Iran
首都 テヘラン
人口 8,307万人
面積 162.9万km²
通貨単位 イラン・リアル
主要言語 ペルシア語
主要宗教 イスラーム（シーア派）
国花 バラ
国鳥 ─

緑と赤の帯の所にあるアラビア文字は「神は偉大なり」を22回繰り返している。

インド IND P.23〜24
India
首都 デリー
人口 131,224万人
面積 328.7万km²
通貨単位 インド・ルピー
主要言語 ヒンディー語、英語
主要宗教 ヒンドゥー教、イスラーム
国花 ハス
国鳥 インドクジャク

オレンジはヒンドゥー教、緑はイスラーム、白は両方の和合を表し、中央の紋章はチャクラ。

インドネシア INA P.19〜20
Indonesia
首都 ジャカルタ
人口 26,691万人
面積 191.1万km²
通貨単位 ルピア
主要言語 インドネシア語
主要宗教 イスラーム、キリスト教
国花 マツリカ
国鳥 ─

赤は自由と勇気を、白は正義と純血を、また同時に赤と白は太陽と月も意味している。

ウズベキスタン UZB P.49
Uzbekistan
首都 タシケント
人口 3,325万人
面積 44.9万km²
通貨単位 スム
主要言語 ウズベク語、ロシア語
主要宗教 イスラーム（スンナ派）
国花 ─
国鳥 ─

青地に白の三日月と星はイスラームのシンボルである。

オマーン OMA P.26
Oman

首都 マスカット
人口 461万人
面積 31.0万km²
通貨単位 オマーン・リアル
主要言語 アラビア語
主要宗教 イスラーム（イバード派）
国花 ─、国鳥 ─

赤は新生オマーンを、白は平和、緑は農作物を表し、紋章は剣を交差したもの。

カザフスタン KAZ P.49
Kazakhstan
首都 ヌルスルタン
人口 1,851万人
面積 272.5万km²
通貨単位 テンゲ
主要言語 カザフ語、ロシア語
主要宗教 イスラーム（スンナ派）、キリスト教
国花 ─、国鳥 ─

左端の文様は民族の伝統装飾、太陽と鷲は希望と自由を表す。

カタール QAT P.28
Qatar

首都 ドーハ
人口 279万人
面積 1.2万km²
通貨単位 カタール・リアル
主要言語 アラビア語
主要宗教 イスラーム（スンナ派）、キリスト教
国花 ─、国鳥 ─

白は平和を、赤茶色は戦争で流した血を、九つの波形はイギリスからの独立時の部族数を表す。

カンボジア CAM P.21
Cambodia

首都 プノンペン
人口 1,528万人
面積 18.1万km²
通貨単位 リエル
主要言語 カンボジア語（クメール語）
主要宗教 仏教
国花 ─、国鳥 ─

青は王室の色、赤は国民の色で、中央の建物はアンコールワットを表す。

キプロス CYP P.25
Cyprus

首都 ニコシア
人口 87万人
面積 9,251km²
通貨単位 ユーロ
主要言語 ギリシャ語、トルコ語
主要宗教 ギリシャ正教、イスラーム
国花 ─、国鳥 ─

黄金の国の形は銅資源を示し、オリーブの枝はトルコ系とギリシャ系両国民の融和を表す。

キルギス KGZ P.49
Kyrgyz

首都 ビシュケク
人口 639万人
面積 20.0万km²
通貨単位 ソム
主要言語 キルギス語、ロシア語
主要宗教 イスラーム（スンナ派）、キリスト教（ロシア正教）
国花 ─、国鳥 ─

輝く太陽とキルギス人の移動式住居「ユルト」を表している。

クウェート KUW　P. 28
Kuwait

首都　クウェート
人口　442万人
面積　1.87万km²
通貨単位　クウェート・ディナール
主要言語　アラビア語
主要宗教　イスラーム（スンナ派、シーア派）、キリスト教
国花　―
国鳥　―

緑・白・黒は各王朝を、赤はアラブ社会の基盤を形成する血縁を表す。

シリア SYR　P. 27～28
Syria

首都　ダマスカス
人口　1,799万人(15)
面積　18.5万km²
通貨単位　シリア・ポンド
主要言語　アラビア語、クルド語
主要宗教　イスラーム（スンナ派）
国花　ダマスクローズ
国鳥　―

赤は剣を、白は善を、黒は戦いを示し、緑の星は美しい大地とアラブの一致を表す。

タイ THA　P. 21～22
Thailand

首都　バンコク
人口　6,637万人
面積　51.3万km²
通貨単位　バーツ
主要言語　タイ語
主要宗教　仏教
国花　ナンバンサイカチ
国鳥　―

青はタイ王室の色、赤は国家を表し、白は純潔を意味する。

中華人民共和国 CHN　P. 9～10
People's Republic of China

首都　ペキン（北京）
人口　142,949万人
面積　960.1万km²
通貨単位　元
主要言語　標準中国語、中国語7地域方言
主要宗教　道教、仏教
国花　ボタン、国鳥　―

大きい星は党、小さい星は労働者、農民、知識階級、愛国的資本家を表す。

トルコ TUR　P. 25
Turkey

首都　アンカラ
人口　8,237万人
面積　78.4万km²
通貨単位　リラ
主要言語　トルコ語、クルド語
主要宗教　イスラーム（スンナ派）
国花　チューリップ
国鳥　―

三日月と星はこの国の故事に由来し、進歩・独立などの意味が含まれている。

パキスタン PAK　P. 23
Pakistan

首都　イスラマバード
人口　20,777万人(17)
面積　79.6万km²
通貨単位　パキスタン・ルピー
主要言語　ウルドゥー語、英語
主要宗教　イスラーム（スンナ派）
国花　ジャスミン
国鳥　―

緑はイスラーム、白い三日月と星は平和・知識・進歩・発展などを表す。

東ティモール TLS　P. 20
Timor-Leste

首都　ディリ
人口　128万人
面積　1.5万km²
通貨単位　米ドル
主要言語　テトゥン語、ポルトガル語
主要宗教　カトリック
国花　―
国鳥　―

黒は植民地時代、黄は独立への戦い、赤は民衆が流した血、星は未来への希望を表す。

ブルネイ BRU　P. 22
Brunei

首都　バンダルスリブガワン
人口　46万人
面積　5,765km²
通貨単位　ブルネイ・ドル
主要言語　マレー語
主要宗教　イスラーム
国花　―
国鳥　―

黄は石油や天然ガスなど豊富な天然資源を、中央の紋様はイスラーム国であることを示す。

サウジアラビア KSA　P. 25～26
Saudi Arabia

首都　リヤド
人口　3,421万人
面積　220.7万km²
通貨単位　サウジ・リヤル
主要言語　アラビア語
主要宗教　イスラーム（スンナ派）
国花　バラ
国鳥　―

文字はコーランの一節で、剣は聖地メッカの守護を意味する。緑はイスラームの色。

シンガポール SIN　P. 22
Singapore

首都　シンガポール
人口　570万人
面積　725km²
通貨単位　シンガポール・ドル
主要言語　マレー語、中国語、タミル語、英語
主要宗教　仏教、キリスト教
国花　バンダ（ラン）、国鳥　―

赤は平等、白は純粋性、五つの星と月は自由・平和・進歩・平等・公正への歩みを表す。

大韓民国 KOR　P. 17～18
Republic of Korea

首都　ソウル
人口　5,133万人
面積　10.0万km²
通貨単位　韓国ウォン
主要言語　韓国語
主要宗教　キリスト教、仏教
国花　ムクゲ
国鳥　カササギ

中央の巴は太極といって宇宙を表し、四隅の卦は天、地、水、火を表す。

朝鮮民主主義人民共和国 PRK　P. 17
Democratic People's Republic of Korea

首都　ピョンヤン（平壌）
人口　2,518万人(15)
面積　12.1万km²
通貨単位　北朝鮮ウォン
主要言語　朝鮮語
主要宗教　仏教、キリスト教
国花　スモモ
国鳥　―

赤と青は朝鮮の伝統的な色で、赤い星は共産主義のシンボルである。

日本 JPN　P. 70～118
Japan

首都　東京
人口　12,626万人
面積　37.8万km²
通貨単位　円
主要言語　日本語
主要宗教　神道、仏教、キリスト教など
国花　ヤマザクラ
国鳥　キジ

「日の丸」「日章旗」ともいわれ、太陽を象徴したもの。民間では明治の初めから使用。

バーレーン BRN　P. 28
Bahrain

首都　マナマ
人口　148万人
面積　778km²
通貨単位　バーレーン・ディナール
主要言語　アラビア語
主要宗教　イスラーム（シーア派、スンナ派）、キリスト教
国花　―

赤と白は1820年ペルシア湾岸諸国とイギリスとの間で結んだ条約に基づいている。

フィリピン PHI　P. 19～20
Philippines

首都　マニラ
人口　10,728万人
面積　30.0万km²
通貨単位　フィリピン・ペソ
主要言語　フィリピノ語、英語
主要宗教　カトリック
国花　マツリカ

白三角は解放運動、太陽は自由を、三つの星は主要な島を、赤は勇気、青は平和を表す。

ベトナム VIE　P. 21～22
Viet Nam

首都　ハノイ
人口　9,620万人
面積　33.1万km²
通貨単位　ドン
主要言語　ベトナム語
主要宗教　仏教、カトリック
国鳥　―

赤は独立のため流した血、黄星は社会主義、5本の光は労働者、農民、兵士、青年、知識人を表す。

ジョージア GEO　P. 52
Georgia

首都　トビリシ
人口　372万人
面積　7.0万km²
通貨単位　ラリ
主要言語　ジョージア語
主要宗教　ジョージア正教、イスラーム
国花　―
国鳥　―

守護聖人セントジョージ十字章に、さらに四つの十字を配して、キリスト教国であることを表す。

スリランカ SRI　P. 23
Sri Lanka

首都　スリジャヤワルダナプラコッテ
人口　2,180万人
面積　6.67万km²
通貨単位　スリランカ・ルピー
主要言語　シンハラ語、タミル語
主要宗教　仏教、ヒンドゥー教
国花　ハス
国鳥　セイロンヤケイ

剣を持つライオンはこの国のシンボル、緑はムーア人、オレンジはタミル人を表す。

タジキスタン TJK　P. 26
Tajikistan

首都　ドゥシャンベ
人口　912万人
面積　14.3万km²
通貨単位　ソモニ
主要言語　タジク語、ロシア語
主要宗教　イスラーム（スンナ派）
国花　―
国鳥　―

赤は勝利・労働者、白は綿花・純血、緑は農産物とイスラームを表している。

トルクメニスタン TKM　P. 26
Turkmenistan

首都　アシガバット
人口　556万人(15)
面積　48.8万km²
通貨単位　トルクメン・マナト
主要言語　トルクメン語、ロシア語
主要宗教　イスラーム（スンナ派）
国花　―
国鳥　―

緑に三日月と星はイスラームを、左端の装飾文様は五つの主要民族を表す。

ネパール NEP　P. 23～24
Nepal

首都　カトマンズ
人口　2,961万人
面積　14.7万km²
通貨単位　ネパール・ルピー
主要言語　ネパール語
主要宗教　ヒンドゥー教、仏教
国花　シャクナゲ
国鳥　ロホトラス

三角を重ねた珍しい旗。月と太陽はヒンドゥー教を、そして国の永遠の発展を表す。

バングラデシュ BAN　P. 24
Bangladesh

首都　ダッカ
人口　16,650万人
面積　14.8万km²
通貨単位　タカ
主要言語　ベンガル語
主要宗教　イスラーム（スンナ派）、ヒンドゥー教
国花　スイレン、国鳥　―

緑は農業とイスラームを、赤丸は独立時に流された戦士の血を表す。

ブータン BHU　P. 24
Bhutan

首都　ティンプー
人口　74万人
面積　3.8万km²
通貨単位　ヌルタム
主要言語　ゾンカ語、ネパール語
主要宗教　チベット仏教、ヒンドゥー教
国花　―
国鳥　―

龍は守護神で王家の象徴、左上の色は王家の権威、右下のオレンジは仏教を表す。

マレーシア MAS　P. 22
Malaysia

首都　クアラルンプール
人口　3,258万人
面積　33.1万km²
通貨単位　リンギット
主要言語　マレー語、英語、中国語
主要宗教　イスラーム、仏教
国花　ハイビスカス
国鳥　―

14本の赤と白の線は州の数を、月と星はこの国がイスラーム国であることを表す。

127 世界の国旗（アジア・アフリカ）

ミャンマー MYA　P. 21
Myanmar

首都　ネーピードー
人口　5,434万人
面積　67.7万km²
通貨単位　チャット
主要言語　ミャンマー語（ビルマ語）
主要宗教　仏教
国花　サラノキ
国鳥　—

黄は団結、緑は平和、赤は勇気、中央の白い星は国家の永続性を表す。

モルディブ MDV　P. 23
Maldives

首都　マレ
人口　53万人
面積　300km²
通貨単位　ルフィア
主要言語　ディヴェヒ語
主要宗教　イスラーム（スンナ派）
国花　—
国鳥　—

三日月と緑はイスラームのシンボルで、赤は独立の戦いに流された血を表す。

モンゴル MGL　P. 9～10
Mongolia

首都　ウランバートル
人口　326万人
面積　156.4万km²
通貨単位　トゥグルグ
主要言語　モンゴル語
主要宗教　仏教（おもにチベット仏教）
国花　—
国鳥　—

左側の紋様は伝統的なソヨンボ（連台）で、炎、太陽と月、槍と矢じり、2匹の魚を表す。

ヨルダン JOR　P. 27～28
Jordan

首都　アンマン
人口　1,055万人
面積　8.9万km²
通貨単位　ヨルダン・ディナール
主要言語　アラビア語
主要宗教　イスラーム（スンナ派）
国花　ナツメヤシ
国鳥　—

赤はムハンマド、他の3色はイスラーム王朝の色。白い星はコーランの一節を示す。

ラオス LAO　P. 21
Laos

首都　ビエンチャン
人口　712万人
面積　23.7万km²
通貨単位　キープ
主要言語　ラオ語
主要宗教　仏教
国花　インドソケイ
国鳥　—

赤は人民の連帯、青は国土、白丸は英知と純潔を表す。

レバノン LIB　P. 27
Lebanon

首都　ベイルート
人口　653万人(15)
面積　1.0万km²
通貨単位　レバノン・ポンド
主要言語　アラビア語
主要宗教　イスラーム（スンナ派、シーア派）、キリスト教
国花　レバノンスギ　国鳥　—

赤は勇気と犠牲、白は平和を表し、中央は国の象徴であるレバノン杉。

アフリカ
*54国
(注1)アフリカ金融共同体フラン

アルジェリア ALG　P. 29～30
Algeria

首都　アルジェ
人口　4,341万人
面積　238.2万km²
通貨単位　アルジェリア・ディナール
主要言語　アラビア語、アマジグ語
主要宗教　イスラーム（スンナ派）
国花　—
国鳥　—

白は純粋性、緑は勇気を表し、イスラームのシンボル月と星の赤は改革で流した血を表す。

アンゴラ ANG　P. 30
Angola

首都　ルアンダ
人口　3,017万人
面積　124.7万km²
通貨単位　クワンザ
主要言語　ポルトガル語、ウンブンド語
主要宗教　カトリック、独立派キリスト教
国花　—
国鳥　—

赤は独立の闘争、黒はアフリカ大陸、黄は国の富、鉈（なた）は農業、歯車は工業化を表す。

ウガンダ UGA　P. 30
Uganda

首都　カンパラ
人口　4,030万人
面積　24.2万km²
通貨単位　ウガンダ・シリング
主要言語　英語、スワヒリ語
主要宗教　キリスト教、イスラーム
国花　—
国鳥　カンムリヅル

黒は黒人、黄は太陽、赤は兄弟・同胞愛を表し、中央に国鳥のカンムリヅルを配している。

エジプト EGY　P. 30
Egypt

首都　カイロ
人口　9,890万人
面積　100.2万km²
通貨単位　エジプト・ポンド
主要言語　アラビア語
主要宗教　イスラーム（スンナ派）、キリスト教（コプト教）
国花　スイレン、国鳥　—

赤は革命と国民の犠牲、白は国の明るい未来、黒は抑圧されていた歳月。中央は国章。

エスワティニ SWZ　P. 29
Eswatini

首都　ムババーネ
人口　117万人
面積　1.7万km²
通貨単位　リランゲニ
主要言語　スワティ語、英語
主要宗教　キリスト教
国花　—
国鳥　—

青は平和、黄は鉱物資源、赤は自由への闘争、中央には戦士の盾、槍を配している。

エチオピア ETH　P. 30
Ethiopia

首都　アディスアベバ
人口　9,853万人
面積　110.4万km²
通貨単位　ブル
主要言語　アムハラ語
主要宗教　エチオピア教会、イスラーム
国花　オランダカイウ、国鳥　—

中央の紋章は「ソロモンの星」、緑、黄、赤は「ノアの方舟」の話に出てくる虹にちなむ。

エリトリア ERI　P. 30
Eritrea

首都　アスマラ
人口　337万人
面積　12.1万km²
通貨単位　ナクファ
主要言語　ティグリニャ語、アラビア語、英語
主要宗教　イスラーム、キリスト教
国花　—　国鳥　—

緑は農産物の恵み、青は紅海、赤は血、オリーブは自治独立・未来への展望を表す。

ガーナ GHA　P. 29～30
Ghana

首都　アクラ
人口　3,028万人
面積　23.9万km²
通貨単位　セディ
主要言語　英語、アサンテ語
主要宗教　キリスト教、イスラーム
国花　ナツメヤシ
国鳥　—

赤は独立のために戦った人々、黄は富と地下資源、緑は豊かな森林と農耕地を表す。

カーボベルデ CPV　P. 29
Cabo Verde

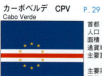

首都　プライア
人口　55万人
面積　4,033km²
通貨単位　エスクード
主要言語　ポルトガル語、クレオール語
主要宗教　カトリック
国花　—　国鳥　—

青は海、白は平和、赤は独立のために流された血、星は10の主な島々を表す。

ガボン GAB　P. 30
Gabon

首都　リーブルビル
人口　194万人(15)
面積　26.8万km²
通貨単位　CFAフラン(注1)
主要言語　フランス語、ファン語
主要宗教　カトリック、プロテスタント
国花　カエンボク
国鳥　—

緑は森林、黄は赤道直下の太陽、青は海を表している。

カメルーン CMR　P. 30
Cameroon

首都　ヤウンデ
人口　2,549万人
面積　47.6万km²
通貨単位　CFAフラン(注1)
主要言語　フランス語、英語
主要宗教　カトリック、プロテスタント
国花　—
国鳥　—

緑は南の森林、黄は北のサバナ、赤は耕作地域、星は栄光を表す。

ガンビア GAM　P. 29
Gambia

首都　バンジュール
人口　221万人
面積　1.1万km²
通貨単位　ダラシ
主要言語　英語、マンディンカ語
主要宗教　イスラーム
国花　—
国鳥　—

赤は太陽と周囲の国々との友好、青はガンビア川、緑は主要産業である農業を表す。

ギニア GUI　P. 29
Guinea

首都　コナクリ
人口　1,221万人
面積　24.6万km²
通貨単位　ギニア・フラン
主要言語　フランス語、フラ語
主要宗教　イスラーム（スンナ派）
国花　—
国鳥　—

赤は生命の源である太陽、黄は黄金とアフリカの光、緑は木と農産物を表す。

ギニアビサウ GBS　P. 29
Guinea-Bissau

首都　ビサウ
人口　160万人
面積　3.6万km²
通貨単位　CFAフラン(注1)
主要言語　ポルトガル語、クレオール語
主要宗教　イスラーム、キリスト教
国花　—
国鳥　—

アフリカ新興国特有の赤・黄・緑に、これもアフリカのシンボルである黒星を配したもの。

ケニア KEN　P. 30
Kenya

首都　ナイロビ
人口　4,756万人
面積　59.2万km²
通貨単位　ケニア・シリング
主要言語　スワヒリ語、英語
主要宗教　キリスト教、イスラーム
国花　—
国鳥　—

黒は国民、赤は血、緑は大地と天然資源を表す。中央にマサイ族の盾を配している。

コートジボワール CIV　P. 29
Côte d'Ivoire

首都　ヤムスクロ
人口　2,582万人
面積　32.2万km²
通貨単位　CFAフラン(注1)
主要言語　フランス語
主要宗教　イスラーム、キリスト教
国花　ヤシ
国鳥　—

オレンジは国の繁栄とサバナ、白は平和と国民の団結、緑は希望と豊かな原始林を表す。

コモロ COM　P. 30
Comoros

首都　モロニ
人口　77万人(15)
面積　2,235km²
通貨単位　コモロ・フラン
主要言語　コモロ語、アラビア語、フランス語
主要宗教　イスラーム（スンナ派）
国花　—、国鳥　—

三角形の緑はイスラームのシンボルで、四つの星と横の4色は国を構成する4島を表す。

コンゴ共和国 CGO P.30
Republic of Congo

首都　ブラザビル
人口　533万人
面積　34.2万km²
通貨単位　CFAフラン(注1)
主要言語　フランス語、リンガラ語
主要宗教　キリスト教
国花　──
国鳥　──

緑は平和・森林資源、黄は希望・天然資源、
赤は自主独立・人間性への尊厳を表す。

コンゴ民主共和国 COD P.30
Democratic Republic of the Congo

首都　キンシャサ
人口　7,624万人(15)
面積　234.5万km²
通貨単位　コンゴ・フラン
主要言語　フランス語、スワヒリ語
主要宗教　キリスト教、イスラーム
国花　──
国鳥　ニオイマホガニー

赤は国のために殉じた者の血、黄色の線は富、
星が輝かしい未来、バックの水色は平和を表す。

サントメ・プリンシペ STP P.30
São Tomé and Príncipe

首都　サントメ
人口　20万人
面積　964km²
通貨単位　ドブラ
主要言語　ポルトガル語、クレオール語
主要宗教　カトリック、プロテスタント
国花　──
国鳥　──

赤は独立のために流した血、緑はカカオと林
業、黒星はサントメ島とプリンシペ島を表す。

ザンビア ZAM P.30
Zambia

首都　ルサカ
人口　1,738万人
面積　75.3万km²
通貨単位　ザンビア・クワチャ
主要言語　英語、ベンバ語
主要宗教　プロテスタント、カトリック
国花　──
国鳥　──

赤は自由のための闘争、黒は国民、オレンジ
と緑は資源、鷲は自由と栄光を表す。

シエラレオネ SLE P.29
Sierra Leone

首都　フリータウン
人口　790万人
面積　7.2万km²
通貨単位　レオネ
主要言語　英語、メンデ語
主要宗教　イスラーム、キリスト教
国花　ギニアアブラヤシ
国鳥　──

緑は農業、白は平和と正義、青はこの国の海
岸を洗う大西洋を表している。

ジブチ DJI P.30
Djibouti

首都　ジブチ
人口　91万人(15)
面積　2.3万km²
通貨単位　ジブチ・フラン
主要言語　アラビア語、フランス語
主要宗教　イスラーム（スンナ派）
国花　──
国鳥　──

青は大洋を、緑は富と大地を、白い三角は平
等、赤い星は統一を表す。

ジンバブエ ZIM P.30
Zimbabwe

首都　ハラレ
人口　1,484万人(18)
面積　39.1万km²
通貨単位　ジンバブエ・ドル
主要言語　英語、ショナ語、ンデベレ語
主要宗教　キリスト教（プロテスタント）
国花　──
国鳥　──

赤・黄・緑のアフリカ色に、左側に遺跡の彫
刻からとった鳥の紋章を配した。

スーダン SUD P.30
Sudan

首都　ハルツーム
人口　4,020万人
面積　184.7万km²
通貨単位　スーダン・ポンド
主要言語　アラビア語、英語
主要宗教　イスラーム（スンナ派）、
　　　　　伝統信仰
国花　ハイビスカス、国鳥　──

赤は革命と進歩、白は平和と未来への希望、黒は
アフリカ、緑はイスラームの繁栄を表す。

赤道ギニア GEQ P.30
Equatorial Guinea

首都　マラボ
人口　140万人
面積　2.8万km²
通貨単位　CFAフラン(注1)
主要言語　スペイン語、フランス語、
　　　　　ポルトガル語
主要宗教　キリスト教（カトリック）
国花　──、国鳥　──

緑は天然資源、白は平和、赤は独立への闘争、
青は海を表す。中央の国章はパンヤの木。

セーシェル SEY P.30
Seychelles

首都　ビクトリア
人口　9万人
面積　457km²
通貨単位　セーシェル・ルピー
主要言語　クレオール語、英語、
　　　　　フランス語
主要宗教　カトリック、プロテスタント
国花　──、国鳥　──

青は空と海、黄は太陽、赤は国民と働く決意、
白は正義と調和、緑は国土と自然環境を表す。

セネガル SEN P.29
Senegal

首都　ダカール
人口　1,620万人
面積　19.7万km²
通貨単位　CFAフラン(注1)
主要言語　フランス語、ウォロフ語
主要宗教　イスラーム
国花　バオバブ
国鳥　──

アフリカ特有の緑・黄・赤の3色を採用し、
中央の緑の星は自由のシンボルである。

ソマリア SOM P.30
Somalia

首都　モガディシュ
人口　1,379万人(15)
面積　63.8万km²
通貨単位　ソマリア・シリング
主要言語　ソマリ語、アラビア語
主要宗教　イスラーム（スンナ派）
国花　──
国鳥　──

国連の功績を記念するため、国連旗と同じ青
色を採用した。星は自由のシンボル。

タンザニア TAN P.30
Tanzania

首都　ダルエスサラーム
人口　5,589万人
面積　94.7万km²
通貨単位　タンザニア・シリング
主要言語　スワヒリ語、英語
主要宗教　キリスト教、イスラーム
国花　──
国鳥　──

緑は国土と農業、黒はすべての国民、青はイ
ンド洋、黄線は豊かな鉱物資源を表す。

チャド CHA P.30
Chad

首都　ンジャメナ
人口　1,569万人
面積　128.4万km²
通貨単位　CFAフラン(注1)
主要言語　フランス語、アラビア語
主要宗教　イスラーム、キリスト教
国花　──
国鳥　──

青は空と希望、黄は太陽と資源、赤は国の進
歩と独立時の犠牲を忘れないための色。

中央アフリカ CAF P.30
Central Africa

首都　バンギ
人口　449万人(15)
面積　62.3万km²
通貨単位　CFAフラン(注1)
主要言語　サンゴ語、フランス語
主要宗教　キリスト教、伝統信仰
国花　──
国鳥　──

青はフランスとの友情、白は純粋と理想、緑
は農業と富、黄は資源、赤は情熱を表す。

チュニジア TUN P.30
Tunisia

首都　チュニス
人口　1,172万人
面積　16.4万km²
通貨単位　チュニジア・ディナール
主要言語　アラビア語、フランス語
主要宗教　イスラーム（スンナ派）
国花　──
国鳥　──

歴史的関係の深いトルコの国旗を参考にした。
三日月と星はイスラーム国独特のもの。

トーゴ TOG P.29〜30
Togo

首都　ロメ
人口　761万人
面積　5.7万km²
通貨単位　CFAフラン(注1)
主要言語　フランス語、エウェ語
主要宗教　キリスト教、伝統信仰
国花　──
国鳥　──

緑は希望、黄は未来への誓い、赤は解放のた
めに流された血、白星はアフリカのシンボル。

ナイジェリア NGR P.30
Nigeria

首都　アブジャ
人口　19,339万人(16)
面積　92.4万km²
通貨単位　ナイラ
主要言語　英語、ハウサ語、ヨルバ語、
　　　　　イボ語
主要宗教　イスラーム、キリスト教
国花　──、国鳥　──

一般公募で選ばれた国旗で、緑は農業、白は
平和と団結を表したもの。

ナミビア NAM P.30
Namibia

首都　ウィントフック
人口　245万人
面積　82.4万km²
通貨単位　ナミビア・ドル
主要言語　英語、アフリカーンス語
主要宗教　プロテスタント、カトリック
国花　──
国鳥　──

青は希望、赤は独立に流された血、緑は豊か
な国土、白線は繁栄、星は統一を表す。

ニジェール NIG P.30
Niger

首都　ニアメ
人口　2,065万人(17)
面積　126.7万km²
通貨単位　CFAフラン(注1)
主要言語　フランス語、ハウサ語
主要宗教　イスラーム（スンナ派）
国花　──
国鳥　──

オレンジはサハラ砂漠、白は平和と純潔、緑
は砂漠の緑化による国の発展を表す。

ブルキナファソ BUR P.29〜30
Burkina Faso

首都　ワガドゥグー
人口　2,087万人
面積　27.3万km²
通貨単位　CFAフラン(注1)
主要言語　フランス語、モシ語
主要宗教　イスラーム、キリスト教
国花　──
国鳥　──

赤は革命、緑は農業と林業、星は希望と天然
資源を表している。

ブルンジ BDI P.30
Burundi

首都　ブジュンブラ
人口　1,204万人
面積　2.8万km²
通貨単位　ブルンジ・フラン
主要言語　ルンディ語、フランス語
主要宗教　カトリック、プロテスタント
国花　──
国鳥　──

赤は独立闘争と革命、緑は希望、白は平和を
表し、3個の星は3部族と国家の統一を表す。

ベナン BEN P.30
Benin

首都　ポルトノボ
人口　1,149万人(18)
面積　11.5万km²
通貨単位　CFAフラン(注1)
主要言語　フランス語、フォン語
主要宗教　キリスト教、イスラーム
国花　──
国鳥　──

緑色は南の地域のヤシ林、黄色は北の地域の
サバナ、赤色は両地域の結びつきを表す。

ボツワナ BOT P.30
Botswana

首都　ハボローネ
人口　233万人
面積　58.2万km²
通貨単位　プラ
主要言語　ツワナ語、英語
主要宗教　キリスト教
国花　──
国鳥　モロコシ

青は雨を表し、黒と白の線は、黒人と白人が
仲良く暮らしていることを意味している。

129 世界の国旗（アフリカ・ヨーロッパ）

マダガスカル MAD　P.30
Madagascar
- 首都　アンタナナリボ
- 人口　2,662万人
- 面積　58.7万km²
- 通貨単位　アリアリ
- 主要言語　マダガスカル語、フランス語
- 主要宗教　キリスト教、伝統信仰
- 国花　ポインセチア
- 国鳥　—

赤と白は東南アジアからの移民の影響を受けた色で、緑は沿岸部の住民を代表する色。

マラウイ MAW　P.30
Malawi
- 首都　リロングウェ
- 人口　1,756万人(18)
- 面積　11.8万km²
- 通貨単位　マラウイ・クワチャ
- 主要言語　英語、チェワ語
- 主要宗教　キリスト教、イスラーム
- 国花　—
- 国鳥　—

黒と赤はアフリカ人とその血潮を、緑はマラウイの自然を、日の出は希望と自由を表す。

マリ MLI　P.29～30
Mali
- 首都　バマコ
- 人口　1,941万人(18)
- 面積　124.0万km²
- 通貨単位　CFAフラン(注1)
- 主要言語　フランス語、バンバラ語
- 主要宗教　イスラーム（スンナ派）
- 国花　—
- 国鳥　—

緑は農業、黄は純潔、赤は独立のために流された血を表す。

南アフリカ共和国 RSA　P.29
Republic of South Africa
- 首都　プレトリア
- 人口　5,877万人
- 面積　122.1万km²
- 通貨単位　ランド
- 主要言語　ズールー語、アフリカーンス語、英語
- 主要宗教　独立派キリスト教、プロテスタント
- 国花　プロテア　国鳥　ハゴロモヅル

赤は血、青は空と海、緑は農業と森林資源、黄は鉱物資源、黒は黒人、白は白人を表す。

南スーダン SSD　P.30
South Sudan
- 首都　ジュバ
- 人口　1,232万人(18)
- 面積　65.9万km²
- 通貨単位　南スーダン・ポンド
- 主要言語　英語、アラビア語
- 主要宗教　キリスト教
- 国花　—
- 国鳥　—

黒は国民、白は平和、赤は血、緑は国土、青はナイル川の水、星は団結を表す。

モザンビーク MOZ　P.30
Mozambique
- 首都　マプト
- 人口　2,931万人
- 面積　79.9万km²
- 通貨単位　メティカル
- 主要言語　ポルトガル語、マクワ語
- 主要宗教　キリスト教、イスラーム
- 国花　—
- 国鳥　—

緑は農業、黒は人民の力、黄は鉱物資源、図柄の銃、鍬、本は国防、労働、教育を表す。

モーリシャス MRI　P.30
Mauritius
- 首都　ポートルイス
- 人口　126万人
- 面積　1,979km²
- 通貨単位　モーリシャス・ルピー
- 主要言語　英語
- 主要宗教　ヒンドゥー教、キリスト教（カトリック）
- 国花　—　国鳥　—

赤は独立のために流した愛国者の血、青はインド洋、黄は自由と太陽、緑は農業を表す。

モーリタニア MTN　P.29
Mauritania
- 首都　ヌアクショット
- 人口　398万人
- 面積　103.1万km²
- 通貨単位　ウギア
- 主要言語　アラビア語、プラー語
- 主要宗教　イスラーム（スンナ派）
- 国花　—
- 国鳥　—

赤は独立のために流された血、緑と三日月と星はイスラームを表す。

モロッコ MAR　P.29～30
Morocco
- 首都　ラバト
- 人口　3,558万人
- 面積　44.7万km²
- 通貨単位　モロッコ・ディルハム
- 主要言語　アラビア語、アマジグ語
- 主要宗教　イスラーム（スンナ派）
- 国花　バラ
- 国鳥　—

緑の紋章は「ソロモンの印章」で、モロッコの安泰と神の加護を願ったもの。

リビア LBA　P.30
Libya

- 首都　トリポリ
- 人口　616万人(15)
- 面積　167.6万km²
- 通貨単位　リビア・ディナール
- 主要言語　アラビア語、アマジグ語
- 主要宗教　イスラーム（スンナ派）
- 国花　ザクロ
- 国鳥　—

赤は力、黒はイスラームの戦い、緑は緑地へのあこがれ、白は国民の行為を表す。

リベリア LBR　P.29
Liberia
- 首都　モンロビア
- 人口　447万人(15)
- 面積　11.1万km²
- 通貨単位　リベリア・ドル
- 主要言語　英語、マンデ語
- 主要宗教　キリスト教、イスラーム
- 国花　コショウ
- 国鳥　—

アメリカ国旗に似ているが意味合いは異なる。11本の条は独立宣言に署名した11人を表す。

ルワンダ RWA　P.30
Rwanda
- 首都　キガリ
- 人口　1,237万人
- 面積　2.6万km²
- 通貨単位　ルワンダ・フラン
- 主要言語　キニヤルワンダ語、フランス語、英語
- 主要宗教　カトリック、プロテスタント
- 国花　—　国鳥　—

緑は繁栄、黄は富、太陽と光は人々を導く永遠の光を示し、単一性、率直、無知との闘いを表す。

レソト LES　P.29
Lesotho

- 首都　マセル
- 人口　200万人(16)
- 面積　3.0万km²
- 通貨単位　ロティ
- 主要言語　ソト語、英語
- 主要宗教　キリスト教
- 国花　—
- 国鳥　—

青は雨、白は平和、緑は繁栄を示し、中央に置かれているのはバソト族の黒い帽子で、当地固有の人々を表す。

ヨーロッパ
*45国

アイスランド ISL　P.36
Iceland
- 首都　レイキャビク
- 人口　35万人
- 面積　10.3万km²
- 通貨単位　アイスランド・クローナ
- 主要言語　アイスランド語
- 主要宗教　ルーテル派プロテスタント
- 国花　—
- 国鳥　シロハヤブサ

青は古くからのアイスランドの国民色。十字は他の北ヨーロッパ諸国と共通。

アイルランド IRL　P.35
Ireland

- 首都　ダブリン
- 人口　490万人
- 面積　7.0万km²
- 通貨単位　ユーロ
- 主要言語　アイルランド語、英語
- 主要宗教　カトリック
- 国花　シロツメクサ
- 国鳥　ミヤコドリ

フランス国旗が手本で、三つの色は古いものと新しいものの結合、および友愛を表す。

アルバニア ALB　P.44
Albania
- 首都　ティラナ
- 人口　286万人
- 面積　2.9万km²
- 通貨単位　レク
- 主要言語　アルバニア語
- 主要宗教　イスラーム（スンナ派）、カトリック
- 国花　カシ、国鳥　—

双頭の鷲はこの国が東洋と西洋の中間にあることを表す。

アンドラ AND　P.43
Andorra
- 首都　アンドララベリャ
- 人口　7万人
- 面積　468km²
- 通貨単位　ユーロ
- 主要言語　カタルーニャ語
- 主要宗教　カトリック
- 国花　—
- 国鳥　—

フランスの3色旗とスペインの血と金の双方の色を組み合わせたもの。

イギリス GBR　P.35
United Kingdom

- 首都　ロンドン
- 人口　6,679万人
- 面積　24.2万km²
- 通貨単位　英ポンド
- 主要言語　英語
- 主要宗教　キリスト教（英国国教会）
- 国花　バラ
- 国鳥　ロビン

イングランド、スコットランド、アイルランド各地方の3聖人を象徴する三つの十字旗を組み合わせたもの。

イタリア ITA　P.41～42
Italy
- 首都　ローマ
- 人口　6,042万人(18)
- 面積　30.2万km²
- 通貨単位　ユーロ
- 主要言語　イタリア語
- 主要宗教　カトリック
- 国花　デージー
- 国鳥　—

緑は美しい国土、白は雪、赤は愛国の熱血を表すと同時に、自由・平等・博愛も意味する。

ウクライナ UKR　P.51～52
Ukraine
- 首都　キエフ
- 人口　4,215万人
- 面積　60.4万km²
- 通貨単位　フリブニャ
- 主要言語　ウクライナ語、ロシア語
- 主要宗教　ウクライナ正教、カトリック
- 国花　—
- 国鳥　—

青は空、黄は小麦を表す。

エストニア EST　P.36
Estonia
- 首都　タリン
- 人口　132万人
- 面積　4.5万km²
- 通貨単位　ユーロ
- 主要言語　エストニア語、ロシア語
- 主要宗教　キリスト教
- 国花　—
- 国鳥　ツバメ

青は空や海・湖と誠実、黒は大地と暗い過去、白は雪と明るい希望。ソ連から独立後に国旗として復活。

オーストリア AUT　P.40
Austria
- 首都　ウィーン
- 人口　885万人
- 面積　8.4万km²
- 通貨単位　ユーロ
- 主要言語　ドイツ語
- 主要宗教　カトリック
- 国花　エーデルワイス
- 国鳥　—

赤は十字軍の遠征でヘンデンサム公が浴びた返り血、白はその時のベルトの跡を表す。

オランダ NED　P.37
Netherlands
- 首都　アムステルダム
- 人口　1,728万人
- 面積　4.2万km²
- 通貨単位　ユーロ
- 主要言語　オランダ語
- 主要宗教　カトリック、プロテスタント
- 国花　チューリップ
- 国鳥　ヘラサギ

赤は国民の勇気、白は信仰心、青は祖国への変わらぬ忠誠心を示すものといわれている。

北マケドニア MKD　P.51
North Macedonia

- 首都　スコピエ
- 人口　207万人
- 面積　2.6万km²
- 通貨単位　デナール
- 主要言語　マケドニア語, アルバニア語
- 主要宗教　マケドニア正教, イスラーム
- 国花　——
- 国鳥　——

アレクサンドロス大王ゆかりのベルギナの星を図案化して日輪にしている。

ギリシャ GRE　P.44
Greece

- 首都　アテネ
- 人口　1,072万人
- 面積　13.2万km²
- 通貨単位　ユーロ
- 主要言語　ギリシャ語
- 主要宗教　ギリシャ正教
- 国花　アカンサス
- 国鳥　——

青と白は海と空, 十字はギリシャ正教を表し, 9条の横線は「独立か死か」を表すギリシャ語の9音節に由来する等諸説ある。

クロアチア CRO　P.51
Croatia

- 首都　ザグレブ
- 人口　407万人
- 面積　5.7万km²
- 通貨単位　クーナ
- 主要言語　クロアチア語
- 主要宗教　カトリック
- 国花　——
- 国鳥　——

赤白のチェック模様はクロアチア王国の紋章。五つの小さな図柄は国内5地域の紋章。

コソボ KOS　P.51
Kosovo

- 首都　プリシュティナ
- 人口　178万人
- 面積　1.1万km²
- 通貨単位　ユーロ
- 主要言語　アルバニア語, セルビア語
- 主要宗教　イスラーム
- 国花　——
- 国鳥　——

EU旗と同じ青地は欧州との協調を, 六つの星は6民族の調和と団結を表している。

サンマリノ SMR　P.41
San Marino

- 首都　サンマリノ
- 人口　3万人
- 面積　61km²
- 通貨単位　ユーロ
- 主要言語　イタリア語
- 主要宗教　カトリック
- 国花　アキザキシクラメン
- 国鳥　——

白は純粋性, 青は空とアドリア海を表し, 紋章にはイタリア語で「自由」と書かれている。

スイス SUI　P.40
Switzerland

- 首都　ベルン
- 人口　851万人
- 面積　4.1万km²
- 通貨単位　スイス・フラン
- 主要言語　ドイツ語, フランス語, イタリア語
- 主要宗教　カトリック, プロテスタント
- 国花　エーデルワイス, 国鳥　——

13世紀, 圧政に対して立ち上がったシュビッツ州人が戦いに用いた旗が基本になっている。2002年9月10日国連に加盟。

スウェーデン SWE　P.36
Sweden

- 首都　ストックホルム
- 人口　1,023万人
- 面積　43.9万km²
- 通貨単位　スウェーデン・クローナ
- 主要言語　スウェーデン語
- 主要宗教　ルーテル派プロテスタント
- 国花　セイヨウトネリコ
- 国鳥　クロウタドリ

12世紀半ば, フィンランドとの戦いで空を十字架の光明が横切ったという故事に由来する。

スペイン ESP　P.43
Spain

- 首都　マドリード
- 人口　4,693万人
- 面積　50.6万km²
- 通貨単位　ユーロ
- 主要言語　スペイン語, カタルーニャ語
- 主要宗教　カトリック
- 国花　カーネーション
- 国鳥　——

「血と金の旗」と呼ばれ, 紋章は古いイベリア半島の5王国の紋章を組み合わせたもの。

スロバキア SVK　P.51
Slovakia

- 首都　ブラチスラバ
- 人口　545万人
- 面積　4.9万km²
- 通貨単位　ユーロ
- 主要言語　スロバキア語
- 主要宗教　カトリック
- 国花　——
- 国鳥　——

白, 青, 赤はスラブ民族を, 紋章はキリスト教と国土の山々を表している。

スロベニア SLO　P.41
Slovenia

- 首都　リュブリャナ
- 人口　208万人
- 面積　2.0万km²
- 通貨単位　ユーロ
- 主要言語　スロベニア語
- 主要宗教　カトリック
- 国花　——
- 国鳥　——

国内最高峰・アドリア海沿岸部・河川が描かれた国章をはめ込んでいる。

セルビア SRB　P.51
Serbia

- 首都　ベオグラード
- 人口　696万人
- 面積　7.8万km²
- 通貨単位　セルビア・ディナール
- 主要言語　セルビア語
- 主要宗教　セルビア正教

2006年6月の独立により旧セルビア・モンテネグロの国旗を承継し, 中央左に紋章を加えた。

チェコ CZE　P.51
Czech Republic

- 首都　プラハ
- 人口　1,066万人
- 面積　7.9万km²
- 通貨単位　コルナ
- 主要言語　チェコ語
- 主要宗教　カトリック
- 国花　菩提樹

白は清潔, 青は空, 赤は自由のため流された血を表す。

デンマーク DEN　P.36
Denmark

- 首都　コペンハーゲン
- 人口　581万人
- 面積　4.3万km²
- 通貨単位　デンマーク・クローネ
- 主要言語　デンマーク語
- 主要宗教　ルーテル派プロテスタント
- 国花　スイレン
- 国鳥　ヒバリ

13世紀初め, エストニア人との戦いで, この旗を掲げたら勝利したという故事に由来する。

ドイツ GER　P.39～40
Germany

- 首都　ベルリン
- 人口　8,301万人
- 面積　35.8万km²
- 通貨単位　ユーロ
- 主要言語　ドイツ語
- 主要宗教　カトリック, プロテスタント
- 国花　オウシュウナラ
- 国鳥　シュバシコウ

19世紀初め, ナポレオン軍との戦いに参戦した学生義勇軍の軍服の色を取り入れたもの。

ノルウェー NOR　P.36
Norway

- 首都　オスロ
- 人口　532万人
- 面積　32.4万km²
- 通貨単位　ノルウェー・クローネ
- 主要言語　ノルウェー語
- 主要宗教　ルーテル派プロテスタント
- 国花　——
- 国鳥　ムナジロカワガラス

スカンディナヴィア諸国共通の十字を採用し, 青・白・赤の3色は自由を表す。

バチカン　P.41
Vatican

- 首都　バチカン
- 人口　0.06万人
- 面積　0.44km²
- 通貨単位　ユーロ
- 主要言語　ラテン語, イタリア語, フランス語
- 主要宗教　カトリック
- 国花　マドンナリリー, 国鳥　——

旗の色は法王庁を守る衛兵の帽子を取り入れたもの。紋章はバチカン元首のシンボル。

ハンガリー HUN　P.51
Hungary

- 首都　ブダペスト
- 人口　977万人
- 面積　9.3万km²
- 通貨単位　フォリント
- 主要言語　ハンガリー語(マジャール語)
- 主要宗教　カトリック, プロテスタント
- 国花　ゼラニウム
- 国鳥　——

赤は血, 白は清潔, 緑は希望を表す。紋章は1956年の動乱後に取り除かれた。

フィンランド FIN　P.36
Finland

- 首都　ヘルシンキ
- 人口　554万人
- 面積　33.8万km²
- 通貨単位　ユーロ
- 主要言語　フィンランド語, スウェーデン語
- 主要宗教　ルーテル派プロテスタント
- 国花　スズラン
- 国鳥　——

青は空と湖, 白は雪を表し, 十字は北ヨーロッパ諸国の一員であることを示している。

フランス FRA　P.37～38
France

- 首都　パリ
- 人口　6,702万人
- 面積　64.1万km²
- 通貨単位　ユーロ
- 主要言語　フランス語
- 主要宗教　カトリック
- 国花　——
- 国鳥　——

世界中によく知られるように, 青・白・赤の3色は自由・平等・博愛のシンボルである。

ブルガリア BUL　P.51
Bulgaria

- 首都　ソフィア
- 人口　700万人
- 面積　11.0万km²
- 通貨単位　レフ
- 主要言語　ブルガリア語
- 主要宗教　ブルガリア正教
- 国花　バラ
- 国鳥　——

赤と白はスラブ民族の共同社会を, 緑は森林を表す。

ベラルーシ BLR　P.51
Belarus

- 首都　ミンスク
- 人口　947万人
- 面積　20.8万km²
- 通貨単位　ベラルーシ・ルーブル
- 主要言語　ベラルーシ語, ロシア語
- 主要宗教　ベラルーシ正教
- 国花　——
- 国鳥　——

95年の親ロシア政権の誕生により, ハンマーと鎌, 金の星を除いた旧旗が復活。

ベルギー BEL　P.37
Belgium

- 首都　ブリュッセル
- 人口　1,145万人
- 面積　3.1万km²
- 通貨単位　ユーロ
- 主要言語　オランダ語, フランス語, ドイツ語
- 主要宗教　カトリック
- 国花　チューリップ
- 国鳥　チョウゲンボウ

18世紀, 時の支配者オーストリアとの戦いの時に用いた旗と同じ色を国旗に採用している。

ボスニア・ヘルツェゴビナ BIH　P.51
Bosnia and Herzegovina

- 首都　サラエボ
- 人口　349万人
- 面積　5.1万km²
- 通貨単位　兌換マルカ
- 主要言語　ボスニア語, セルビア語, クロアチア語
- 主要宗教　イスラーム, セルビア正教
- 国花　——, 国鳥　——

逆三角形は国土と民族, 黄は希望と太陽, 青と星は欧州連合旗にあやかったもの。

ポーランド POL　P.51
Poland

- 首都　ワルシャワ
- 人口　3,797万人
- 面積　31.3万km²
- 通貨単位　ズロチ
- 主要言語　ポーランド語
- 主要宗教　カトリック
- 国花　パンジー

赤は独立と国のために流された血, 白は喜びを表している。

131 世界の国旗（ヨーロッパ・北アメリカ・南アメリカ）

ポルトガル　POR　P. 43
Portugal

首都　リスボン
人口　1,027万人
面積　9.2万km²
通貨単位　ユーロ
主要言語　ポルトガル語
主要宗教　カトリック
国花　ラベンダー
国鳥　　—

緑は誠実と希望、赤は革命を示す。国章は天測儀と七つの城などを描いた盾。

マルタ　MLT　P. 42
Malta

首都　バレッタ
人口　49万人
面積　315km²
通貨単位　ユーロ
主要言語　マルタ語、英語
主要宗教　カトリック
国花　ヤグルマギク
国鳥　　—

11世紀初め、マルタを解放したロジャー伯爵が作った赤と白の旗に由来する。

モナコ　MON　P. 38
Monaco

首都　モナコ
人口　3万人
面積　2.02km²
通貨単位　ユーロ
主要言語　フランス語
主要宗教　カトリック
国花　カーネーション
国鳥　　—

19世紀初めに制定されたもので、赤と白は昔からモナコ王家の色とされている。

モルドバ　MDA　P. 51
Moldova

首都　キシナウ（キシニョフ）
人口　268万人
面積　3.4万km²
通貨単位　モルドバ・レウ
主要言語　モルドバ語、ロシア語
主要宗教　モルドバ正教、ベッサラビア正教
国花　—、国鳥　—

中央の国章を除けば隣国ルーマニアと同じで、ルーマニアとの深い関係を示している。

モンテネグロ　MNE　P. 51
Montenegro

首都　ポドゴリツァ
人口　62万人
面積　1.4万km²
通貨単位　ユーロ
主要言語　モンテネグロ語、セルビア語
主要宗教　セルビア正教、イスラーム
国鳥　—

国章の双頭の鷲は東西に君臨するローマ皇帝の象徴、中心にはヴェネツィア共和国の象徴、聖マルコのライオンを置く。

ラトビア　LAT　P. 36
Latvia

首都　リガ
人口　192万人
面積　6.5万km²
通貨単位　ユーロ
主要言語　ラトビア語、ロシア語
主要宗教　ルーテル派プロテスタント、正教会
国花　—、国鳥　—

暗赤色は過去の戦いで流された血、白は信頼と栄誉を表す。ソ連から独立後に国旗として復活。

リトアニア　LTU　P. 36
Lithuania

首都　ビリニュス
人口　279万人
面積　6.5万km²
通貨単位　ユーロ
主要言語　リトアニア語、ロシア語
主要宗教　カトリック
国鳥　—

黄は太陽と繁栄、緑は森林と希望、赤は大地と犠牲者の血を表す。ソ連から独立後に国旗として復活。

リヒテンシュタイン　LIE　P. 40
Liechtenstein

首都　ファドーツ
人口　3万人
面積　160km²
通貨単位　スイス・フラン
主要言語　ドイツ語
主要宗教　カトリック
国花　黄色のユリ

青は空、赤は炉の火、王冠は人民と統治者が一体であることを示すといわれている。

ルクセンブルク　LUX　P. 37
Luxembourg

首都　ルクセンブルク
人口　61万人
面積　2,586km²
通貨単位　ユーロ
主要言語　ルクセンブルク語、フランス語
主要宗教　カトリック
国花　バラ、国鳥　キクイタダキ

13世紀の大公家の紋章からこの色を取ったと伝えられ、19世紀からこの旗が使われている。

ルーマニア　ROU　P. 51
Romania
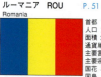
首都　ブカレスト
人口　1,941万人
面積　23.8万km²
通貨単位　ルーマニア・レウ
主要言語　ルーマニア語
主要宗教　ルーマニア正教
国花　バラ

王制時代に定めた青・黄・赤の3色で、紋章は1989年の民主化を機に取り除かれた。

ロシア連邦　RUS　P. 49～50
Russian Federation

首都　モスクワ
人口　14,400万人(15)
面積　1709.8万km²
通貨単位　ロシア・ルーブル
主要言語　ロシア語
主要宗教　ロシア正教
国花　—
国鳥　—

白は高貴さ、青は名誉、赤は愛と勇気を表す。帝政ロシアの国旗が、ソ連崩壊後に復活。

北アメリカ
*23国

アメリカ合衆国　USA　P. 55～56
United States of America

首都　ワシントンD.C.
人口　32,824万人
面積　983.4万km²
通貨単位　米ドル
主要言語　英語、スペイン語
主要宗教　プロテスタント、カトリック
国花　—
国鳥　アメリカハクトウワシ

赤白13本の線は独立当時の州の数、50の星は現在の州の数を表す。

アンティグア・バーブーダ　ANT　P. 62
Antigua and Barbuda

首都　セントジョンズ
人口　9万人
面積　442km²
通貨単位　東カリブ・ドル
主要言語　英語
主要宗教　キリスト教（プロテスタント、カトリック）
国花　—、国鳥　—

赤と青は力と希望、黒はアフリカ系国民、黄・青・白は自然、太陽は新時代を表す。

エルサルバドル　ESA　P. 61
El Salvador

首都　サンサルバドル
人口　664万人(18)
面積　2.1万km²
通貨単位　米ドル
主要言語　スペイン語
主要宗教　カトリック、プロテスタント
国花　ユッカ
国鳥　—

上下の青は太平洋とカリブ海、白は平和を意味し、紋章は外国の束縛からの解放を表す。

カナダ　CAN　P. 53
Canada

首都　オタワ
人口　3,758万人
面積　998.5万km²
通貨単位　カナダ・ドル
主要言語　英語、フランス語
主要宗教　カトリック、プロテスタント
国花　サトウカエデ
国鳥　—

1965年に制定された旗で、カナダのシンボルである赤いカエデの葉を配している。

キューバ　CUB　P. 62
Cuba

首都　ハバナ
人口　1,120万人
面積　11.0万km²
通貨単位　キューバ・ペソ
主要言語　スペイン語
主要宗教　カトリック
国花　ハナシュクシャ

赤は正義と力、白は独立の精神、3本の青線は三つの州、白星は輝かしい未来を表す。

グアテマラ　GUA　P. 61
Guatemala

首都　グアテマラシティ
人口　1,731万人(18)
面積　10.9万km²
通貨単位　ケツァル
主要言語　スペイン語
主要宗教　カトリック、プロテスタント・独立派キリスト教
国花　ラン、国鳥　ケツァール

左右の青は中米連邦同盟共通の色、中央は国鳥のケツァール鳥に銃を交差した。

グレナダ　GRN　P. 62
Grenada

首都　セントジョージズ
人口　11万人(17)
面積　345km²
通貨単位　東カリブ・ドル
主要言語　英語、クレオール語
主要宗教　プロテスタント、カトリック
国花　—

赤は情熱と勇気、黄は太陽と国土、緑は豊かな土地を表す。左側にナツメグの実を配した。

コスタリカ　CRC　P. 62
Costa Rica

首都　サンホセ
人口　506万人
面積　5.1万km²
通貨単位　コスタリカ・コロン
主要言語　スペイン語
主要宗教　カトリック、プロテスタント
国花　カトレア

白は平和、青は空、赤は自由のために流された血を表す。民間で使用する時は紋章を外す。

ジャマイカ　JAM　P. 62
Jamaica
首都　キングストン
人口　273万人
面積　1.1万km²
通貨単位　ジャマイカ・ドル
主要言語　英語、クレオール語
主要宗教　プロテスタント
国花　ユソウボク

黒は苦難に打ち勝つこと、緑は希望と農業、X型は十字架で熱心なキリスト教信仰を示す。

セントクリストファー・ネービス　SKN　P. 62
Saint Christopher and Nevis
首都　バセテール
人口　5万人(15)
面積　261km²
通貨単位　東カリブ・ドル
主要言語　英語
主要宗教　プロテスタント、カトリック
国花　—
国鳥　—

緑は緑の国土、黒は黒人、赤は活力と独立、黄は太陽、星は二つの島を表す。

セントビンセント及びグレナディーン諸島　VIN　P. 62
Saint Vincent and the Grenadines
首都　キングスタウン
人口　11万人
面積　389km²
通貨単位　東カリブ・ドル
主要言語　英語、クレオール語
主要宗教　キリスト教
国花　—
国鳥　—

緑は植物、黄は太陽、青は空と海を表す。

セントルシア　LCA　P.62
Saint Lucia

首都　カストリーズ
人口　17万人(18)
面積　539km²
通貨単位　東カリブ・ドル
主要言語　英語、クレオール語
主要宗教　カトリック、プロテスタント
国花　——
国鳥　——

三角形はカリブ海に囲まれたセントルシア島，黄は黄金の海岸，黒は火山島を表す。

ドミニカ　DMA　P.62
Dominica

首都　ロゾー
人口　6万人(17)
面積　750km²
通貨単位　東カリブ・ドル
主要言語　英語、クレオール語
主要宗教　カトリック、プロテスタント
国花　——
国鳥　オウム

中央の鳥がオウムでドミニカの国鳥。緑は国土を，黒・黄・白は資源を示す。

ドミニカ共和国　DOM　P.62
Dominican Republic

首都　サントドミンゴ
人口　1,035万人
面積　4.9万km²
通貨単位　ドミニカ・ペソ
主要言語　スペイン語、ハイチ語
主要宗教　カトリック
国花　マホガニー
国鳥　——

赤は祖国のために流された血，青は平和，白十字は精神，紋章は真実・栄光の意味がある。

トリニダード・トバゴ　TTO　P.62
Trinidad and Tobago

首都　ポートオブスペイン
人口　136万人
面積　5,127km²
通貨単位　トリニダード・トバゴ・ドル
主要言語　英語、クレオール語
主要宗教　キリスト教、ヒンドゥー教
国花　ヘリコニア
国鳥　ハチドリ

赤は太陽・資源等，黒は力と理想を表し，白線はトリニダード，トバゴ両島を意味する。

ニカラグア　NCA　P.62
Nicaragua

首都　マナグア
人口　652万人
面積　13.0万km²
通貨単位　コルドバ
主要言語　スペイン語
主要宗教　カトリック、プロテスタント
国花　ハナシュクシャ
国鳥　——

中米連邦旗名残の青・白・青に，同連邦5か国を表す火山等を描いた紋章を配した。

ハイチ　HAI　P.62
Haiti

首都　ポルトープランス
人口　1,157万人
面積　2.8万km²
通貨単位　グールド
主要言語　フランス語、ハイチ語
主要宗教　カトリック、プロテスタント
国花　ダイオウヤシ
国鳥　——

数度の変遷を経たハイチ国旗だが，現在のものは87年の制定。紋章に「団結は力」と記載。

パナマ　PAN　P.62
Panama

首都　パナマシティ
人口　421万人
面積　7.5万km²
通貨単位　バルボア(米ドルも使用)
主要言語　スペイン語
主要宗教　カトリック、プロテスタント、独立派キリスト教
国花　ラン
国鳥　——

赤と青は二大政党を，白は両党の協力，赤星は政治の権威と国の発展，青星は忠誠を表す。

バハマ　BAH　P.62
Bahamas

首都　ナッソー
人口　38万人
面積　1.4万km²
通貨単位　バハマ・ドル
主要言語　英語、クレオール語
主要宗教　プロテスタント、カトリック
国花　——
国鳥　——

青は海，黄は陸地，黒い三角形は国民の大多数を占める黒人と国の統合を示す。

バルバドス　BAR　P.62
Barbados

首都　ブリッジタウン
人口　27万人(15)
面積　431km²
通貨単位　バルバドス・ドル
主要言語　英語
主要宗教　プロテスタント
国花　オーゴチョウ
国鳥　——

青は海と空，橙は黄金の海岸，中央の図柄は海神の三叉の鉾である。

ベリーズ　BIZ　P.61〜62
Belize

首都　ベルモパン
人口　40万人
面積　2.3万km²
通貨単位　ベリーズ・ドル
主要言語　英語、スペイン語
主要宗教　カトリック、プロテスタント
国花　——
国鳥　——

海を表す青を地色にし，中央の紋章には働く住民と特産のマホガニーなどが描いてある。

ホンジュラス　HON　P.61〜62
Honduras

首都　テグシガルパ
人口　915万人
面積　11.2万km²
通貨単位　レンピラ
主要言語　スペイン語
主要宗教　カトリック、プロテスタント
国花　カーネーション
国鳥　——

中米連邦同盟国の青を基調に，中央にかつての同盟国の数を表す五つの星を配した。

メキシコ　MEX　P.61〜62
Mexico

首都　メキシコシティ
人口　12,657万人
面積　196.4万km²
通貨単位　メキシコ・ペソ
主要言語　スペイン語
主要宗教　カトリック
国花　ダリア
国鳥　鷲

緑・白・赤は諸州の独立・宗教・統一の保証。中央の鷲は国鳥で首都建設の伝説を表す。

南アメリカ
*12国
*ボリビアの首都は法律上ではスクレであるが，ラパスが事実上の首都。

アルゼンチン　ARG　P.63〜64
Argentina

首都　ブエノスアイレス
人口　4,493万人
面積　278.0万km²
通貨単位　アルゼンチン・ペソ
主要言語　スペイン語
主要宗教　カトリック
国花　アメリカデイゴ
国鳥　——

革命軍の軍服から取った色で，中央の太陽は独立戦争の象徴「五月の太陽」である。

ウルグアイ　URU　P.64
Uruguay

首都　モンテビデオ
人口　351万人
面積　17.4万km²
通貨単位　ウルグアイ・ペソ
主要言語　スペイン語
主要宗教　カトリック
国花　アメリカデイゴ
国鳥　——

青と白の9本の帯は九地方を意味し，「五月の太陽」はアルゼンチンと同じ独立の象徴。

エクアドル　ECU　P.63
Ecuador

首都　キト
人口　1,726万人
面積　25.7万km²
通貨単位　米ドル
主要言語　スペイン語、ケチュア語
主要宗教　カトリック、福音派キリスト教
国花　アカキナノキ、国鳥　——

黄は太陽と鉱物資源，青は空と海，赤は独立時に流した血，紋章はコンドルなどを配した。

ガイアナ　GUY　P.63
Guyana

首都　ジョージタウン
人口　74万人
面積　21.5万km²
通貨単位　ガイアナ・ドル
主要言語　英語、クレオール語
主要宗教　キリスト教、ヒンドゥー教
国花　——
国鳥　——

緑は農業と森林，白は川，黄は鉱物資源，赤い三角形は新国家建設の活力と熱意を示す。

コロンビア　COL　P.63
Colombia

首都　ボゴタ
人口　4,939万人
面積　114.2万km²
通貨単位　コロンビア・ペソ
主要言語　スペイン語
主要宗教　カトリック、プロテスタント
国花　カトレア
国鳥　——

黄は鉱物資源，青は空と太平洋・カリブ海，赤は独立時に流した英雄の血を表す。

スリナム　SUR　P.63
Suriname

首都　パラマリボ
人口　59万人(18)
面積　16.4万km²
通貨単位　スリナム・ドル
主要言語　オランダ語、英語
主要宗教　スリナム教、キリスト教、ヒンドゥー教
国花　——
国鳥　——

緑は豊かな国土と希望，白は正義と自由，赤は進歩を表し，黄星は民族統合・幸福の象徴。

チリ　CHI　P.63〜64
Chile

首都　サンティアゴ
人口　1,910万人
面積　75.6万km²
通貨単位　チリ・ペソ
主要言語　スペイン語
主要宗教　カトリック、プロテスタント
国花　ツバキカズラ
国鳥　——

赤は独立時に流された血，白はアンデスの雪，星は南天に輝く星で，進歩の象徴。

パラグアイ　PAR　P.63〜64
Paraguay

首都　アスンシオン
人口　715万人
面積　40.7万km²
通貨単位　グアラニー
主要言語　スペイン語、グアラニー語
主要宗教　カトリック
国花　トケイソウ
国鳥　——

赤は正義，白は平和，青は自由を表し，紋章は表が国章，裏が国庫の証印である。

ブラジル　BRA　P.63〜64
Brazil

首都　ブラジリア
人口　21,014万人
面積　851.6万km²
通貨単位　レアル
主要言語　ポルトガル語
主要宗教　カトリック、プロテスタント
国花　カトレア
国鳥　——

緑は農業，黄は鉱物資源，星は首都と州を表す。帯の文字の意味は「秩序と発展」である。

ベネズエラ　VEN　P.63
Venezuela

首都　カラカス
人口　3,206万人
面積　93.0万km²
通貨単位　ボリバル・ソベラノ
主要言語　スペイン語
主要宗教　カトリック
国花　カタセツム(ラン)
国鳥　——

青はカリブ海，黄は鉱物資源，赤は独立時に流した血，八つの星は独立に署名した7州とガイアナ地域を示す。

ペルー　PER　P.63
Peru

首都　リマ
人口　3,213万人
面積　128.5万km²
通貨単位　ヌエボ・ソル
主要言語　スペイン語、ケチュア語、アイマラ語
主要宗教　カトリック、福音派プロテスタント
国花　カンツータ、国鳥　——

赤は勇気と愛国心，白は平和・名誉・進歩を表し，紋章は豊かな産物を示す。

133 世界の国旗（南アメリカ・オセアニア）

ボリビア　BOL　P. 63

首都　ラパス
人口　1,147万人
面積　109.9万km²
通貨単位　ボリビアーノ
主要言語　スペイン語、ケチュア語、アイマラ語
主要宗教　カトリック、プロテスタント
国花　カンツータ、国鳥　—

赤は独立で流された血、黄は鉱物資源、緑は森林資源、紋章は各州の特徴を描いている。

オセアニア
*16国

オーストラリア　AUS　P. 67～68
Australia
首都　キャンベラ
人口　2,536万人
面積　769.2万km²
通貨単位　オーストラリア・ドル
主要言語　英語
主要宗教　キリスト教（プロテスタント、カトリック）
国花　アカシア、国鳥　エミュ

南十字星と大きな7角の星は州と領土を示し、ユニオンジャックは英連邦の一員を表す。

キリバス　KIR　P. 65～66
Kiribati

首都　タラワ
人口　11万人(15)
面積　726km²
通貨単位　オーストラリア・ドル
主要言語　キリバス語、英語
主要宗教　カトリック、プロテスタント
国花　—
国鳥　—

海と波間の太陽、その上を飛ぶ軍艦鳥が、太平洋の海洋国であるこの国の将来を表す。

クック諸島　COK　P. 66
Cook Islands
首都　アバルア
人口　2万人
面積　236km²
通貨単位　ニュージーランド・ドル
主要言語　英語、ラロトンガ語
主要宗教　プロテスタント、カトリック
国花　—
国鳥　—

ユニオンジャックはイギリスとの伝統的関係を象徴し、15の星はクック諸島を構成する15の島々を表す。

サモア　SAM　P. 65
Samoa
首都　アピア
人口　20万人
面積　2,842km²
通貨単位　タラ
主要言語　サモア語、英語
主要宗教　プロテスタント、カトリック
国花　—
国鳥　—

左上に南十字星を配し、白は純粋性を、赤は勇気を表す。

ソロモン諸島　SOL　P. 65
Solomon Islands

首都　ホニアラ
人口　68万人
面積　2.9万km²
通貨単位　ソロモン・ドル
主要言語　英語、ピジン語
主要宗教　プロテスタント、カトリック
国花　—
国鳥　—

青は水を、緑は国土を、五つの星はこの国の主要な島と南十字星を表す。

ツバル　TUV　P. 65
Tuvalu
首都　フナフティ
人口　1万人(16)
面積　26km²
通貨単位　オーストラリア・ドル
主要言語　ツバル語、英語
主要宗教　ツバル教会
国花　—
国鳥　—

ユニオンジャックは英連邦の一員を、青は太平洋、星は九つの島を表している。

トンガ　TGA　P. 65
Tonga
首都　ヌクアロファ
人口　10万人(16)
面積　747km²
通貨単位　パアンガ
主要言語　トンガ語、英語
主要宗教　キリスト教（プロテスタント、モルモン教）
国花　—、国鳥　—

赤い十字はキリスト教を示し、地の赤はキリスト教のために流された血を表す。

ナウル　NRU　P. 65
Nauru
首都　ヤレン
人口　0.17万人(16)
面積　21km²
通貨単位　オーストラリア・ドル
主要言語　ナウル語、英語
主要宗教　プロテスタント、カトリック
国花　—
国鳥　—

青は太平洋、黄の線は赤道、星はナウルを表し、赤道の少し南にこの国があることを示す。

ニウエ　P. 66
Niue
首都　アロフィ
人口　0.17万人(17)
面積　260km²
通貨単位　ニュージーランド・ドル
主要言語　ニウエ語、英語
主要宗教　キリスト教

黄色は輝く太陽とニュージーランドとの友好を表し、ユニオンジャックはイギリスの保護国であったことを、星は南十字星とニウエを示す。

ニュージーランド　NZL　P. 68
New Zealand
首都　ウェリントン
人口　491万人
面積　26.8万km²
通貨単位　ニュージーランド・ドル
主要言語　英語、マオリ語
主要宗教　キリスト教（カトリック、聖公会）
国花　ハナミズキ、国鳥　—

イギリスの商船旗をもとに作られた。ユニオンジャックは英連邦の一員であることを表す。

バヌアツ　VAN　P. 68
Vanuatu
首都　ポートビラ
人口　29万人
面積　1.2万km²
通貨単位　バツ
主要言語　ビスラマ語、英語、フランス語
主要宗教　プロテスタント、カトリック
国花　—
国鳥　—

赤はこの国の活火山、緑は樹木、黒は肥沃な国土、国章は野豚の牙と聖なる葉を表す。

パプアニューギニア　PNG　P. 20
Papua New Guinea
首都　ポートモレスビー
人口　815万人(16)
面積　46.3万km²
通貨単位　キナ
主要言語　英語、ピジン英語、モツ語
主要宗教　キリスト教
国花　—
国鳥　極楽鳥

赤地に黄の鳥はこの国の国鳥である極楽鳥、黒地の中の星は南十字星を表す。

パラオ　PLW　P. 20
Palau
首都　マルキョク
人口　1万人(18)
面積　459km²
通貨単位　米ドル
主要言語　パラオ語、英語
主要宗教　カトリック、プロテスタント
国花　—
国鳥　—

黄の円は夜空の満月、青は太平洋と外国支配からの独立を表している。

フィジー　FIJ　P. 65
Fiji
首都　スバ
人口　88万人
面積　1.8万km²
通貨単位　フィジー・ドル
主要言語　英語、フィジー語、ヒンドゥー語
主要宗教　キリスト教、ヒンドゥー教
国花　カトレア、国鳥　—

ユニオンジャックは英連邦の一員であることを示しているが、1987年離脱を宣言した。

マーシャル諸島　MHL　P. 65
Marshall Islands
首都　マジュロ
人口　5万人(15)
面積　181km²
通貨単位　米ドル
主要言語　マーシャル語、英語
主要宗教　プロテスタント
国花　—
国鳥　—

青は太平洋、十字の星の光はキリスト教、斜線は白が平和、オレンジは勇気を表す。

ミクロネシア　FSM　P. 65
Micronesia
首都　パリキール
人口　10万人
面積　702km²
通貨単位　米ドル
主要言語　英語、チューク語
主要宗教　カトリック、プロテスタント
国花　—
国鳥　—

四つの星を結ぶと十字になり、キリスト教と南十字星を、青は太平洋を表す。

その他の主な地域

台湾　TPE　P. 16
Taiwan
政庁所在地　タイペイ（台北）
人口　2,360万人
面積　3.6万km²
通貨単位　台湾元（新台湾ドル）
主要言語　中国語
主要宗教　道教、仏教、キリスト教

赤、白、青の3色は孫文の唱えた三民主義を、白の太陽は自由と平等を表し、12本の光線は十二支を意味する。

ホンコン(香港特別行政区)　HKG　P. 16
Hong Kong Special Administrative Region
政庁所在地　香港島中環地区
人口　750万人
面積　1,107km²
通貨単位　ホンコン・ドル
主要言語　中国語、英語
主要宗教　道教、仏教、キリスト教

花は香港の象徴バウヒニアで、5枚からなる星記は中国の五星紅旗に基づく。赤と白は社会主義・資本主義の一国二制度を象徴。

マカオ(澳門特別行政区)　P. 16
Macao Special Administrative Region
政庁所在地　マカオ
人口　67万人
面積　33km²
通貨単位　パタカ
主要言語　中国語、ポルトガル語
主要宗教　道教、仏教、キリスト教

区花のハスの下にマカオのシンボル、タイパ橋と海を図案化。五つの星は中国の五星紅旗にならったもの。

パレスチナ自治区　PLE　P. 27
The Palestinian Territories
政庁所在地　ラマラ
人口　497万人
面積　6,025km²
通貨単位　新シェケル
主要言語　アラビア語
主要宗教　イスラーム

パレスチナ解放機構（PLO）の旗。ヨルダン国旗から星を除いたもの。4色はかつてのイスラーム王朝に由来。

グリーンランド　P. 53
Greenland
政庁所在地　ヌーク（ゴットホープ）
人口　5万人
面積　217.6万km²
通貨単位　デンマーク・クローネ
主要言語　デンマーク語、グリーンランド語
主要宗教　キリスト教（ルーテル派）

白は氷山と氷塊を、赤い円は北極海から昇る日の出または落日を示す。赤白の2色はデンマーク国旗にならったもの。

統計資料

〔理科年表 2021, ほか〕

(1) 地球の大きさ　(注)世界測地系による

- 子午線の全周　40,007.864km
- 極半径　6,356.752km
- 赤道半径　6,378.137km
- 赤道の全周　40,074.912km
- 緯度1度分の子午線の弧の長さ（赤道付近で）110.574km（極付近で）111.694km
- 経度1度分の赤道の弧の長さ　111.319km
- 地球の質量　5.972×10^{24}kg
- 自転周期　23時間56分4秒
- 公転周期　365.2422日
- 地球の表面積　510,066,000km^2
- 地球の陸地の面積　147,244,000km^2
- 地球の海の面積　362,822,000km^2
- 地球の体積　1,083,847,550,000km^3
- 北回帰線・南回帰線の緯度　23°26′21.406″（赤道面と軌道面の傾き）

(2) 地球に関する極値

最高点	8,848m	エヴェレスト山（ヒマラヤ山脈）
最深点	-10,920m	チャレンジャー海淵（太平洋, マリアナ海溝）
最深の湖	-1,741m	バイカル湖（ロシア）
陸上の最低点	-400m	死海の湖面（イスラエル, ヨルダン）
最高気温	56.7℃	デスヴァレー（アメリカ合衆国）
最低気温	-67.8℃	ヴェルホヤンスク, オイミャコン（ロシア）（北半球）
	-89.2℃	ヴォストーク基地（南極）（南半球）
最多年降水量	26,467mm	チェラプンジ（インド）
最少年平均降水量	0.76mm	アリーカ（チリ）

(3) 世界のおもな山　▲は火山

山名	所在地	高さ(m)
アジア		
エヴェレスト山	ヒマラヤ山脈	8,848
K2（ゴッドウィンオースティン山）	カラコルム山脈	8,611
カンチェンジュンガ山	ヒマラヤ山脈	8,586
チョーオユ山	ヒマラヤ山脈	8,201
ダウラギリ山	ヒマラヤ山脈	8,167
マナスル山	ヒマラヤ山脈	8,163
ナンガパルバット山	ヒマラヤ山脈	8,126
アンナプルナ山	ヒマラヤ山脈	8,091
ガシャーブルム山	カラコルム山脈	8,068
シシャパンマフェン山	ヒマラヤ山脈	8,027
ポベディ山	テンシャン山脈	7,439
ダマヴァンド山	エルブールズ山脈	5,670
ヨーロッパ		
エルブルース山	カフカス山脈	5,642
モンブラン山	アルプス山脈	4,810
モンテローザ山	アルプス山脈	4,634
マッターホルン山	アルプス山脈	4,478
ユングフラウ山	アルプス山脈	4,158
アネト山	ピレネー山脈	3,404
▲エトナ山	シチリア島	3,330
ベンネヴィス山	イギリス	1,344
▲ヴェズヴィオ山	イタリア半島	1,281
アフリカ		
キリマンジャロ山	タンザニア	5,895
▲キリニャガ（ケニア）山	ケニア	5,199
ルウェンゾリ山	ウガンダ, コンゴ民主共和国	5,110
▲カメルーン山	カメルーン	4,095
北アメリカ		
デナリ（マッキンリー）山	アラスカ山脈	6,190
ローガン山	ロッキー山脈	5,959
▲オリサバ山	メキシコ	5,675
▲ポポカテペトル山	メキシコ	5,426
南アメリカ		
アコンカグア山	アンデス山脈	6,959
▲コトパクシ山	エクアドル	5,911
オセアニア		
ジャヤ峰	ニューギニア島	4,884
ギルウェ山	ニューギニア島	4,088
アオラキ（クック）山	ニュージーランド南島	3,724
▲タラナキ（エグモント）山	ニュージーランド北島	2,518
コジアスコ山	グレートディヴァイディング山脈	2,229
南極大陸		
ヴィンソンマッシーフ		4,897
▲エレバス山		3,794

(4) 日本のおもな山　▲は火山

山名	所在地	高さ(m)
北海道		
▲大雪山（旭岳）	北海道	2,291
▲昭和新山	北海道	398
東北		
▲燧ケ岳	福島	2,356
▲鳥海山	秋田・山形	2,236
岩手山	岩手	2,038
▲吾妻山（西吾妻）	福島・山形	2,035
月山	山形	1,984
▲蔵王山（熊野岳）	山形・宮城	1,841
▲磐梯山	福島	1,816
関東		
▲白根山	栃木・群馬	2,578
▲浅間山	群馬・長野	2,568
男体山	栃木	2,486
谷川岳	新潟・群馬	1,978
赤城山	群馬	1,828
▲箱根山（神山）	神奈川	1,438
▲三原山（三原新山）	東京（大島）	758
中部		
▲富士山（剣ヶ峯）	山梨・静岡	3,776
北岳（白根山）	山梨	3,193
穂高岳（奥穂高）	長野・岐阜	3,190
槍ヶ岳	長野	3,180
▲御嶽山	長野・岐阜	3,067
▲乗鞍岳	長野・岐阜	3,026
立山（大汝山）	富山	3,015
剣岳	富山	2,999
駒ケ岳（甲斐駒）	長野・山梨	2,967
駒ケ岳（木曽駒）	長野	2,956
▲白馬岳	長野・富山	2,932
八ヶ岳（赤岳）	長野・山梨	2,899
白山	石川・岐阜	2,702
近畿		
八経ヶ岳（八剣山）	奈良	1,915
伊吹山	滋賀	1,377
中国・四国		
石鎚山（天狗岳）	愛媛	1,982
大山	鳥取	1,729
九州		
宮之浦岳	鹿児島（屋久島）	1,936
▲霧島山	宮崎・鹿児島	1,700
▲阿蘇山（高岳）	熊本	1,592
▲雲仙岳（平成新山）	長崎	1,483
▲御岳（北岳）	鹿児島（桜島）	1,117

(5) 世界のおもな川

河川名	流域面積(百km^2)	長さ(km)
アジア		
オビ川	29,900	5,568[1]
エニセイ川	25,800	5,550
レナ川	24,900	4,400
長江（揚子江）	19,590	6,380
アムール川	18,550	4,416
ガンジス（ガンガ）川	16,210	2,510
ブラマプトラ川		2,840
インダス川	11,660	3,180
黄河	9,800	5,464
メコン川	8,100	4,425
ユーフラテス川	7,650	2,800
エーヤワディー川	4,300	1,992
ヨーロッパ		
ヴォルガ川	13,800	3,688
ドナウ川	8,150	2,850
ドニエプル川	5,105	2,200
ドン川	4,300	1,870
ドヴィナ川	3,620	1,750
ペチョラ川	3,200	1,809
ライン川	2,240	1,230
エルベ川	1,477	1,170
ロアール川	1,210	1,020
セーヌ川	778	780
テムズ川	136	365
アフリカ		
コンゴ川	37,000	4,667
ナイル川	33,490	6,695[2]
ニジェール川	18,900	4,184
ザンベジ川	13,300	2,736
オレンジ川	10,200	2,100
北アメリカ		
ミシシッピ川	32,500	5,969[3]
マッケンジー川	18,050	4,241
セントローレンス川	14,630	3,058
ユーコン川	8,550	3,185
コロンビア川	6,679	2,000
コロラド川	5,900	2,333
リオグランデ川	5,700	3,057
南アメリカ		
アマゾン川	70,550	6,516
ラプラタ川	31,000	4,500[4]
オリノコ川	9,450	2,500
オセアニア		
マリー川	10,580	3,672[5]

1) イルティシ川源流から　2) カゲラ川源流から　3) ミズーリ川源流から
4) パラナ川源流から　5) ダーリング川源流から

(6) 日本のおもな川

河川名	流域面積(km^2)	長さ(km)
北海道		
石狩川	14,330	268
十勝川	9,010	156
天塩川	5,590	256
東北		
北上川	10,150	249
最上川	7,040	229
阿武隈川	5,400	239
雄物川	4,710	133
米代川	4,100	136
岩木川	2,540	102
関東		
利根川	16,840	322
那珂川	3,270	150
荒川	2,940	173
相模川	1,680	109
多摩川	1,240	138
中部		
信濃川	11,900	367
木曽川	9,100	229
阿賀野川	7,710	210
天竜川	5,090	213
富士川	3,990	128
九頭竜川	2,930	116
大井川	1,280	168
庄川	1,180	115
近畿		
淀川	8,240	75
熊野川	2,360	183
由良川	1,880	146
紀の川	1,750	136
中国・四国		
江の川	3,900	194
吉野川	3,750	194
高梁川	2,670	111
四万十川	2,270	196
吉井川	2,110	133
旭川	1,810	142
太田川	1,710	103
仁淀川	1,560	124
九州		
筑後川	2,863	143
大淀川	2,230	107
球磨川	1,880	115
五ヶ瀬川	1,820	106

(7) 世界のおもな島

島名	所属	面積(km^2)
グリーンランド	デンマーク	2,175,600
ニューギニア	インドネシア, パプアニューギニア	771,900
カリマンタン（ボルネオ）	インドネシア, マレーシア, ブルネイ	736,600
マダガスカル	マダガスカル	590,300
バッフィン	カナダ	512,200
スマトラ	インドネシア	433,800
グレートブリテン	イギリス	217,800
スラウェシ	インドネシア	179,400
南島	ニュージーランド	150,500
ジャワ	インドネシア	126,100
キューバ	キューバ	114,500
北島	ニュージーランド	114,300
ニューファンドランド	カナダ	110,700
ルソン	フィリピン	105,700
アイスランド	アイスランド	102,800
ミンダナオ	フィリピン	95,600
アイルランド	アイルランド, イギリス	82,100
樺太（サハリン）	ロシア, 所属未定	77,000
タスマニア	オーストラリア	67,900
セイロン	スリランカ	65,600
台湾	中国（台湾）	36,000
ハイナン	中国	35,600
ティモール	インドネシア, 東ティモール	33,000
シチリア	イタリア	25,500
ニューカレドニア	フランス	16,100
ジャマイカ	ジャマイカ	11,500
ハワイ	アメリカ	10,400

(8) 日本のおもな島

島名	所属	面積(km^2)
本州		227,941
北海道		77,984
九州		36,783
四国		18,297
択捉島	北海道	3,167
国後島	北海道	1,489
沖縄島	沖縄	1,207
佐渡島	新潟	855
大島（奄美大島）	鹿児島	712
対馬	長崎	696
淡路島	兵庫	593
天草下島	熊本	575
屋久島	鹿児島	504
種子島	鹿児島	444
福江島	長崎	326
西表島	沖縄	290
徳之島	鹿児島	248
色丹島	北海道	248
隠岐島	島根	242
天草上島	熊本	226
石垣島	沖縄	222
利尻島	北海道	182
平戸島	長崎	163
宮古島	沖縄	159
小豆島	香川	153
奥尻島	北海道	143
壱岐島	長崎	135
竹島	島根	0.2

(9) 世界のおもな湖沼

湖沼名	面積(km^2)	最大水深(m)
アジア		
*カスピ海	374,000	1,025
バイカル湖	31,500	1,741
*バルハシ湖	18,200	26
*アラル海	10,030	43
アフリカ		
ヴィクトリア湖	68,800	84
タンガニーカ湖	32,000	1,471
マラウイ湖	22,490	706
チャド湖	3,000	10
北アメリカ		
スペリオル湖	82,367	406
ヒューロン湖	59,570	228
ミシガン湖	58,016	281
グレートスレーブ湖	28,568	625
ウィニペグ湖	23,750	36
南アメリカ		
マラカイボ湖	13,010	60
チチカカ湖	8,372	281

*印は塩湖

(10) 日本のおもな湖沼

湖沼名	面積(km^2)	最大水深(m)
琵琶湖〔滋賀〕	669	104
霞ヶ浦〔茨城〕	168	12
サロマ湖〔北海道〕	152	20
猪苗代湖〔福島〕	103	94
中海〔島根・鳥取〕	86	17
屈斜路湖〔北海道〕	80	118
宍道湖〔島根〕	79	6
支笏湖〔北海道〕	78	360
洞爺湖〔北海道〕	71	180
浜名湖〔静岡〕	65	13
小川原湖〔青森〕	62	27
十和田湖〔青森・秋田〕	61	327
北浦〔茨城〕	35	10
田沢湖〔秋田〕	26	423
摩周湖〔北海道〕	19	211
諏訪湖〔長野〕	13	8
中禅寺湖〔栃木〕	12	163
桧原湖〔福島〕	11	31
印旛沼〔千葉〕	9	5
山中湖〔山梨〕	7	13

(11) 世界のおもな海溝

海溝名	最大深度(m)
マリアナ海溝（チャレンジャー海淵）	10,920
トンガ海溝	10,800
フィリピン海溝	10,057
ケルマデック海溝	10,047
伊豆・小笠原海溝	9,810
千島・カムチャツカ海溝	9,550
プエルトリコ海溝	8,605

135 統計資料

(12) 世界の国別統計

太字は1位、*斜字*は2位から5位までの国を示す。面積・人口密度は居住不能な極地・島を除く。

国番号	正式国名	首都	IOCコード	人口(万人)2019年	面積(万km²)2019年	人口密度(人/km²)2019年	産業別人口の割合(%)2019年 第1次	第2次	第3次	老年人口率65歳以上(%)2019年	1人あたりの国民総所得(ドル)2019年	貿易額(百万ドル)2019年 輸出	輸入
アジア (47か国)													
1	アゼルバイジャン共和国	バクー	AZE	1,002	8.7	116	36.0	14.8	49.2	6.4	4,480	19,636	13.6
2	アフガニスタン・イスラム共和国	カブール	AFG	3,072	65.3	47	(17)42.8	17.6	39.6	2.6	540	(18)1,769	(18)14.8
3	アラブ首長国連邦	アブダビ	UAE	(18)936	7.1	132	2.2	28.8	69.0	1.2	43,470	(18)387,910	(18)244.6
4	アルメニア共和国	エレバン	ARM	296	3.0	100	25.8	22.8	51.4	11.5	4,680	2,612	5.0
5	イエメン共和国	サヌア	YEM	(17)2,817	52.8	53	(14)29.2	14.5	56.3	2.9	(18)940	(15)510	4.7
6	イスラエル国	エルサレム	ISR	905	2.2	410	0.9	16.1	83.0	12.2	43,290	58,488	76.5
7	イラク共和国	バグダッド	IRQ	3,883	43.5	89	(08)23.4	18.2	58.4	3.4	5,740	(16)43,774	(14)37.0
8	イラン・イスラム共和国	テヘラン	IRI	8,307	162.9	51	17.8	32.2	50.0	6.4	(17)5,420	(17)105,844	(17)51.6
9	インド	デリー	IND	*131,224*	328.7	399	43.3	24.9	31.8	6.4	2,130	323,251	478.8
10	インドネシア共和国	ジャカルタ	INA	*26,691*	191.1	140	28.5	22.4	49.1	6.1	4,050	167,003	170.7
11	ウズベキスタン共和国	タシケント	UZB	3,325	44.9	74	(18)26.6	22.7	50.7	4.6	1,800	14,930	21.8
12	オマーン	マスカット	OMA	461	31.0	15	(18)4.4	46.2	49.4	2.4	15,330	41,761	(18)25.7
13	カザフスタン共和国	ヌルスルタン	KAZ	1,851	272.5	7	13.7	19.8	66.5	7.7	8,810	57,723	38.3
14	カタール	ドーハ	QAT	279	1.2	241	1.2	54.5	44.3	1.5	63,410	72,935	29.1
15	カンボジア王国	プノンペン	CAM	1,528	18.1	84	38.2	25.5	36.3	4.7	1,480	12,700	17.4
16	キプロス共和国	ニコシア	CYP	87	0.9	95	2.4	18.4	79.2	14.0	27,710	3,528	9.2
17	キルギス共和国	ビシュケク	KGZ	639	20.0	32	(18)20.4	24.6	55.0	4.6	1,240	1,835	5.2
18	クウェート国	クウェート	KUW	442	1.8	248	2.2	20.8	77.0	2.8	(18)34,290	71,941	35.8
19	サウジアラビア王国	リヤド	KSA	3,421	220.7	16	2.5	24.8	72.7	3.4	22,850	207,572	135.2
20	ジョージア	トビリシ	GEO	372	7.0	53	38.1	14.3	47.6	15.1	4,740	3,764	9.0
21	シリア・アラブ共和国	ダマスカス	SYR	(15)1,799	18.5	97	(11)13.2	31.4	55.4	4.7	(07)1,820	(10)11,353	(10)17.5
22	シンガポール共和国	シンガポール	SIN	570	0.07	7,867	0.0	14.0	86.0	12.4	59,590	390,332	358.9
23	スリランカ民主社会主義共和国	スリジャヤワルダナプラコッテ	SRI	2,180	6.6	332	25.3	27.6	47.1	10.8	4,020	11,741	21.3
24	タイ王国	バンコク	THA	6,637	51.3	129	31.4	22.8	45.8	12.4	7,260	233,674	216.8
25	大韓民国	ソウル	KOR	5,133	10.0	512	5.1	24.5	70.4	15.1	33,720	542,172	503.2
26	タジキスタン共和国	ドゥシャンベ	TJK	912	14.3	64	(18)45.8	15.5	38.7	3.1	1,030	(17)873	(17)2.3
27	中華人民共和国	ペキン	CHN	**142,949**	**960.1**	**149**	25.1	27.5	47.4	11.5	10,410	(18)**2,494,230**	(18)**2,134.9**
28	朝鮮民主主義人民共和国	ピョンヤン	PRK	(15)2,518	12.1	209	—	—	—	9.3	—	(18)222	(18)2.3
29	トルクメニスタン	アシガバット	TKM	(15)556	48.8	11	—	—	—	4.6	6,740	(17)7,458	(17)4.5
30	トルコ共和国	アンカラ	TUR	8,237	78.4	105	18.1	25.3	56.6	8.7	9,610	180,839	210.3
31	日本国	東京	JPN	12,626	37.8	334	3.3	23.7	73.0	**28.0**	41,690	*705,730*	*721,0*
32	ネパール連邦民主共和国	カトマンズ	NEP	2,961	14.7	201	(08)71.3	7.4	21.3	5.8	1,090	(17)741	(17)10.0
33	パキスタン・イスラム共和国	イスラマバード	PAK	(17)20,777	79.6	261	(17)37.4	25.0	37.6	4.3	1,530	23,759	50.0
34	バーレーン王国	マナーマ	BRN	148	0.08	1,906	(15)1.3	34.7	64.2	2.5	22,110	(18)14,348	(18)20.5
35	バングラデシュ人民共和国	ダッカ	BAN	16,650	14.8	1,122	(17)40.6	20.4	39.0	5.2	1,940	(17)31,734	(17)48.0
36	東ティモール民主共和国	ディリ	TLS	128	1.5	86	(16)46.3	8.5	45.2	4.3	1,890	(17)24	(17)5
37	フィリピン共和国	マニラ	PHI	10,728	30.0	358	22.9	19.1	58.0	5.3	3,850	70,927	117.2
38	ブータン王国	ティンプー	BHU	74	3.8	19	(15)58.0	9.7	32.3	6.1	(18)2,970	(12)531	(12)9
39	ブルネイ・ダルサラーム国	バンダルスリブガワン	BRU	46	0.6	80	2.0	20.8	77.2	5.2	32,230	7,039	4.1
40	ベトナム社会主義共和国	ハノイ	VIE	9,620	33.1	290	29.4	31.9	38.7	7.6	2,540	264,610	253.4
41	マレーシア	クアラルンプール	MAS	3,258	33.1	99	11.3	27.7	61.0	6.9	11,200	238,089	204.9
42	ミャンマー連邦共和国	ネーピードー	MYA	5,434	67.9	80	48.9	16.9	34.2	6.0	1,390	17,997	18.5
43	モルディブ共和国	マレ	MDV	53	0.03	1,780	(16)9.0	18.3	72.7	3.6	9,650	(18)182	(18)2.9
44	モンゴル国	ウランバートル	MGL	326	156.4	2	25.3	21.6	53.1	4.2	3,780	7,620	6.1
45	ヨルダン・ハシェミット王国	アンマン	JOR	1,055	8.9	118	(04)3.1	18.4	78.4	3.9	4,300	8,313	19.3
46	ラオス人民民主共和国	ビエンチャン	LAO	712	23.7	30	(17)31.3	14.1	54.6	4.2	2,570	5,809	5.7
47	レバノン共和国	ベイルート	LIB	(15)653	1.0	625	3.6	20.5	75.9	7.3	7,600	2,953	19.9
アフリカ (54か国)													
1	アルジェリア民主人民共和国	アルジェ	ALG	4,341	238.2	18	10.1	30.9	59.0	6.6	3,970	35,191	(17)46.0
2	アンゴラ共和国	ルアンダ	ANG	3,017	124.7	24	44.2	6.1	49.7	2.2	3,050	42,097	16.0
3	ウガンダ共和国	カンパラ	UGA	4,030	24.2	167	71.7	7.0	21.3	2.0	780	3,087	6.7
4	エジプト・アラブ共和国	カイロ	EGY	9,890	100.2	99	21.6	26.8	51.6	5.3	2,690	30,630	78.6
5	エスワティニ王国	ムババーネ	SWZ	117	1.7	68	12.9	24.0	63.1	4.0	3,590	2,002	1.8
6	エチオピア連邦民主共和国	アディスアベバ	ETH	9,853	110.4	89	(13)71.0	8.4	20.6	3.5	850	(18)1,549	(18)14.9
7	エリトリア国	アスマラ	ERI	337	12.1	28	—	—	—	4.8	(11)600	(03)7	(03)43
8	ガーナ共和国	アクラ	GHA	3,028	23.9	127	(17)28.4	21.0	50.6	3.1	2,220	16,768	10.4
9	カーボベルデ共和国	プライア	CPV	55	0.4	136	10.6	21.8	67.6	4.7	3,630	75	8.7
10	ガボン共和国	リーブルビル	GAB	(15)194	26.8	7	(93)43.5	9.6	46.9	3.5	7,210	(09)5,356	(09)2.5
11	カメルーン共和国	ヤウンデ	CMR	2,549	47.5	54	(14)47.5	14.1	38.4	2.7	1,500	3,264	5.1
12	ガンビア共和国	バンジュール	GAM	221	1.1	196	29.6	15.4	55.0	2.6	740	25	4.9
13	ギニア共和国	コナクリ	GUI	1,221	24.6	50	74.8	5.6	19.6	2.8	950	(15)1,574	2.1
14	ギニアビサウ共和国	ビサウ	GBS	160	3.6	44	—	—	—	2.9	820	(05)17	(05)1.1
15	ケニア共和国	ナイロビ	KEN	4,756	59.2	80	(05)61.1	6.7	32.2	2.4	1,750	(18)6,050	17.3
16	コートジボワール共和国	ヤムスクロ	CIV	2,582	32.2	80	(17)41.9	12.5	45.6	2.9	2,290	12,718	10.4
17	コモロ連合	モロニ	COM	(15)77	0.2	348	(19)38.0	19.0	43.0	3.1	1,420	49	20
18	コンゴ共和国	ブラザビル	CGO	533	34.2	16	35.2	20.6	44.2	2.7	1,750	5,576	2.2
19	コンゴ民主共和国	キンシャサ	COD	7,624	234.5	32	71.5	8.2	20.3	3.0	520	(17)10,980	10.8
20	サントメ・プリンシペ民主共和国	サントメ	STP	20	0.1	214	(06)26.2	14.5	59.3	3.0	1,960	10	14
21	ザンビア共和国	ルサカ	ZAM	1,738	75.3	23	(12)55.8	10.1	34.1	2.1	1,450	7,029	7.2
22	シエラレオネ共和国	フリータウン	SLE	790	7.2	109	(14)57.0	6.0	37.0	2.9	500	(17)103	1.0
23	ジブチ共和国	ジブチ	DJI	(15)91	2.3	39	—	—	—	4.6	3,540	(09)364	(09)64
24	ジンバブエ共和国	ハラレ	ZIM	1,486	39.1	38	(14)67.2	7.4	25.4	3.0	1,390	4,279	5.0
25	スーダン共和国	ハルツーム	SUD	4,020	184.7	22	44.0	15.1	40.9	3.6	590	(18)3,619	(18)10.4
26	赤道ギニア共和国	マラボ	GEQ	140	2.8	50	(83)76.3	4.8	18.9	2.4	6,460	6,118	(17)2.5
27	セーシェル共和国	ビクトリア	SEY	9	0.05	214	3.3	12.8	83.9	7.8	16,870	824	1.4
28	セネガル共和国	ダカール	SEN	1,620	19.7	82	33.2	12.9	53.9	3.1	1,450	4,175	8.1

※オリンピックで用いられる国名の略称。(→P.125)。19)西暦下2けたの年次。①ホンコン、マカオ、台湾を含む。

〔Demographic Yearbook, ほか〕

(13) 世界のおもな都市の人口
(調査年次は西暦の下2桁を掲載)
〔The Statesman's Yearbook 2019, ほか〕

通貨単位	独立年月と旧宗主国	おもな民族(%)	おもな宗教(%)	おもな言語	国番号
ルブァイジャン・マナト	1991.8 —	アゼルバイジャン人92	イスラーム96	アゼルバイジャン語	1
フガニー	— イギリス	パシュトゥーン人42,タジク系27	イスラーム99	ダリー語,パシュトゥー語	2
Eディルハム	1971.12 イギリス	南アジア系59,自国籍アラブ人12	イスラーム62,ヒンドゥー教21	アラビア語	3
ラム	1991.9 —	アルメニア人98	アルメニア教会73	アルメニア語	4
エメン・リアル	1990.5 トルコ・イギリス	アラブ人93	イスラーム99	アラビア語	5
シェケル	1948.5 イギリス	ユダヤ人75,アラブ人21	ユダヤ教75,イスラーム19	ヘブライ語,アラビア語	6
ク・ディナール	— イギリス	アラブ人65,クルド人23	イスラーム96	アラビア語,クルド語	7
ラン・リアル	— イギリス	ペルシャ人35,アゼルバイジャン系16	イスラーム99	ペルシア語	8
ンド・ルピー	1947.8 イギリス	インド・アーリヤ系72,ドラヴィダ系25	ヒンドゥー教80,イスラーム14	ヒンディー語,英語	9
ピア	1945.8 オランダ	ジャワ人40,スンダ人16	イスラーム87,キリスト教10	インドネシア語	10
ム	1991.8 —	ウズベク人78	イスラーム76	ウズベク語,ロシア語	11
マーン・リアル	— ポルトガル	アラブ人55,インド・パキスタン系32	イスラーム89	アラビア語	12
ンゲ	1991.12 —	カザフ人66,ロシア系20	イスラーム70,キリスト教26	カザフ語,ロシア語	13
タール・リヤル	1971.9 イギリス	アラブ人40,インド系20	イスラーム68,ヒンドゥー14	アラビア語	14
エル	1953.11 フランス	カンボジア人(クメール人)85	仏教97	カンボジア語(クメール語)	15
ーロ	1960.8 イギリス	ギリシャ人81,トルコ系11	ギリシャ正教78,イスラーム18	ギリシア語,トルコ語	16
ム	1991.8 —	キルギス人71,ウズベク系14	イスラーム61,キリスト教10	キルギス語,ロシア語	17
フェート・ディナール	1961.6 イギリス	アラブ人59,アジア系38	イスラーム74,キリスト教13	アラビア語	18
ウジ・リヤル	— イギリス	サウジ系アラブ人74	イスラーム94	アラビア語	19
リ	1991.4 —	ジョージア人87	ジョージア正教84,イスラーム11	ジョージア語	20
リア・ポンド	1946.4 フランス	アラブ人90	イスラーム88	アラビア語,クルド語	21
ンガポール・ドル	1965.8 イギリス	中国系74,マレー系13	仏教33,キリスト教18	マレー語,中国語,タミル語,英語	22
ランカ・ルピー	1948.2 イギリス	シンハラ75,タミル人15	仏教70,ヒンドゥー教13	シンハラ語,タミル語	23
ーツ	— —	タイ人81,中国系11	仏教95	タイ語	24
国ウォン	1948.8 日本	朝鮮民族(韓民族)98	キリスト教28,仏教16	韓国語	25
モニ	1991.9 —	タジク人84,ウズベク系12	イスラーム84	タジク語,ロシア語	26
—	— —	漢民族92	道教,仏教	標準中国語,中国語7地域方言	27
朝鮮ウォン	1948.9 日本	朝鮮民族99.8	仏教,キリスト教	朝鮮語	28
ルクメン・マナト	1991.10 —	トルクメン人85	イスラーム87	トルクメン語,ロシア語	29
ラ	— —	トルコ人65,クルド人19	イスラーム98	トルコ語,クルド語	30
—	— —	日本人	神道,仏教,キリスト教など	日本語	31
パール・ルピー	— —	チェトリ人17,ブラーマン人12	ヒンドゥー教81,仏教9	ネパール語	32
キスタン・ルピー	1947.8 イギリス	パンジャブ人53,パシュトゥン13	イスラーム96	ウルドゥー語,英語	33
ーレーン・ディナール	1971.8 イギリス	アラブ人51,アジア系46	イスラーム80,キリスト教11	アラビア語	34
カ	1971.12 パキスタン	ベンガル人98	イスラーム89,ヒンドゥー教10	ベンガル語	35
ドル	2002.5 —	メラネシア系,マレー系	カトリック98	テトゥン語,ポルトガル語	36
ィリピン・ペソ	1946.7 アメリカ合衆国	タガログ人28,セブアノ人13	カトリック80	フィリピノ語,英語	37
ルタム	— —	ブータン人(チベット系)50,ネパール系35	チベット仏教74,ヒンドゥー教25	ゾンカ語,ネパール語	38
ルネイ・ドル	1984.1 イギリス	マレー系66,中国系10	イスラーム79	マレー語	39
—	1945.9 フランス	ベトナム人(キン人)86	仏教,カトリック	ベトナム語	40
ンギット	1957.8 イギリス	ブミプトラ62,中国系23	イスラーム61,仏教20	マレー語,英語,中国語	41
ャット	1948.1 イギリス	ビルマ人68	仏教88	ミャンマー語(ビルマ語)	42
フィア	1965.7 イギリス	モルディブ人99	イスラーム94	ディヴェヒ語	43
ゥグルグ	— 中国	モンゴル人(ハルハ人)82	仏教53(おもにチベット仏教)	モンゴル語	44
ルダン・ディナール	1946.5 イギリス	アラブ人98	イスラーム97	アラビア語	45
プ	1953.10 フランス	ラオ人53,クムー人11	仏教65	ラオ語	46
バノン・ポンド	1943.11 フランス	アラブ人85	イスラーム59,キリスト教41	アラビア語	47
ジェリア・ディナール	1962.7 フランス	アラブ74,アマジグ(ベルベル)系26	イスラーム99.7	アラビア語,アマジグ語	1
ワンザ	1975.11 ポルトガル	オヴィンブンドゥ37,キンブンドゥ25	カトリック55,独立派キリスト教30	ポルトガル語,ウンブンド語	2
ガンダ・シリング	1962.10 イギリス	バガンダ人17,バニャンコレ人10	キリスト教85,イスラーム12	英語,スワヒリ語	3
ジプト・ポンド	— イギリス	エジプト人(アラブ人)99.6	キリスト教90,イスラーム10	アラビア語	4
ランゲニ	1968.9 イギリス	スワティ82,ズールー人10	キリスト教90	スワティ語,英語	5
ル	— —	オロモ35,アムハラ人26	エチオピア教会43,イスラーム34	アムハラ語	6
クファ	1993.5 —	ティグライ55,ティグレ人30	イスラーム50,キリスト教48	ティグリンャ語,アラビア語,英語	7
ディ	1957.3 イギリス	アカン人48,モレダバン人17	キリスト教71,イスラーム18	英語,アサンテ語	8
スクード	1975.7 ポルトガル	アフリカ系とヨーロッパ系の混血70	カトリック	ポルトガル語,クレオール語	9
FAフラン(注)	1960.8 フランス	ファン人29,ブヌ人10	カトリック42,プロテスタント14	フランス語,ファン語	10
FAフラン	1960.1 イギリス・フランス	バミレケ人12,フラ人9	カトリック38,プロテスタント26	フランス語,英語	11
ラシ	1965.2 イギリス	マンディンカ人34,フラ人22	イスラーム96	英語,マンディンカ語	12
ニア・フラン	1958.10 フランス	フラ人32,マリンケ人30	イスラーム85	フランス語,フラ語	13
FAフラン	1973.9 ポルトガル	フラ人24,バランタ人23	イスラーム45,キリスト教22	ポルトガル語,クレオール語	14
ニア・シリング	1963.12 イギリス	キクユ人17,ルヒヤ人14	キリスト教83,イスラーム11	スワヒリ語,英語	15
FAフラン	1960.8 フランス	アカン人29,ボルタイク人,グロ人16	イスラーム43,キリスト教34	フランス語	16
モロ・フラン	1975.7 フランス	コモロ人97	イスラーム98	コモロ語,アラビア語,フランス語	17
FAフラン	1960.8 フランス	コンゴ人48,サンガ人20	キリスト教79	フランス語,リンガラ語	18
ンゴ・フラン	1960.6 ベルギー	ルバ人18,コンゴ人5	キリスト教80,イスラーム10	フランス語,スワヒリ語	19
ブラ	1975.7 ポルトガル	アフリカ系とヨーロッパ系の混血80	カトリック80,プロテスタント15	ポルトガル語,クレオール語	20
ンビア・クワチャ	1964.10 イギリス	ベンバ人21,トンガ人14	プロテスタント75,カトリック	英語,ベンバ語	21
オネ	1961.4 イギリス	テムネ人35,メンデ人31	イスラーム65,キリスト教25	英語,メンデ語	22
ブチ・フラン	1977.6 フランス	ソマリ人46,アファル人35	イスラーム94	フランス語,アラビア語	23
ンバブエ・ドル	1980.4 イギリス	アフリカ人21,ンデベレ16	キリスト教87	英語,ショナ語,ンデベレ語	24
ーダン・ポンド	1956.1 イギリス・エジプト	アフリカ系52,アラブ人39	イスラーム68,伝統信仰11	アラビア語,英語	25
FAフラン	1968.10 スペイン	ファン人57,ブビ人10	キリスト教87	スペイン語,フランス語,ポルトガル語	26
ーシェル・ルピー	1976.6 イギリス	クレオール93	カトリック76,プロテスタント15	クレオール語,英語,フランス語	27
FAフラン	1960.8 フランス	ウォロフ39,フラ人27	イスラーム95	フランス語,ウォロフ語	28

注) アフリカ金融共同体フラン。

都市名	国名	人口(万人)	調査年次
【ア行】			
アシガバット	トルクメニスタン	70	(12)
アディスアベバ	エチオピア	421	(17)
アテネ	ギリシャ	66	(11)
アビジャン	コートジボワール	439	(17)
アムステルダム	オランダ	84	(17)
アルマティ	カザフスタン	180	(18)
アレクサンドリア	エジプト	402	(06)
アンカラ	トルコ	516	(18)
アントウェルペン	ベルギー	52	(18)
イスタンブール	トルコ	1,506	(18)
ヴァンクーヴァー	カナダ	67	(17)
ウィーン	オーストリア	189	(19)
ヴォルゴグラード	ロシア	101	(18)
ウーハン	中国	518	(16)
エカテリンブルク	ロシア	146	(18)
エッセン	ドイツ	58	(17)
エディンバラ	イギリス	51	(17)
エレバン	アルメニア	107	(18)
オークランド	ニュージーランド	169	(18)
オスロ	ノルウェー	67	(17)
オデッサ	ウクライナ	101	(19)
【カ行】			
カイロ	エジプト	774	(06)
カオシュン	(台湾)	277	(19)
カザニ(カザン)	ロシア	124	(18)
カサブランカ	モロッコ	335	(14)
カラカス	ベネズエラ	208	(15)
カラチ	パキスタン	1,491	(17)
キエフ	ウクライナ	295	(17)
キト	エクアドル	179	(17)
キャンベラ	オーストラリア	41	(17)
グアダラハラ	メキシコ	153	(18)
グアヤキル	エクアドル	255	(17)
クラクフ	ポーランド	76	(17)
グラスゴー	イギリス	62	(17)
クンミン	中国	282	(16)
ケソンシティ	フィリピン	293	(15)
ケープタウン	南アフリカ共和国	400	(16)
ケルン	ドイツ	108	(17)
コペンハーゲン	デンマーク	77	(18)
コルカタ(カルカッタ)	インド	449	(11)
コロンボ	スリランカ	56	(12)
コワンチョウ	中国	870	(16)
【サ行】			
サンクトペテルブルク	ロシア	535	(18)
サンティアゴ	チリ	561	(18)
サンパウロ	ブラジル	1,217	(18)
サンフランシスコ	アメリカ合衆国	88	(17)
シアトル	アメリカ合衆国	72	(17)
シーアン	中国	629	(16)
シカゴ	アメリカ合衆国	271	(17)
シドニー	オーストラリア	513	(17)
ジャカルタ	インドネシア	1,037	(16)
シャンハイ	中国	1,450	(16)
シンガポール	シンガポール	570	(19)
ストックホルム	スウェーデン	94	(17)
スラバヤ	インドネシア	287	(17)
セビリア	スペイン	68	(17)
ソウル	韓国	999	(18)
ソフィア	ブルガリア	126	(17)
【タ行】			
タイペイ	(台湾)	266	(19)
ダカール	セネガル	*264	(13)
タシケント	ウズベキスタン	239	(16)
ダッカ	バングラデシュ	703	(11)
ダブリン	アイルランド	54	(16)
ダマスカス	シリア	178	(11)
ダラス	アメリカ合衆国	134	(17)
ターリエン	中国	398	(16)
タリン	エストニア	42	(17)
チェンナイ	インド	464	(11)
チャンチュン	中国	436	(16)
チューリヒ	スイス	40	(18)
チョンチン	中国	2,448	(16)
チョントゥー	中国	774	(16)
チンタオ	中国	379	(16)
テグ	韓国	247	(16)
デトロイト	アメリカ合衆国	67	(17)
テヘラン	イラン	869	(16)

注) 人口は市域人口をさす。*は都市的地域の人口。

136

137 統計資料

	国番号	正式国名	首都	IOCコード	人口(万人)2019年	面積(万km²)2019年	人口密度(人/km²)2019年	産業別人口の割合(%) 2019年 第1次	第2次	第3次	老年人口率65歳以上(%)2019年	1人あたりの国民総所得(ドル)2019年	貿易額(百万ドル)2019年 輸出	輸入
ア フ リ カ (54か国)	29	ソマリア連邦共和国	モガディシュ	SOM	15)1,379	63.8	22	—	—	—	2.9	—	14)819	14)3.4
	30	タンザニア連合共和国	ダルエスサラーム	TAN	5,589	94.7	59	14)68.1	6.3	25.6	2.6	1,080	17)4,178	18)8.5
	31	チャド共和国	ンジャメナ	CHA	1,569	128.4	12	18)70.4	8.9	20.7	2.5	700	17)2,464	17)2.1
	32	中央アフリカ共和国	バンギ	CAF	15)449	62.3	7	—	—	—	2.8	520	17)197	17)4
	33	チュニジア共和国	チュニス	TUN	1,172	16.4	72	17)14.7	33.1	52.2	8.6	3,360	14,944	21.5
	34	トーゴ共和国	ロメ	TOG	761	5.7	134	15)11.1	11.1	77.8	2.9	690	917	1.8
	35	ナイジェリア連邦共和国	アブジャ	NGR	16)19,339	92.4	209	13)37.8	11.7	50.5	2.7	2,030	18)62,400	18)43.0
	36	ナミビア共和国	ウィントフック	NAM	245	82.4	3	18)22.6	16.2	61.2	3.6	5,060	6,256	8.0
	37	ニジェール共和国	ニアメ	NIG	17)2,065	126.7	16	17)74.5	7.9	18.3	2.6	560	16)930	16)1.8
	38	ブルキナファソ	ワガドゥグー	BUR	2,087	27.3	76	06)78.4	5.3	16.3	2.4	790	3,283	16)4.2
	39	ブルンジ共和国	ブジュンブラ	BDI	1,204	2.8	433	17)86.3	3.5	10.2	2.3	280	169	18)7
	40	ベナン共和国	ポルトノボ	BEN	1,149	11.5	100	17)43.6	18.6	37.8	3.3	1,250	852	2.9
	41	ボツワナ共和国	ハボローネ	BOT	233	58.2	4	10)7.2	18.0	74.8	4.4	7,660	5,238	6.5
	42	マダガスカル共和国	アンタナナリボ	MAD	2,662	58.7	45	17)74.5	9.2	16.3	3.0	520	2,689	3.9
	43	マラウイ共和国	リロングウェ	MAW	1,756	11.8	149	—	—	—	2.6	380	884	2.5
	44	マリ共和国	バマコ	MLI	18)1,941	124.0	16	18)63.0	7.7	29.3	2.5	880	1,903	4.3
	45	南アフリカ共和国	プレトリア	RSA	5,877	122.1	48	5.3	22.3	72.4	5.4	6,040	89,396	88.0
	46	南スーダン共和国	ジュバ	SSD	1,232	65.9	19	—	—	—	3.4	15)1,090	—	—
	47	モザンビーク共和国	マプト	MOZ	2,931	79.9	37	15)72.1	7.7	20.2	2.9	480	5,196	6.7
	48	モーリシャス共和国	ポートルイス	MRI	126	0.2	640	5.6	23.9	70.5	12.0	12,740	1,876	5.6
	49	モーリタニア・イスラム共和国	ヌアクショット	MTN	18)398	103.1	4	17)31.9	17.7	50.4	3.2	1,660	1,989	3.5
	50	モロッコ王国	ラバト	MAR	3,558	44.7	80	14)37.2	17.7	45.1	7.3	3,190	29,328	51.0
	51	リビア	トリポリ	LBA	616	167.6	4	86)19.7	30.0	50.3	4.5	7,640	18,380	17)11.3
	52	リベリア共和国	モンロビア	LBR	447	11.1	40	14)33.7	9.0	57.3	3.3	580	261	17)1.1
	53	ルワンダ共和国	キガリ	RWA	1,237	2.6	470	37.5	18.6	43.9	3.0	820	992	3.2
	54	レソト王国	マセル	LES	16)200	3.0	66	08)42.1	21.6	36.3	4.9	1,360	673	17)2.0
ヨ ー ロ ッ パ (45か国)	1	アイスランド共和国	レイキャビク	ISL	35	10.3	3	4.0	17.4	78.6	15.2	72,850	5,228	6.5
	2	アイルランド	ダブリン	IRL	490	7.0	70	4.4	18.7	76.9	14.2	62,210	170,743	101.4
	3	アルバニア共和国	ティラナ	ALB	286	2.9	100	17)36.4	20.2	43.4	14.2	5,240	2,876	15)5.9
	4	アンドラ公国	アンドララベリャ	AND	7	0.05	163	—	—	—	13.6	—	18)129	1.6
	5	イタリア共和国	ローマ	ITA	18)6,042	30.2	200	3.9	25.9	70.2	23.0	34,460	532,684	473.5
	6	ウクライナ	キエフ	UKR	4,215	60.4	70	17)15.4	24.3	60.3	16.7	3,370	18)47,335	18)57.1
	7	エストニア共和国	タリン	EST	132	4.5	29	3.2	28.7	68.1	20.0	23,220	16,811	18.6
	8	オーストリア共和国	ウィーン	AUT	885	8.4	106	3.7	25.4	70.9	19.1	51,300	171,532	176.5
	9	オランダ王国	アムステルダム	NED	1,728	4.2	416	1.9	14.5	83.6	19.6	53,200	577,617	514.5
	10	北マケドニア共和国	スコピエ	MKD	207	2.6	81	13.9	31.1	55.0	14.1	5,910	7,186	9.4
	11	ギリシャ共和国	アテネ	GRE	1,072	13.2	81	11.6	15.3	73.1	21.9	20,320	37,886	62.1
	12	グレートブリテン及び北アイルランド連合王国	ロンドン	GBR	6,679	24.2	275	1.0	18.1	80.9	18.5	42,370	468,322	692,4
	13	クロアチア共和国	ザグレブ	CRO	407	5.7	72	6.2	27.6	66.2	20.9	14,910	17,063	28.0
	14	コソボ共和国	プリシュティナ	KOS	178	1.1	163	17)5.2	27.6	67.2	—	4,640	17)428	17)3.2
	15	サンマリノ共和国	サンマリノ	SMR	18)3	61km²	574	16)0.3	42.4	57.3	18)19.4	—	11)3,827	11)2.5
	16	スイス連邦	ベルン	SUI	851	4.1	206	2.5	19.9	77.6	18.8	85,500	①313,630	①276,2
	17	スウェーデン王国	ストックホルム	SWE	1,023	43.9	23	1.7	18.3	80.0	20.2	55,840	160,538	158.7
	18	スペイン王国	マドリード	ESP	4,693	50.6	93	4.0	20.4	75.6	19.6	30,390	337,215	375.4
	19	スロバキア共和国	ブラチスラバ	SVK	545	4.9	111	2.8	36.1	61.1	15.9	19,320	90,050	90.9
	20	スロベニア共和国	リュブリャナ	SLO	208	2.0	103	4.3	33.9	61.8	20.2	25,750	37,575	38.1
	21	セルビア共和国	ベオグラード	SRB	696	7.8	90	15.6	27.4	57.0	18.7	7,020	19,633	26.7
	22	チェコ共和国	プラハ	CZE	1,066	7.9	135	2.7	37.2	60.1	19.8	22,000	198,852	178.5
	23	デンマーク王国	コペンハーゲン	DEN	581	4.3	135	2.2	18.5	79.3	20.0	63,240	109,907	97.2
	24	ドイツ連邦共和国	ベルリン	GER	8,301	35.8	232	1.2	27.2	71.6	21.6	48,520	1,492,835	1,240,50
	25	ノルウェー王国	オスロ	NOR	②532	32.4	②16	2.0	19.4	78.6	17.3	82,500	104,030	86.1
	26	バチカン市国	バチカン	—	—	0.06	0.44km²	1,398	—	—	—	—	—	—	—
	27	ハンガリー	ブダペスト	HUN	977	9.3	105	4.7	32.1	63.2	19.7	16,140	121,995	116.5
	28	フィンランド共和国	ヘルシンキ	FIN	③554	③33.8	③16	3.8	21.6	74.6	22.1	49,580	72,704	73.5
	29	フランス共和国	パリ	FRA	④6,702	④64.1	④105	2.5	20.1	77.4	20.4	42,400	⑤569,757	⑤651,1
	30	ブルガリア共和国	ソフィア	BUL	700	11.0	63	6.6	30.0	63.4	21.3	9,410	33,415	37.2
	31	ベラルーシ共和国	ミンスク	BLR	947	20.8	46	11.1	30.4	58.5	15.2	6,280	18)33,726	18)38.4
	32	ベルギー王国	ブリュッセル	BEL	1,145	3.1	375	0.9	20.8	78.3	19.0	47,350	445,214	426.4
	33	ボスニア・ヘルツェゴビナ	サラエボ	BIH	349	5.1	68	18.0	31.7	50.3	17.2	6,150	6,578	11.1
	34	ポーランド共和国	ワルシャワ	POL	3,797	31.3	121	9.1	32.0	58.9	18.1	15,200	251,865	246.6
	35	ポルトガル共和国	リスボン	POR	1,027	9.2	111	5.5	24.7	69.8	22.4	23,080	67,012	89.2
	36	マルタ共和国	バレッタ	MLT	49	0.03	1,565	1.0	18.9	80.1	20.8	27,290	4,143	8.2
	37	モナコ公国	モナコ	MON	3	2.02km²	18,861	—	—	—	16)25.9	—	—	—
	38	モルドバ共和国	キシナウ	MDA	268	3.4	79	21.0	21.7	57.3	12.0	18)3,930	2,779	5.8
	39	モンテネグロ	ポドゴリツァ	MNE	62	1.4	45	7.2	19.4	73.4	15.4	9,010	466	3.0
	40	ラトビア共和国	リガ	LAT	192	6.5	30	7.4	23.7	69.0	20.3	17,730	14,447	17.6
	41	リトアニア共和国	ビリニュス	LTU	279	6.5	43	6.4	25.7	67.9	20.2	18,990	33,151	35.7
	42	リヒテンシュタイン公国	ファドゥーツ	LIE	3	0.02	241	17)1.0	28.5	70.5	17.9	09)116,430	—	—
	43	ルクセンブルク大公国	ルクセンブルク	LUX	61	0.3	237	0.6	10.1	89.3	14.3	73,910	18)15,148	18)23.1
	44	ルーマニア	ブカレスト	ROU	1,941	23.8	81	21.2	30.1	48.7	18.8	12,630	77,299	96.6
	45	ロシア連邦	モスクワ	—	15)14,400	1,709.8	8	5.8	26.8	67.4	15.1	11,260	426,720	247.1
北アメリカ	1	アメリカ合衆国	ワシントンD.C.	USA	32,824	⑥983.4	33	1.4	19.9	78.7	16.2	65,760	1,644,276	2,567,4
	2	アンティグア・バーブーダ	セントジョンズ	ANT	9	0.04	218	08)2.8	15.6	81.6	9.1	16,660	37	56
	3	エルサルバドル共和国	サンサルバドル	ESA	18)664	2.1	316	16.3	22.5	61.2	8.5	4,000	5,943	12.0
	4	カナダ	オタワ	CAN	3,758	⑦998.5	4	1.5	19.3	79.2	17.6	46,370	446,148	453.2
	5	キューバ共和国	ハバナ	CUB	1,120	11.0	102	14)18.9	16.9	64.2	15.6	16)7,480	2,630	17)9.9

①リヒテンシュタインを含む。 ②スヴァールバル諸島などの海外領土を除く。 ③オーランド諸島などを含む。 ④フランス海外県(ギアナ, マルティニーク, グアドループ, レユニオン, マヨット)を含む。フランス本土:人口6,482万, 面積55.2万km², 人口密度118人/km²。 ⑤モナコを含む。 ⑥国連の統計による(五大湖などの水域面積を含む)。

通貨単位	独立年月と旧宗主国	おもな民族(%)	おもな宗教(%)	おもな言語	国番号
マリア・シリング	1960.7 イギリス・イタリア	ソマリ人92	イスラーム99	ソマリ語,アラビア語	29
ザニア・シリング	1961.12 イギリス	バンツー系95	キリスト教61,イスラーム35	スワヒリ語,英語	30
FAフラン	1960.8 フランス	サラ人30,アラブ人10	キリスト教52,イスラーム44	フランス語,アラビア語	31
FAフラン	1960.8 フランス	バヤ人33,バンダ人27	キリスト教80,伝統信仰10	サンゴ語,フランス語	32
ニジア・ディナール	1956.3 フランス	アラブ人96	イスラーム99	アラビア語,フランス語	33
FAフラン	1960.4 フランス	エウェ人22,カブレ人13	キリスト教47,伝統信仰33	フランス語,エウェ語	34
	1960.10 イギリス	ハウサ人51,ハウサ人17	英語,ハウサ語,ヨルバ語,イボ語	英語,ハウサ語,ヨルバ語,イボ語	35
ミビア・ドル	1990.3 南アフリカ	オバンボ人34,混血15	プロテスタント49,カトリック18	英語,アフリカーンス語	36
FAフラン	1960.8 フランス	ハウサ人53,ジェルマ・ソンガイ人21	イスラーム90	フランス語,ハウサ語	37
FAフラン	1960.8 フランス	モシ人52	イスラーム62,キリスト教30	フランス語,モシ語	38
ルンジ・フラン	1962.7 ベルギー	フツ人81,ツチ人16	カトリック61,プロテスタント21	ルンディ語,フランス語	39
FAフラン	1960.8 フランス	フォン人38,アジャ人15	キリスト教49,イスラーム28	フランス語,フォン語	40
ラ	1966.9 イギリス	ツワナ人67,カランガ人15	キリスト教79	ツワナ語,英語	41
アリアリ	1960.6 フランス	マレーポリネシア系96	キリスト教47,伝統信仰42	マダガスカル語,フランス語	42
ラウィ・クワチャ	1964.7 イギリス	チェワ人35,ロムウェ人19	キリスト教87,イスラーム13	英語,チェワ語	43
FAフラン	1960.9 フランス	バンバラ人34,フラ人15	イスラーム95	フランス語,バンバラ語	44
		アフリカ系80,混血9	独立派キリスト教37,プロテスタント26	ズール一語,アフリカーンス語,英語	45
スーダン・ポンド	2011.7	ディンカ人38,ヌエル人17	キリスト教60	英語,アラビア語	46
ティカル	1975.6 ポルトガル	マクア・ロムウェ人32,ソンガ・ロンガ人24	キリスト教56,イスラーム18	ポルトガル語,マクワ語	47
ーリシャス・ルピー	1968.3 イギリス	インド・パキスタン系67,クレオール27	ヒンドゥー教49,キリスト教33	英語	48
ギア	1960.11 フランス	混血モール人40,モール人30	イスラーム99	アラビア語,プラー語	49
ロッコ・ディルハム	1956.3 フランス	アマジグ(ベルベル)系45,アラブ人44	イスラーム99	アラビア語,アマジグ語	50
アラブ・ディナール	1951.12 イタリア	アラブ人87	イスラーム99	アラビア語,アマジグ語	51
ベリア・ドル		アメリカ合衆国	クペレ人20,バサ人13	キリスト教86,イスラーム12	英語,マンデ語	52
ワンダ・フラン	1962.7 ベルギー	フツ人85,ツチ人14	カトリック44,プロテスタント38	キニャルワンダ語,フランス語,英語	53
ティ	1966.10 イギリス	ソト人80,ズールー人14	キリスト教91	ソト語,英語	54
イスランド・クローナ	1944.6 デンマーク	アイスランド人93	ルーテル派プロテスタント77	アイスランド語	1
	― イギリス	アイルランド人82	カトリック78	アイルランド語,英語	2
ク	―	アルバニア人83	イスラーム59,カトリック10	アルバニア語	3
ー	1993.3 フランス・スペイン	アンドラ人46,スペイン系26	カトリック89	カタルーニャ語	4
ーロ	―	イタリア人96	カトリック83	イタリア語	5
リブニャ	1991.8 ―	ウクライナ人78,ロシア系17	ウクライナ正教84,カトリック10	ウクライナ語,ロシア語	6
ーロ	1991.9 ―	エストニア人69,ロシア系25	キリスト教64	エストニア語,ロシア語	7
ーロ	―	オーストリア人91	カトリック66	ドイツ語	8
ーロ	―	オランダ人79	カトリック28,プロテスタント19	オランダ語	9
ナール	1991.9 ―	マケドニア人64,アルバニア系25	マケドニア正教65,イスラーム32	マケドニア語,アルバニア語	10
ーロ	―	ギリシャ人90	ギリシャ正教90	ギリシャ語	11
ポンド	―	イングランド人84,スコットランド人9	キリスト教72	英語	12
ーナ	1991.6 ―	クロアチア人90,セルビア系4	カトリック86	クロアチア語	13
ーロ	2008.2 ―	アルバニア系93	イスラーム96	アルバニア語,セルビア語	14
ーロ	―	サンマリノ人85,イタリア系13	カトリック89	イタリア語	15
イス・フラン	―	ドイツ系65,フランス系18	カトリック37,プロテスタント25	ドイツ語,フランス語,イタリア語	16
ウェーデン・クローナ	―	スウェーデン人86	ルーテル派プロテスタント77	スウェーデン語	17
ーロ	―	スペイン系45,カタルーニャ系28	カトリック77	スペイン語,カタルーニャ語	18
ーロ	1993.1 ―	スロバキア人81	カトリック62	スロバキア語	19
ーロ	1991.6 ―	スロベニア人83	カトリック58	スロベニア語	20
ルビア・ディナール	1992.4 ―	セルビア人83	セルビア正教85	セルビア語	21
ルナ	1993.1 ―	チェコ人64	カトリック27	チェコ語	22
ンマーク・クローネ	―	デンマーク人92	ルーテル派プロテスタント76	デンマーク語	23
ーロ	―	ドイツ人88	カトリック29,プロテスタント27	ドイツ語	24
ルウェー・クローネ	―	ノルウェー人83	ルーテル派プロテスタント82	ノルウェー語	25
ー	―	イタリア人,スイス人など	カトリック	ラテン語,イタリア語,フランス語	26
フォリント	―	ハンガリー人86	カトリック37,プロテスタント15	ハンガリー語(マジャール語)	27
ーロ	―	フィン人93	ルーテル派プロテスタント72	フィンランド語,スウェーデン語	28
ーロ	―	フランス人77	カトリック64	フランス語	29
フ	―	ブルガリア人77	ブルガリア正教59	ブルガリア語	30
ラルーシ・ルーブル	1991.8 ―	ベラルーシ人84,ロシア系8	ベラルーシ正教48	ベラルーシ語,ロシア語	31
ーロ	―	フラマン系54,ワロン系36	カトリック50	オランダ語,フランス語,ドイツ語	32
換マルカ	1992.3 ―	ボシュニャク人50,セルビア系31	イスラーム51,セルビア正教31	ボスニア語,セルビア語,クロアチア語	33
ロチ	―	ポーランド人97	カトリック81	ポーランド語	34
ーロ	―	ポルトガル人92	カトリック81	ポルトガル語	35
ーロ	1964.9 イギリス	マルタ人95	カトリック95	マルタ語,英語	36
ーロ	―	フランス系28,モナコ人22	カトリック89	フランス語	37
モルドバ・レウ	1991.8 ―	モルドバ人76	モルドバ正教32,ベッサラビア正教16	モルドバ語,ロシア語	38
ーロ	2006.6 ―	モンテネグロ人45,セルビア系29	モンテネグロ正教,セルビア正教	セルビア語	39
ーロ	1991.9 ―	ラトビア人62,ロシア系26	ルーテル派プロテスタント20,正教会15	ラトビア語,ロシア語	40
ーロ	1991.9 ―	リトアニア人84	カトリック77	リトアニア語,ロシア語	41
イス・フラン	―	リヒテンシュタイン人66,スイス系10	カトリック76	ドイツ語	42
ーロ	―	ルクセンブルク人53,ポルトガル系16	カトリック90	ルクセンブルク語,フランス語	43
ーロ	―	ルーマニア人83	ルーマニア正教82	ルーマニア語	44
シア・ルーブル	―	ロシア人78	ロシア正教53	ロシア語	45
ドル	―	ヨーロッパ系73,アフリカ系13	プロテスタント47,カトリック21	英語,スペイン語	1
カリブ・ドル	1981.11 イギリス	アフリカ系87	キリスト教84	英語	2
ドル	― スペイン	メスチーソ86,ヨーロッパ系13	カトリック50,プロテスタント36	スペイン語	3
ナダ・ドル	― イギリス	カナダ人32,イングランド系21	カトリック39,プロテスタント20	英語,フランス語	4
バペソ/キューバ・ペソ◆	― スペイン	混血50,ヨーロッパ系25	カトリック47	スペイン語	5

◆兌換ペソとキューバ・ペソの二重通貨制。2021年1月よりキューバ・ペソに統一。

138

都市名	国名	人口(万人)	調査年次
デュッセルドルフ	ドイツ	61	(17)
デリー	インド	1,103	(11)
テンチン	中国	1,044	(16)
ドニエプロペトロフスク	ウクライナ	100	(19)
トビリシ	ジョージア	112	(18)
トロント	カナダ	292	(17)
【ナ行】			
ナイロビ	ケニア	310	(10)
ナポリ	イタリア	96	(18)
ナンキン	中国	663	(16)
ニース	フランス	34	(16)
ニューヨーク	アメリカ合衆国	862	(17)
ノヴォシビルスク	ロシア	161	(18)
【ハ行】			
ハイデラバード	インド	673	(11)
バクー	アゼルバイジャン	226	(18)
バグダッド	イラク	615	(11)
ハノイ	ベトナム	231	(09)
ハノーファー	ドイツ	53	(17)
ハバナ	キューバ	212	(18)
パリ	フランス	219	(16)
バルセロナ	スペイン	162	(18)
ハルビン	中国	551	(16)
バンコク	タイ	568	(17)
バンドン	インドネシア	249	(16)
ハンブルク	ドイツ	183	(17)
ヒューストン	アメリカ合衆国	231	(17)
ピョンヤン	北朝鮮	258	(08)
ビリニュス	リトアニア	54	(18)
フィラデルフィア	アメリカ合衆国	158	(17)
ブエノスアイレス	アルゼンチン	306	(18)
ブカレスト	ルーマニア	183	(16)
プサン	韓国	347	(18)
ブダペスト	ハンガリー	174	(18)
プネー	インド	312	(11)
ブラジリア	ブラジル	297	(18)
プラハ	チェコ	128	(18)
フランクフルト	ドイツ	74	(17)
ブリズベン	オーストラリア	240	(17)
ブリュッセル	ベルギー	*119	(18)
ベイルート	レバノン	40	(17)
ベオグラード	セルビア	168	(17)
ペキン	中国	1,362	(16)
ヘルシンキ	フィンランド	64	(18)
ベルリン	ドイツ	361	(17)
ベンガルール(バンガロール)	インド	844	(11)
ボゴタ	コロンビア	816	(16)
ホーチミン	ベトナム	588	(09)
ボルドー	フランス	25	(16)
ホンコン	中国	748	(18)
【マ行】			
マドリード	スペイン	318	(17)
マニラ	フィリピン	178	(15)
マルセイユ	フランス	86	(16)
ミュンヘン	ドイツ	145	(17)
ミラノ	イタリア	136	(16)
ミンスク	ベラルーシ	198	(18)
ムンバイ	インド	1,244	(11)
メキシコシティ	メキシコ	844	(18)
メルボルン	オーストラリア	485	(17)
モスクワ	ロシア	1,234	(18)
モンテビデオ	ウルグアイ	130	(18)
モンテレー	メキシコ	121	(18)
モントリオール	カナダ	177	(17)
【ヤ行】			
ヤンゴン	ミャンマー	516	(14)
ヨハネスバーグ	南アフリカ共和国	494	(16)
【ラ行】			
ライプツィヒ	ドイツ	58	(17)
ラゴス	ナイジェリア	1,078	(10)
ラパス	ボリビア	75	(12)
ラホール	パキスタン	1,112	(17)
リオデジャネイロ	ブラジル	668	(18)
リガ	ラトビア	63	(18)
リスボン	ポルトガル	50	(17)
リマ	ペルー	1,019	(18)
ロサンゼルス	アメリカ合衆国	399	(17)
ロッテルダム	オランダ	63	(17)
ローマ	イタリア	287	(18)
ロンドン	イギリス	①882	(17)
【ワ行】			
ワシントンD.C.	アメリカ合衆国	69	(17)
ワルシャワ	ポーランド	176	(18)

①大ロンドン(Greater London)の人口。

139 統計資料

	国番号	正式国名	首都	IOCコード	人口(万人)2019年	面積(万km²)2019年	人口密度(人/km²)2019年	産業別人口の割合(%) 2019年 第1次	第2次	第3次	老年人口率65歳以上(%)2019年	1人あたりの国民総所得(ドル)2019年	貿易額(百万ドル)2019年 輸出	輸入
北アメリカ(23か国)	6	グアテマラ共和国	グアテマラシティ	GUA	(18)1,731	10.9	159	(17)31.8	19.0	49.2	4.9	4,610	11,289	19.8
	7	グレナダ	セントジョージズ	GRN	(17)11	0.03	322	(98)13.8	23.9	62.3	9.7	9,980	(08)31	(09)2
	8	コスタリカ共和国	サンホセ	CRC	506	5.1	99	11.9	18.7	69.4	9.9	11,700	11,252	16.5
	9	ジャマイカ	キングストン	JAM	273	1.1	249	15.2	16.2	68.6	8.9	5,250	(17)1,310	(17)5.8
	10	セントクリストファー・ネービス	バセテール	SKN	(15)5	0.03	196	(01)0.2	48.8	51.0	(11)7.8	19,030	(17)33	(17)3
	11	セントビンセント及びグレナディーン諸島	キングスタウン	VIN	11	0.04	284	(01)15.4	19.7	64.9	9.7	7,460	(18)44	(18)35
	12	セントルシア	カストリーズ	LCA	(18)17	0.05	332	(16)9.8	14.2	76.0	10.0	11,020	(17)142	(17)6
	13	ドミニカ共和国	サントドミンゴ	DOM	1,035	4.9	213	(17)8.8	18.8	72.4	7.3	8,090	8,856	(17)19.5
	14	ドミニカ国	ロゾー	DMA	(17)6	0.08	89	(01)21.0	19.9	59.1	11.2	8,090	(17)37	(17)2
	15	トリニダード・トバゴ共和国	ポートオブスペイン	TTO	136	0.5	266	(01)3.2	27.3	69.5	11.1	16,890	(17)10,756	(17)9.2
	16	ニカラグア共和国	マナグア	NCA	652	13.0	50	(14)31.1	17.5	51.4	5.5	1,910	5,014	(17)7.3
	17	ハイチ共和国	ポルトープランス	HAI	1,157	2.8	417	(12)31.3	6.7	62.0	5.1	790	(17)980	(17)3.6
	18	パナマ共和国	パナマシティ	PAN	421	7.5	56	14.4	17.7	67.9	8.3	14,950	713	12.8
	19	バハマ国	ナッソー	BAH	38	1.4	28	(11)3.7	12.9	83.4	7.5	31,780	(17)443	(17)3.1
	20	バルバドス	ブリッジタウン	BAR	(15)27	0.04	638	(16)2.9	19.3	77.8	16.2	17,380	(18)458	(18)1.6
	21	ベリーズ	ベルモパン	BIZ	40	2.3	18	(17)17.3	15.6	67.1	4.9	4,450	245	9
	22	ホンジュラス共和国	テグシガルパ	HON	915	11.2	81	29.5	21.4	49.1	4.8	2,390	4,970	(17)8.6
	23	メキシコ合衆国	メキシコシティ	MEX	12,657	196.4	64	12.4	25.4	62.2	7.4	9,430	472,273	467.2
南アメリカ(12か国)	1	アルゼンチン共和国	ブエノスアイレス	ARG	4,493	278.0	16	*0.1	21.8	78.1	11.2	11,200	65,114	49.1
	2	ウルグアイ東方共和国	モンテビデオ	URU	351	17.4	20	8.4	18.8	72.8	14.9	16,230	7,498	8.8
	3	エクアドル共和国	キト	ECU	1,726	25.7	67	29.7	17.2	53.1	7.4	6,080	21,606	(18)23.0
	4	ガイアナ共和国	ジョージタウン	GUY	74	21.5	3	(18)15.9	24.9	59.2	6.7	5,180	1,487	3.9
	5	コロンビア共和国	ボゴタ	COL	4,939	114.2	43	15.8	20.1	64.1	8.8	6,510	39,489	52.6
	6	スリナム共和国	パラマリボ	SUR	(18)59	16.4	4	(16)7.5	25.1	67.4	7.0	5,540	1,461	1.3
	7	チリ共和国	サンティアゴ	CHI	1,910	75.6	25	9.0	22.2	68.8	11.9	15,010	69,681	69.5
	8	パラグアイ共和国	アスンシオン	PAR	715	40.7	18	18.7	18.1	63.2	6.6	5,510	9,042	(18)13.3
	9	ブラジル連邦共和国	ブラジリア	BRA	21,014	851.6	25	9.1	20.0	70.9	9.3	9,130	225,383	177.3
	10	ベネズエラ・ボリバル共和国	カラカス	VEN	3,206	93.0	34	(17)8.0	19.8	72.2	7.6 (14)	13,080	(17)87,961	(17)44.9
	11	ペルー共和国	リマ	PER	3,213	128.5	25	(17)25.5	16.3	58.2	8.4	6,740	46,132	42.3
	12	ボリビア多民族国	ラパス	BOL	1,147	109.9	10	28.3	20.1	51.6	7.3	3,530	(18)9,065	(18)10.04
オセアニア(16か国)	1	オーストラリア連邦	キャンベラ	AUS	2,536	769.2	3	2.6	19.1	78.3	15.9	54,910	266,377	221.4
	2	キリバス共和国	タラワ	KIR	(15)11	0.07	152	(15)24.3	18.2	57.5	4.1	3,350	(16)11	(16)11
	3	クック諸島	アバルア	COK	2	0.02	86	(16)2.7	11.5	85.8	(16)10.4	—	(11)3	(11)10
	4	サモア独立国	アピア	SAM	20	0.3	71	(17)21.9	15.4	62.7	4.9	4,180	(18)46	(18)3
	5	ソロモン諸島	ホニアラ	SOL	68	2.9	24	(13)36.7	8.2	55.1	3.6	2,050	(18)569	(18)60
	6	ツバル	フナフティ	TUV	1	26km²	423	(16)27.0	9.5	63.5	4.9	5,620	(05)0.1	(08)2
	7	トンガ王国	ヌクアロファ	TGA	10	0.07	135	(03)31.8	30.6	37.6	5.9 (18)	4,300	(17)19	(14)21
	8	ナウル共和国	ヤレン	NRU	1	21km²	524	(16)2.7	24.9	72.4	1.9	14,230	(17)125	(17)6
	9	ニウエ	アロフィ	—	0.17	0.03	7	(01)9.0	20.4	70.6	13.3	—	(04)0	(04)0
	10	ニュージーランド	ウェリントン	NZL	491	26.8	18	5.8	19.5	74.7	16.0	42,670	39,540	42.2
	11	バヌアツ共和国	ポートビラ	VAN	29	1.2	24	63.6	6.8	29.6	3.6	3,170	(17)64	(11)28
	12	パプアニューギニア独立国	ポートモレスビー	PNG	815	46.3	18	(00)72.3	3.6	24.1	3.5	2,780	(17)4,518	(17)8.3
	13	パラオ共和国	マルキョク	PLW	1	0.05	39	(15)2.7	7.2	90.1	7.3	17,280	(17)9	(17)15
	14	フィジー共和国	スバ	FIJ	88	1.8	49	16 19.1	14.2	66.7	5.6	5,860	(17)1,041	(17)2.7
	15	マーシャル諸島共和国	マジュロ	MHL	5	0.02	304	(17)11.0	9.4	79.6	5.0	4,860	(15)47	(15)10
	16	ミクロネシア連邦	パリキール	FSM	10	0.07	149	(18)34.6	6.2	59.2	4.2	3,400	(18)40	(15)16
世界 (197か国)					*771,346	*13,009.4	59	—	—	—	9.1	11,570	—	—

※世界の人口・面積には属領、帰属未定地域を含む。ただし南極大陸の面積1,398.5万km²は含まない。*は都市部のみの統計。

(14) 都道府県別統計

(太字は1位、斜字は2位から5位までの都道府県を示す。)〔令和2年 全国都道府県市区町村別面積調、令和元年産 作物統計、ほ

県番号	都道府県	都道府県の庁所在地	人口(万人)2020年	面積(km²)2020年	人口密度(人/km²)2020年	産業別人口の割合(%)2015年 第1次産業	第2次産業	第3次産業	農業産出額(億円)2019年	米(水稲)(千t)2019年	野菜(億円)2019年	漁業生産量(千t)2019年	製造品出荷額(億円)2018年	発電電力量(百万kWh)2019年	10万人あたりの医師数(人)2018年	県民所得(千円)2017年
1	北海道	札幌	526	**83,424**	63	7.4	17.9	74.7	**12,558**	588	**1,951**	963	64,136	30,027	254.0	2,683
2	青森	青森	127	9,646	132	**12.4**	20.4	67.2	3,138	282	642	184	18,031	4,350	214.7	2,490
3	岩手	盛岡	123	*15,275*	81	*10.8*	25.4	63.8	2,676	280	259	123	27,451	2,846	215.4	2,772
4	宮城	仙台	229	7,282	315	4.5	23.4	72.1	1,932	377	265	271	46,912	14,514	250.1	2,944
5	秋田	秋田	98	11,638	85	*9.8*	24.4	65.8	1,931	527	281	6	13,496	13,673	246.0	2,699
6	山形	山形	108	*9,323*	116	9.4	29.1	61.5	2,557	404	460	4	28,880	6,705	239.8	2,923
7	福島	福島	188	*13,784*	137	6.7	30.6	62.7	2,086	369	438	71	52,812	*54,872*	214.2	2,971
8	茨城	水戸	292	6,097	479	5.9	29.8	64.3	*4,302*	344	*1,575*	■ 295	130,944	34,158	197.5	3,306
9	栃木	宇都宮	196	6,408	307	5.7	31.9	62.4	2,859	311	784	1	92,571	5,346	236.0	3,413
10	群馬	前橋	196	6,362	310	5.1	31.8	63.1	2,361	75	912	0.3	92,011	4,500	238.4	3,321
11	埼玉	さいたま	*739*	*3,798*	*1,946*	1.7	24.9	73.4	1,678	154	796	0.002	143,440	854	176.4	3,067
12	千葉	千葉	631	5,158	1,225	2.9	20.6	76.5	*3,859*	289	*1,305*	117	132,118	*90,308*	201.2	3,193
13	東京	東京	**1,383**	2,194	**6,306**	0.4	17.5	**82.1**	234	1	121	■ 53	78,495	7,230	*328.4*	**5,427**
14	神奈川	横浜	*920*	2,416	*3,811*	0.9	22.4	76.7	655	14	333	35	*185,700*	*84,126*	220.7	3,227
15	新潟	新潟	223	*12,584*	178	5.9	28.9	65.2	2,494	**646**	317	30	51,212	43,072	210.5	2,873
16	富山	富山	105	4,248	249	3.3	*33.6*	63.1	654	206	56	23	40,606	15,515	267.4	3,319
17	石川	金沢	113	4,186	272	3.1	28.5	68.4	551	133	97	41	31,841	9,287	300.1	2,962
18	福井	福井	78	4,191	186	3.8	31.3	64.9	468	131	81	■ 12	22,822	35,664	265.8	3,265
19	山梨	甲府	82	4,465	185	7.3	28.4	64.3	914	27	110	1	26,121	2,662	246.8	2,973
20	長野	長野	208	*13,562*	*0.9*	9.2	29.1	61.5	2,556	198	818	2	65,287	8,137	244.1	2,940
21	岐阜	岐阜	203	10,621	191	3.2	*33.1*	63.7	1,066	109	323	6	59,674	8,484	221.1	2,849
22	静岡	静岡	370	7,777	477	3.9	*33.2*	62.9	1,979	81	607	179	*176,639*	7,926	217.2	3,388
23	愛知	名古屋	*757*	5,173	*1,464*	2.2	*33.6*	64.2	2,949	137	*1,010*	75	**489,829**	70,830	224.1	3,683
24	三重	津	181	5,774	314	3.2	32.4	64.3	1,106	130	139	152	112,597	22,587	232.2	3,111
25	滋賀	大津	142	4,017	354	2.7	**33.8**	63.5	647	161	106	■ 0.4	81,024	152	239.8	2,906
26	京都	京都	254	4,612	552	2.2	23.6	74.2	666	73	248	9	59,924	11,287	341.5	3,016

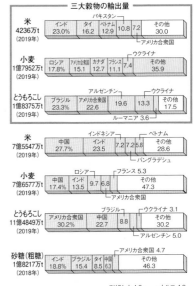

(15) 世界のおもな産物
〔FAOSTAT, ほか〕

141 統計資料

(16) 日本の市と人口（2020年1月）

□は都道府県庁所在地、●は政令指定都市*、○は中核市**

* : 政令指定都市　政令で指定する人口50万人以上の市で、ほぼ道府県なみの行政権・財政権を持っている。
** : 中核市　人口20万人以上の市で、保健衛生や都市計画で政令指定都市に準じた事務が都道府県から委譲される。

〔住民基本台帳　人口・世帯数ほか〕

（データ表は省略：各都道府県ごとの市名と人口（千人単位）が一覧表示されている）

※この表については、2020年の統計数値を用いたため、2021年以降に市制施行・合併・編入する市は掲載していない。

(17) 市制町村制施行後のおもな都市の人口（1890年）

〔日本帝国統計年鑑　第11回〕

都市名	旧国名	人口(千人)	都市名	旧国名	人口(千人)	都市名	旧国名	人口(千人)	都市名	旧国名	人口(千人)	都市名	旧国名	人口(千人)	都市名	旧国名	人口(千人)
東京市	武蔵	1,155	広島市	安芸	91	函館区	渡島	56	福井市	越前	40	高知市	土佐	32	岐阜市	美濃	30
大阪市	摂津	474	仙台市	陸前	66	熊本市	肥後	54	静岡市	駿河	38	品川町	武蔵	32	秋田市	羽後	29
京都市	山城	290	徳島市	阿波	61	堺市	和泉	54	松江市	出雲	36	大津市	近江	31	山形市	羽前	29
名古屋市	尾張	170	岡山市	備前	59	新潟市	越後	47	高松市	讃岐	35	宇都宮町	下野	31	米沢市	羽前	29
神戸市	摂津	137	長崎市	肥前	55	富山市	越中	46	松山市	伊予	35	赤間関市	長門	31	鳥取市	因幡	29
横浜市	武蔵	128	鹿児島市	薩摩	57	堺市	和泉	46	前橋市	上野	32	弘前市	陸奥	30	宇治山田市	伊勢	28
金沢市	加賀	95	和歌山市	紀伊	56	那覇	琉球	42	甲府市	甲斐	32	高岡市	越中	30	姫路市	播磨	27

(18) 世界のおもな都市の月平均気温・月降水量

(気温：℃　降水量：mm　**太字**：最高　*斜字*：最低)　〔理科年表 2021，ほか〕

都市（観測地点の高さ(m)）と経緯度			月別	1月	2月	3月	4月	5月	6月	7月	8月	9月	10月	11月	12月	全年
熱帯雨林気候(Af)乾季なし																
コロンボ	(7)	6°54′N 79°52′E	気温 降水量	27.1 96.5	27.3 *70.9*	28.1 116.4	28.6 222.1	**28.7** 309.1	28.0 244.4	27.9 124.6	27.9 111.5	27.8 227.7	27.3 **343.2**	27.1 301.7	*27.0* 153.8	27.7 2321.9
シンガポール	(5)	1°22′N 103°59′E	気温 降水量	*26.6* 246.3	27.2 *114.1*	27.6 173.8	28.0 151.5	**28.4** 167.4	**28.4** 136.1	27.9 155.8	27.8 154.0	27.7 163.1	27.7 156.2	27.0 265.9	*26.6* **314.8**	27.6 2199.0
キサンガニ	(396)	0°31′N 25°11′E	気温 降水量	24.9 *95.0*	25.0 114.9	**25.2** 151.8	25.1 181.3	24.9 166.7	24.4 114.7	*23.7* 100.4	*23.7* 185.7	24.2 173.9	24.5 **228.2**	24.5 177.0	24.5 114.1	24.6 1803.7
熱帯雨林気候(Am)弱い乾季あり																
ケアンズ	(3)	16°52′S 145°44′E	気温 降水量	**27.5** 355.7	27.4 **453.9**	26.6 363.7	25.3 213.0	23.7 88.6	21.9 41.8	*21.2* 30.2	21.7 *29.9*	23.3 33.2	25.0 48.5	26.3 111.4	27.3 180.5	24.8 1950.4
マカパ	(15)	0°02′N 51°03′W	気温 降水量	26.6 302.8	26.4 353.3	*26.2* 368.4	26.5 **391.5**	26.9 340.0	26.8 246.4	26.9 195.6	27.9 96.9	28.5 *25.3*	**28.8** 31.1	28.4 57.1	27.7 160.1	27.3 2568.5
サバナ気候(Aw)																
コルカタ（カルカッタ）	(6)	22°32′N 88°20′E	気温 降水量	*20.0* 12.6	23.6 19.7	28.0 35.2	30.4 58.8	**30.9** 137.4	30.4 303.8	29.4 **409.4**	29.3 336.4	29.2 318.2	28.1 165.1	25.0 36.1	21.2 *9.0*	27.1 1841.7
ホーチミン	(19)	10°49′N 106°40′E	気温 降水量	25.8 13.1	26.8 *1.3*	28.0 10.1	**29.2** 39.3	28.9 223.9	27.7 300.1	27.5 **318.1**	27.4 268.6	27.2 309.5	26.9 266.3	26.3 91.1	*25.8* 30.8	27.3 1872.2
ステップ気候(BS)																
ニアメ	(223)	13°29′N 2°10′E	気温 降水量	*24.0* *0.0*	27.2 *0.0*	31.5 2.0	34.3 7.3	**34.4** 27.3	32.0 74.9	29.4 136.9	28.1 **161.2**	29.4 85.6	31.1 13.3	28.5 *0.0*	25.2 *0.0*	29.6 508.5
ラホール	(214)	31°33′N 74°20′E	気温 降水量	13.4 19.5	16.3 37.5	21.7 33.3	27.5 16.4	32.1 23.8	**33.4** 58.5	31.5 **171.7**	30.9 154.6	29.9 63.9	25.9 15.9	20.4 *7.4*	15.1 11.3	24.8 613.7
砂漠気候(BW)																
カイロ	(116)	30°06′N 31°24′E	気温 降水量	*14.1* 7.1	14.8 4.3	17.3 6.9	21.6 1.2	24.5 0.4	27.4 *0.0*	28.0 *0.0*	**28.2** 0.3	26.6 *0.0*	24.0 0.1	19.2 6.4	15.1 **7.9**	21.7 34.6
リヤド	(635)	24°42′N 46°44′E	気温 降水量	*14.5* 14.3	16.8 17.6	21.4 27.8	26.5 **34.4**	32.6 11.1	35.3 *0.0*	**36.6** *0.0*	36.5 *0.0*	33.4 1.9	28.2 12.6	21.3 22.2	16.1 7.6	26.6 139.5
地中海性気候(Cs)																
ローマ	(2)	41°48′N 12°14′E	気温 降水量	*8.4* 74.0	9.0 73.9	10.9 60.7	13.2 60.0	17.2 33.5	21.0 21.4	23.9 *8.5*	**24.0** 32.7	21.1 74.9	16.9 **98.2**	12.1 93.3	9.4 86.3	15.6 716.9
ケープタウン	(46)	33°58′S 18°36′E	気温 降水量	21.0 *10.1*	**21.1** 15.0	19.8 13.5	17.3 47.4	15.0 80.7	12.8 **93.4**	*12.2* 91.5	12.7 78.2	14.4 44.6	16.3 35.3	18.3 23.1	20.1 13.0	16.8 545.8
パース	(20)	31°55′S 115°58′E	気温 降水量	24.4 11.2	**24.6** 25.9	22.8 19.0	19.5 36.1	16.3 84.9	13.2 138.9	*12.7* **147.4**	13.2 114.2	14.6 77.2	16.1 35.8	19.7 28.2	22.1 *7.6*	18.4 726.4
温暖冬季少雨気候(Cw)																
ホンコン	(64)	22°18′N 114°10′E	気温 降水量	*16.1* 26.2	16.7 39.2	19.0 59.0	22.7 144.7	25.8 251.5	27.7 457.4	**28.5** 391.6	28.2 **474.6**	27.4 319.6	25.2 86.2	21.6 32.0	17.9 *29.2*	23.1 2311.0
チンタオ（青島）	(77)	36°04′N 120°20′E	気温 降水量	-0.2 *11.2*	1.5 14.7	5.6 21.6	11.3 30.6	16.7 60.0	20.5 76.1	24.4 149.7	**25.3** **151.7**	22.0 72.0	16.4 40.6	9.2 28.4	2.5 12.9	12.9 668.9
温暖湿潤気候(Cfa)																
ニューヨーク	(7)	40°46′N 73°54′W	気温 降水量	*1.0* 82.5	2.0 *67.8*	5.9 105.1	11.6 102.1	17.1 97.3	22.4 101.8	**25.3** **111.4**	24.8 107.9	20.8 94.5	14.7 96.9	9.2 87.8	3.7 90.3	13.2 1145.4
ニューオーリンズ	(1)	29°59′N 90°15′W	気温 降水量	*11.6* 139.3	13.5 122.0	16.7 118.0	20.3 116.0	24.6 119.4	27.2 **201.1**	**28.2** 149.0	28.2 155.6	26.2 133.7	21.6 *92.1*	16.7 117.2	13.0 134.7	20.7 1598.1
ブエノスアイレス	(25)	34°35′S 58°29′W	気温 降水量	**24.8** **144.7**	23.4 120.2	21.8 144.2	17.8 136.0	14.6 93.8	11.8 60.8	*11.0* *59.9*	12.9 76.2	14.6 71.6	17.7 127.1	20.5 127.4	23.2 110.6	17.8 1272.8
西岸海洋性気候(Cfb)																
ロンドン	(24)	51°28′N 0°27′W	気温 降水量	5.8 55.0	6.2 46.8	8.0 *41.9*	10.5 46.4	13.9 49.1	17.0 46.8	**18.7** 46.8	18.5 57.8	16.2 50.8	12.4 70.6	8.5 **72.4**	*5.7* 55.9	11.8 640.3
パリ	(89)	48°43′N 2°23′E	気温 降水量	*4.1* 43.1	5.1 42.3	7.9 43.3	11.0 46.7	14.8 55.7	18.3 47.0	**19.9** 60.6	19.7 **65.7**	16.1 *39.9*	12.1 58.2	7.4 54.5	4.3 55.8	11.7 612.8
亜寒帯(冷帯)湿潤気候(Df)																
モスクワ	(156)	55°50′N 37°37′E	気温 降水量	-6.5 51.6	*-6.7* 43.1	-1.0 *35.2*	6.7 36.3	13.2 50.3	17.0 80.3	**19.2** **84.3**	17.0 82.0	11.3 66.8	5.6 71.3	-1.2 54.9	-5.2 50.3	5.8 706.5
ウィニペグ	(238)	49°55′N 97°14′W	気温 降水量	*-16.5* 16.6	-12.7 *14.6*	-5.3 23.8	4.2 31.6	12.0 51.9	17.0 **93.7**	**19.6** 85.0	18.9 72.9	12.5 42.7	5.1 41.0	-5.3 25.1	-14.2 17.2	2.9 516.1
亜寒帯(冷帯)冬季少雨気候(Dw)																
イルクーツク	(469)	52°16′N 104°19′E	気温 降水量	*-17.7* 14.1	-14.4 *8.1*	-6.4 11.3	2.4 18.6	10.1 35.8	15.4 78.5	**18.3** **109.2**	15.9 93.1	9.1 52.0	1.8 21.2	-7.9 20.6	-15.3 16.0	0.9 478.5
チタ	(671)	52°05′N 113°29′E	気温 降水量	*-25.2* 2.9	-19.1 *2.1*	-8.9 2.8	1.4 12.2	9.7 26.2	16.4 64.9	**18.7** **89.3**	16.0 87.8	8.7 41.8	-0.3 8.8	-12.6 6.1	-21.9 4.9	-1.4 349.8
ツンドラ気候(ET)																
ディクソン	(47)	73°30′N 80°24′E	気温 降水量	-24.8 35.7	*-25.7* 29.0	-22.3 25.5	-17.4 *20.0*	-7.7 21.2	0.5 32.5	5.0 33.5	**5.5** 40.8	1.7 **43.2**	-7.5 36.4	-17.5 27.8	-22.7 38.0	-11.1 383.6
バロー	(12)	71°17′N 156°47′W	気温 降水量	-25.3 3.4	*-25.8* *3.2*	-24.8 3.4	-16.6 3.9	-6.0 5.0	2.1 8.0	5.0 24.0	4.0 **26.6**	0.1 18.8	-8.2 10.9	-17.0 4.9	-22.1 3.8	-11.2 115.9
氷雪気候(EF)																
昭和基地	(18)	69°00′S 39°35′E	気温 降水量	**-0.7** —	-2.9 —	-6.5 —	-10.1 —	-13.5 —	-15.2 —	-17.3 —	*-19.4* —	-18.1 —	-13.5 —	-6.8 —	-1.6 —	-10.4 —
高山気候(H)																
ラパス	(4058)	16°31′S 68°11′W	気温 降水量	9.0 242.2	8.7 105.3	8.9 94.1	8.5 44.4	7.9 15.0	6.8 12.3	*6.4* *11.2*	7.7 26.1	8.5 36.8	9.7 44.2	**10.4** 58.5	9.7 126.5	8.5 816.5

注）この表の気候区分は，各都市の気温，降水量をケッペンの気候区分のもととなっている計算式にあてはめて求めている。ただし，ケッペンの気候区分では高山気候を区分せず，ラパスはケッペンの気候区分では温暖冬季少雨気候（Cw）に区分されている。

143 世界編（アイ～エル）

さくいんの引き方

（五十音順に配列）（ページ）経線間のアルファベット文字／緯線間の数字／F・5のワク内の南側を意味する。北側＝N　南側＝S　中央部付近の場合はつけていない

※記号で地点を表した都市や山などの地名のさくいんは、その記号のある場所を示している。

※山脈・高原・半島・海洋・湖沼などの自然地域名や国名などのさくいんは、その地名の文字がある場所を示している。

外　国　の　部　　太字　国　名　　太字　首都名　　∴史跡　名勝　世界遺産

【ア】

アイアンノブ	67	F6
アイアンブリッジ渓谷∴	35	E4
アイアンレンジ	67	G2
アイオワ	59	D2
アイザワル	24	H4
アイスランド共和国	36	③A-B1S
アイゼナハ	40	C3
アイセル湖	33	D2N
アイゼンヒュッテンシュタット	34	G2
アイダホ	57	C-D3N
アイドゥン	44	I3
アイフェル高原	33	E2-3
アイリッシュ海	35	D4N
アイルランド	35	B-C4
アイルランド島	35	C3
アイルロイヤル国立公園	59	E1
アインザラー	25	G2
アイントホーフェン	33	D2
アヴィニョン	33	D5N
アウクスブルク	34	F3
アウシュヴィッツ→オシフィエンチム	34	I2S
アヴデラ∴	44	H2S
青ナイル川	30	G4S
アオラキ（クック）山	68	M8S
アカディア国立公園	60	I2N
アガディル	29	C2S
アガデス	30	D4
アカデムゴロドク	49	K4S
アカバ	25	F-F4N
アカバ湾	27	A5
アカプルコ	61	D-E4
アガラス岬	30	E-F9
アガルタラ	24	H4
アーカンザスシティ	59	C3
アーカンソー	59	D3S
アキテーヌ盆地	33	A-C4S
アギンスコエ	50	N4S
アグアスカリエンテス	61	D3
アクタウ	52	J5
アクティウム∴	44	H3N
アクトガイ	49	J5
アクトベ	49	H4S
アクラ	29	C5S
アグラ	23	E3
アグリジェント	42	D6
アクロン	60	F2S
アコース［阿克蘇］	9	C3S
アコソンボダム	29	C5S
アコラ	23	E4S
アコルーニャ	43	B2N
アコンカグア山	64	B-C6N
アサバスカ湖	53	I-J4N
アサン［牙山］	18	D4
アサンソル	24	G4
アシガバット	26	J2
アシドド	27	A3
アジマーン	26	J4S
アジメル	23	D3
アジャクショ	43	E2
アジャール自治共和国	25	G1
アジャンター∴	23	E4S
アシュヴィル	60	F3S
アジュダービヤー	30	F2S
アシュート	30	G3
アシュフォード	35	E4S
アスケロン	27	A3
アスタナ→ヌルスルタン	49	J4S
アストラハニ	52	I4
アスマラ	30	G4
アスワン	30	G3
アスワンダム	30	G3
アスワンハイダム	30	G3
アスンシオン	63	D5
アゼルバイジャン共和国	52	I-J6
アセンズ	60	F4
アゾフ海	52	G4
アゾレス諸島	7	Q5-6
アタカマ砂漠	63	C6-7
アダナ	25	F2
アチェ	22	B5-6

アチンスク	49	L4
アッコ	27	B2N
アッサム	24	H3
アッシュール∴	25	G2S
アッツ島	65	E2
アディジェ川	34	F-G4
アディスアベバ	30	G5N
アディロンダック山地	60	G-H2N
アテネ	32	L8
アデレード	67	F6-7
アデン	25	G-H7
アデン湾	26	H-I7
アドゥイゲ共和国	52	G5S
アトス山∴	44	H2S
アドラバラ	25	F6S
アドミラルティー諸島	65	D5N
アトランタ	60	F4N
アトランティックシティ	60	H3N
アドリア海	34	G-H4-5
アトン∴	57	D2S
アナドゥイリ	50	T3
アナトリア＝小アジア	25	D-E2
アナトリア高原	25	D-E2
アナバ	30	D2
アナーバー	60	F2
アナポリス	60	G3N
アナワク高原	55	F-G7S
アナンタプル	23	E6N
アナンバス諸島	22	D6
アヌラダプラ	23	F7
アーネムランド半島	67	E-F2
アーネム岬	67	E-F2
アハヴェナンマー諸島→オーランド諸島	36	②D-E3S
アハガル高原	30	D3
アバダン	26	H3S
アバディーン［アメリカ］	59	C1S
アバディーン［イギリス］	35	E2
アパラチア山脈	60	F-H2-4
アバラ	66	G6N
アビア	65	F5
アビエイ	25	D8
アビジャン	29	C5
アビリーン	59	C4
アブカイク	26	H4S
アフガニスタン・イスラム共和国	26	K-L3
アブジャ	30	D5N
アブシンベル神殿∴	25	E6
アブダビ	26	I5N
アブハー	25	G6
アブハジア自治共和国	25	F-G1
アフヨン	25	E2
アベシェ	30	F4
アペニン山脈	44	F-G2
アベルドールン	33	D-E2
アーヘン	33	E2
アーホ	57	D5
アポ山	20	H5
アマゾナス	63	C3
アマゾン盆地	63	E2S
アマゾン盆地	63	C3
アーマドナガル	23	D5
アマパ（州）	63	D2S
アマーラ	26	H3N
アマリロ	59	B3S
アマルフィ	42	E4
アミアン	33	C3N
アミラント諸島	30	H-I6
アムステルダム	33	D2
アムダリア川	26	K-L1-2
アムバラ	23	E2S
アムラーヴァティ	23	E4
アムリットサル	23	D-E2
アムール川	50	P4S
アーメダーバード	23	D4
アメリカ合衆国	55-56	D-I3S
アメリカ高地	69	②L2

アメルスフォールト	33	D2
アモイ［厦門］	12	D6N
アヤクチョ	63	B4
アユタヤ	21	C4N
アラカジュ	63	F4N
アラカン山脈	24	H4-5
アラーク	26	H3
アラグアイナ	63	E3
アラグアリ	63	E4S
アラゴアス	63	F3S
アラスカ	53	E3
アラスカ山脈	53	E-F3S
アラスカ半島	53	D-E4
アラスカ湾	53	F-G4
アラド	44	H1
アラハバード	23	F3S
アラバマ	59	E4
アラビア海	26	K-L6N
アラビア高原	25	G5
アラビア半島	25-26	G-I6N
アラビア湾→ペルシア湾	26	I4
アラブ首長国連邦	26	I5
アラフラ海	67	F1S
アララト山→ビュユックアール山		
アラル海	49	H-I5
アリーカ	63	B4S
アリーガル	23	E3
アリカンテ	43	C3
アーリー山［阿里］	16	③B3
アリススプリングス	67	E4
アリゾナ	57	D5N
アリューシャン列島	65	E-F1S
アーリントン［ヴァージニア州］	60	G3N
アーリントン［テキサス州］	55	G5
アルアル	25	G3
アルカサル	43	C3N
アルギザ→ギーザ		
アルグン川	50	N-O4S
アルケセナン	38	D3S
アルゲニー台地	60	G2S
アルゴス	44	H3
アルジェ	30	D2
アルジェリア民主人民共和国	20	I-J8N
アルゴン諸島	64	C7
アルゼンチン共和国	36	②E2N
アルタ	36	②E2N
アルタイ［阿爾泰］［中国］	9	D2
アルタイ［モンゴル］	9	F2S
アルタイ共和国	49	K4S
アルタイ山脈	9	D-E1-3
アルダビール	26	H2
アルダブラ諸島	30	H6S
アルタミラ洞窟∴	43	C2
アルダン川	50	P3-4
アルダン高原	50	O4N
アルティプラノ	63	C4-5
アルデスターン	26	I3
アルデンヌ高原	33	D-E2S
アルトヴィン	52	H5
アルトゥーナ	60	G2S
アルバカーキ	55	E4-5
アルバセテ	43	C3
アルバータ	55	C-D1
アルバ島	62	J-K5
アルバート湖	30	F-G5S
アルバニア共和国	44	H2S
アルハンゲリスク	49	G3
アルビール	25	G2
アルフェルド→ハンガリー平原		
アルプス山脈	33-34	E-F4
アルヘシーラス	43	B3S
アルベールヴィル	33	D3
アルベルト運河	33	D2
アルベッロベッロのトゥルッリ∴	42	F4
アルボラン海	43	C3S
アルマヴィル	52	H4-5
アルマティ	49	J5
アルメニア共和国	52	H-I5S
アルメリア	43	C3
アル	33	D5N

アルンヘム	33	D2
アレキパ	63	B4
アレクサンダー島	69	②Q5
アレクサンドリア［アメリカ］	60	G3N
アレクサンドリア［エジプト］	30	F-G2S
アレクサンドロフスク＝サハリンスキー	50	Q4S
アレッツォ	34	F4
アレッポ→ハラブ	25	F2S
アーレン	34	F2
アレンタウン	60	G2S
アロフィ	66	F6N
アロールスター	22	C5S
アンガウル島	20	I8
アンカラ	25	E1-3
アンガラ川	50	L4N
アンガルスク	50	M4S
アンカレジ	53	E-F3S
アンカン［安康］	12	B4
安徽省→アンホイ		
アンギラ島	62	L4N
アングマクシャリク→タシーラク	53	Q2
アンコナ	44	F2
アンゴラ共和国	30	E-F7
アンコールワット∴	21	C4N
アンジェ	33	B3
アンシャン［鞍山］	11	E2S
アンシュン［安順］	9	H6N
アンソン［安城］	18	D4
アンタキヤ	25	F2S
アンタナナリボ	30	H7S
アンダマン海	21	A-B4S
アンダマン諸島	21	A4
アンダルシア	43	B-C3
アンダルシア平原	43	B-C3
アンタルヤ	25	E2S
アンチン［安慶］	12	D4S
アンツィラベ	30	H7S
アンティオキア∴	25	F2S
アンティグア島	62	L4S
アンティグア・バーブーダ	62	L4
アンディジャン	26	M1
アンティポディーズ諸島	65	E-F7
アンディーメシュク	28	④D3
アンデス山脈	63-64	B-C2-5
アントウェルペン	33	D2
アントファガスタ	63	B5
アンドラ公国	43	D2
アンドラ・プラデシュ	23	E-F6N
アンドラベリラ	43	D2
アントリム	35	C3S
アンドロス島	44	H-I3
アンドン［安東］	18	E4
アンナプルナ山	23	F3N
アンナン山脈	21	C-D3
アンヘル滝	62	L6S
アンホイ［安徽省］	12	D4
アンボン	20	H7
アンマン	25	F3
アンヤン［安陽］	11	C3S
アンルー［安陸］	12	C4

【イ】

イーウー［義烏］	12	E5N
イヴァノフランキウシク	51	D4
イヴァロ	36	②D2
イェヴレ	36	②D3S
イェーテボリ	36	②C3
イェナ	34	F2
イエメン共和国	26	H6-7
イェリヴァレ	36	②E2
イェリコ	27	B3N
イエローストーン川	57	C2
イエローストーン国立公園∴	57	D-E3N
イエローナイフ	53	I3S
イェンアン［延安］	11	B3
イェンタイ［煙台］	11	E3
イェンチー［延吉］	10	L2
イェンチャービン	36	②C2

エンチョウ[衰州]⋯⋯⋯⋯⋯ 11 D3S	インパール⋯⋯⋯⋯⋯⋯⋯ 24 H4N	ウェタール島⋯⋯⋯⋯⋯⋯ 20 H8
エンチョン[塩城]⋯⋯⋯⋯⋯ 11 E4N	インピリアルヴァレー⋯⋯⋯ 57 C-D5	ウェッデル海⋯⋯⋯⋯⋯⋯ 69 ②I2
オニア海⋯⋯⋯⋯⋯⋯⋯ 44 G3	インベルベル⋯⋯⋯⋯⋯⋯ 30 D3N	ヴェニス⋯⋯⋯⋯⋯⋯⋯ 36 ②C4
オニア諸島⋯⋯⋯⋯⋯⋯ 44 G3	【ウ】	ヴェネツィア⋯⋯⋯⋯⋯ 44 F1S
オカ⋯⋯⋯⋯⋯⋯⋯⋯ 63 B5	ヴァイマール⋯⋯⋯⋯⋯ 34 F2	ヴェネツィア湾⋯⋯⋯⋯⋯ 36 ②C4N
オ海→ウェイハイ⋯⋯⋯⋯ 11 E3	ヴァウブジフ⋯⋯⋯⋯⋯ 34 H2	ウェネルン湖⋯⋯⋯⋯⋯⋯ 53 P3S
オカルイト⋯⋯⋯⋯⋯⋯ 53 N3	ヴァーサ⋯⋯⋯⋯⋯⋯⋯ 36 ②F-G3	ヴェラーヴァル⋯⋯⋯⋯⋯ 23 D4S
オキーチョビ湖⋯⋯⋯⋯⋯ 60 F8N	ヴァージニア⋯⋯⋯⋯⋯⋯ 60 F-G3	ヴェランド運河⋯⋯⋯⋯⋯ 60 F-G2
キトス→グレートブリテン及び北アイ	ヴァージン諸島⋯⋯⋯⋯⋯ 62 L4N	ヴェリキエルーキ⋯⋯⋯⋯ 51 F2
ルランド連合王国⋯⋯⋯⋯ 35 E-F3S	ヴァッハウ渓谷∴⋯⋯⋯⋯ 40 E4	ウェリントン⋯⋯⋯⋯⋯⋯ 68 M8
ギリス海峡⋯⋯⋯⋯⋯⋯⋯ 35 E-F5S	ヴァドーダラ⋯⋯⋯⋯⋯⋯ 23 D4	ヴェルギナ遺跡∴⋯⋯⋯⋯ 44 H2S
ヴグアス滝⋯⋯⋯⋯⋯⋯⋯ 63 D5	ヴァヌアレヴ島⋯⋯⋯⋯⋯ 65 F5S	ウェルコム⋯⋯⋯⋯⋯⋯ 29 ②C3
クサン[益山]⋯⋯⋯⋯⋯⋯ 18 D5N	ヴァーモント⋯⋯⋯⋯⋯⋯ 60 H2N	ヴェルサイユ⋯⋯⋯⋯⋯⋯ 33 C3
サベラ島⋯⋯⋯⋯⋯⋯⋯ 61 F8N	ヴァラナシ⋯⋯⋯⋯⋯⋯⋯ 23 F3S	ウェールズ⋯⋯⋯⋯⋯⋯ 35 E4-5
ジェフスク⋯⋯⋯⋯⋯⋯ 52 J7	ヴァランゲル半島⋯⋯ 36 ②F-G1S	ヴェルズン諸島⋯⋯⋯⋯⋯ 67 F-G3N
シク湖⋯⋯⋯⋯⋯⋯⋯ 49 J5S	ヴァランゲルフィヨルド	ヴェルダン⋯⋯⋯⋯⋯⋯⋯ 33 D3
シム川⋯⋯⋯⋯⋯⋯⋯ 49 J1④	⋯⋯⋯⋯⋯⋯⋯ 36 ②F-G1-2	ヴェルデ岬諸島⋯⋯⋯⋯⋯ 29 A-B4
シュケル国立公園∴⋯⋯⋯ 42 B6	ヴァルカモニカの岩絵群∴ 41 C1S	ヴェルヌイ⋯⋯⋯⋯⋯⋯ 43 B3
ジョンブ[議政府]⋯⋯⋯⋯ 17 D4N	ヴァルディーズ⋯⋯⋯⋯⋯ 53 F3S	ヴェルホヤンスク⋯⋯⋯⋯ 50 P3N
豆・小笠原海溝⋯⋯⋯⋯ 65 D3	ヴァルナ⋯⋯⋯⋯⋯⋯⋯ 44 I2	ヴェルホヤンスク山脈⋯ 50 O-P3
スケンデルン⋯⋯⋯⋯⋯ 25 F2	ヴァレオ⋯⋯⋯⋯⋯⋯⋯ 57 B4	ヴェローナ⋯⋯⋯⋯⋯⋯ 44 F1S
ースター島→ラパヌイ島⋯⋯ 16 I6	ヴァレーゼ⋯⋯⋯⋯⋯⋯ 34 E4	ヴェローレ⋯⋯⋯⋯⋯⋯ 23 E4
スタンブール⋯⋯⋯⋯⋯ 44 I2S	ヴァンクーヴァー⋯⋯⋯⋯ 57 B2N	ウェンチョウ[温州]⋯⋯⋯⋯ 12 E5
ースタ半島⋯⋯⋯⋯⋯⋯ 34 G4	ヴァンクーヴァー島⋯⋯⋯ 57 A2N	ウォーカー湖⋯⋯⋯⋯⋯⋯ 57 C4N
ーストロントン⋯⋯⋯⋯⋯ 30 F9	ヴァンディーメン湾⋯⋯⋯ 67 E2	ヴォージュ山脈⋯⋯⋯⋯ 33 D3
スパニョーラ島⋯⋯⋯⋯⋯ 62 J4	ヴィアナドカシュテロ⋯⋯ 43 B2-2	ヴォス⋯⋯⋯⋯⋯⋯⋯ 36 ②B3S
スファハーン⋯⋯⋯⋯⋯ 26 I3	ヴィエルゾン⋯⋯⋯⋯⋯ 33 C3S	ヴォストーク基地⋯⋯⋯⋯ 69 ②A2
スマイリーヤ⋯⋯⋯⋯⋯ 30 G2S	ヴィガン⋯⋯⋯⋯⋯⋯⋯ 37 B1	ウォータートングレーシャー国立平和公園∴
ズミット⋯⋯⋯⋯⋯⋯ 44 I2S	ヴィクトリア[オーストラリア]	⋯⋯⋯⋯⋯⋯⋯ 57 D2N
ズミル⋯⋯⋯⋯⋯⋯⋯ 44 I4	⋯⋯⋯⋯⋯⋯⋯ 67-68 G-H7	ウォッシュ湾⋯⋯⋯⋯⋯⋯ 35 G4
イスラエル国⋯⋯⋯⋯⋯⋯ 25 E3	ヴィクトリア[カナダ]⋯⋯⋯ 57 B2	ウォリス諸島⋯⋯⋯⋯⋯⋯ 65 E-F5
イスラマバード⋯⋯⋯⋯⋯ 23 D2N	ヴィクトリア湖⋯⋯⋯⋯⋯ 30 G6N	ウォルヴァーハンプトン⋯⋯ 35 E4
イタイプダム⋯⋯⋯⋯⋯ 63 D5	ヴィクトリア滝⋯⋯⋯⋯⋯ 30 F7S	ウォルヴィスベイ⋯⋯⋯⋯ 30 E6
イタブナ⋯⋯⋯⋯⋯⋯⋯ 63 F4	ウーイー山脈[武夷]⋯⋯⋯⋯ 12 D5	ヴォルヴィック⋯⋯⋯⋯⋯ 33 D4
イタリア共和国⋯⋯⋯⋯ 44 F-G2-3	ヴィジャナガラム⋯⋯⋯⋯ 23 F5	ヴォルガ川⋯⋯⋯⋯⋯⋯ 52 H-I4
ーターワ⋯⋯⋯⋯⋯⋯⋯ 23 E3	ヴィジャヤプラ⋯⋯⋯⋯⋯ 23 E5	ヴォルガ・ドン運河⋯⋯⋯ 52 H4
イーチャン[宜昌]⋯⋯⋯⋯ 12 C4S	ヴィジャヤワダ⋯⋯⋯⋯⋯ 23 F5	ヴォルクタ⋯⋯⋯⋯⋯⋯ 49 I3
イーチュン[伊春]⋯⋯⋯⋯ 10 L2	ヴィース⋯⋯⋯⋯⋯⋯⋯ 40 C4	ヴォルゴグラード⋯⋯⋯⋯ 52 H4
イーチュン[宜春]⋯⋯⋯⋯ 12 C5	ウィスコンシン⋯⋯⋯⋯ 59 D-E1S	ヴォルゴドンスク⋯⋯⋯⋯ 52 H4
イーチョウ[宜州]⋯⋯⋯⋯ 12 B6N	ヴィースバーデン⋯⋯⋯ 33 E2S	ヴォルサル⋯⋯⋯⋯⋯⋯ 35 E-F4
イップ⋯⋯⋯⋯⋯⋯⋯ 25 E2	ヴィスビュ⋯⋯⋯⋯⋯ 36 ②D4	ヴォルガ川⋯⋯⋯⋯⋯⋯ 52 H4
イナリ湖⋯⋯⋯⋯⋯ 36 ②F2N	ヴィスワ川⋯⋯⋯⋯⋯⋯ 34 I1	ヴォルフスブルク⋯⋯⋯⋯ 34 F2N
イニャンベネ⋯⋯⋯⋯⋯ 30 G8	ヴィチェンツァ⋯⋯⋯⋯⋯ 44 F1	ヴォルムス⋯⋯⋯⋯⋯⋯ 40 B4N
イーニン[伊寧]⋯⋯⋯⋯⋯ 9 C3N	ウィチタ⋯⋯⋯⋯⋯⋯⋯ 59 C3	ヴォログダ⋯⋯⋯⋯⋯⋯ 52 G2N
イバダン⋯⋯⋯⋯⋯⋯⋯ 30 D5	ウィチタフォールズ⋯⋯⋯ 59 C4N	ヴォロス⋯⋯⋯⋯⋯⋯⋯ 44 H3N
イパチンガ⋯⋯⋯⋯⋯⋯ 63 E4S	ヴィック⋯⋯⋯⋯⋯⋯⋯ 35 E1	ヴォロネジ⋯⋯⋯⋯⋯⋯ 52 G3
イーピン[宜賓]⋯⋯⋯⋯⋯ 9 G6N	ヴィッテンベルク⋯⋯⋯⋯ 34 G2	ウォンサン[元山]⋯⋯⋯⋯ 17 D3
イプスウィッチ[イギリス]⋯ 35 G4S	ヴィティム⋯⋯⋯⋯⋯⋯ 50 N4N	ウォンジュ[原州]⋯⋯⋯⋯ 18 D3
イプスウィッチ[オーストラリア]68 I5	ヴィトリア⋯⋯⋯⋯⋯⋯ 63 E5N	ウガンダ共和国⋯⋯⋯⋯⋯ 30 G5S
イベリア高原⋯⋯⋯⋯⋯⋯ 43 C2S	ヴィトリアダコンキスタ⋯ 63 E4N	ウクライナ⋯⋯⋯⋯⋯ 32 M-N6N
イベリア半島⋯⋯⋯⋯⋯ 43 B-C2	ウィニペグ⋯⋯⋯⋯⋯ 55 G1-2	ヴコヴァール⋯⋯⋯⋯⋯ 34 I4
イボー⋯⋯⋯⋯⋯⋯⋯⋯ 30 D5	ウィニペグ湖⋯⋯⋯⋯⋯ 55 G1-2	ウーシー[無錫]⋯⋯⋯⋯⋯ 12 E4
イーヤン[益陽]⋯⋯⋯⋯⋯ 12 C5	ウィニペゴシス湖⋯⋯⋯⋯ 55 F1	ウジダ⋯⋯⋯⋯⋯⋯⋯⋯ 43 C4N
イラク共和国⋯⋯⋯⋯⋯⋯ 25 G3	ヴィボルグ⋯⋯⋯⋯⋯⋯ 51 L1	ウジホロド⋯⋯⋯⋯⋯⋯ 32 L6
イラクリオン⋯⋯⋯⋯⋯ 44 I3S	ヴィヤトカ川⋯⋯⋯⋯⋯ 52 J2N	ウーシャ[巫峡]∴⋯⋯⋯⋯ 12 C4S
イラプアト⋯⋯⋯⋯⋯⋯ 57 D3S	ウィラメット川⋯⋯⋯⋯ 57 B2-3	ウジャイン⋯⋯⋯⋯⋯⋯⋯ 23 E4
イラワジ川→エーヤワディー川	ウィランドラ湖群地域∴⋯⋯ 67 G5	ウーシャン山脈[巫山]⋯⋯ 12 B-C4S
⋯⋯⋯⋯⋯⋯⋯ 24 H-I5-6	ウィリアムズバーグ⋯⋯⋯ 60 G3	ウジュン・クロン国立公園∴⋯ 22 D8
イラン・イスラム共和国⋯⋯ 26 I-J3N	ウィルクスランド⋯⋯⋯⋯ 69 ②B2	ウースー[烏蘇]⋯⋯⋯⋯⋯ 9 C3N
イラン高原⋯⋯⋯⋯⋯⋯ 26 I-J3S	ウィルソン岬⋯⋯⋯⋯⋯⋯ 68 H7S	ウースター[アメリカ]⋯⋯⋯ 60 H2
イラン山脈⋯⋯⋯⋯⋯⋯ 22 F6	ヴィルヘルムスハーフェン⋯ 34 E1	ウースター[イギリス]⋯⋯⋯ 35 E4S
イリエウス⋯⋯⋯⋯⋯⋯ 63 F4	ウィレムシュタット⋯⋯⋯ 62 K5	ウースター[南アフリカ共和国]29 ②A4
イリガン⋯⋯⋯⋯⋯⋯⋯ 19 G5	ウィーン⋯⋯⋯⋯⋯⋯⋯ 34 H3	ウスチイリムスク⋯⋯⋯⋯ 50 M4N
イリノイ⋯⋯⋯⋯⋯⋯⋯ 59 E2S	ヴィン⋯⋯⋯⋯⋯⋯⋯⋯ 21 D3N	ウスチウルト台地⋯⋯⋯⋯ 52 J-K5
イリノイ・ミシシッピ運河⋯ 59 D-E2	ウィンザー[イギリス]⋯⋯⋯ 35 F5N	ウスチカメノゴルスク⋯⋯ 49 K4-5
イルクーツク⋯⋯⋯⋯⋯ 50 M5	ウィンザー[カナダ]⋯⋯⋯ 60 F2S	ウズベキスタン共和国⋯⋯ 26 K-L1
イルティシ川⋯⋯⋯⋯⋯ 49 I3-4	ウィンストンセーラム⋯⋯ 60 F3S	ウスリー川⋯⋯⋯⋯⋯⋯ 50 P5
イルビド⋯⋯⋯⋯⋯⋯⋯ 25 F3	ヴィンソンマッシーフ⋯⋯ 69 ②G3	ウスワイア⋯⋯⋯⋯⋯⋯ 64 C8
イロイロ⋯⋯⋯⋯⋯⋯⋯ 19 G4S	ヴィントートゥール⋯⋯⋯ 34 E3S	ウータイ山[五台]⋯⋯⋯⋯ 11 C3N
イロード⋯⋯⋯⋯⋯⋯⋯ 23 E6	ウィンチェスター⋯⋯⋯⋯ 35 F5	ウダイプル⋯⋯⋯⋯⋯⋯⋯ 23 D4N
イワノヴォ⋯⋯⋯⋯⋯⋯ 52 H2	ウィンド洞国立公園⋯⋯⋯ 59 B2	ウーチ⋯⋯⋯⋯⋯⋯⋯⋯ 32 K5
インヴァーカーギル⋯⋯⋯ 68 L9	ウィントフック⋯⋯⋯⋯⋯ 30 E6	内モンゴル自治区[内蒙古]⋯ 11 C-D2
インヴァーネス⋯⋯⋯⋯⋯ 35 D2	ウィンドワード海峡⋯ 56 K-L7-8	ウーチョウ[梧州]⋯⋯⋯⋯ 12 C6
イングシェチア共和国⋯⋯ 52 I5	ヴィーンニッツャ⋯⋯⋯⋯ 67 E4N	ウッジョウ⋯⋯ウーチ⋯⋯ 32 K5
イングランド⋯⋯⋯⋯⋯ 35 F-G4S	ヴィンロン⋯⋯⋯⋯⋯⋯ 21 D4S	ウッタル・プラデシュ⋯⋯ 23 E-F3
インコウ[営口]⋯⋯⋯⋯⋯ 11 E2S	ウーウェイ[武威]⋯⋯⋯⋯ 11 A3	ヴッパータール⋯⋯⋯⋯⋯ 33 E2
インゴルシュタット⋯⋯⋯ 34 F3	ウェイ川[渭河]⋯⋯⋯⋯⋯ 11 B4N	鬱陵島→ウルルン島⋯⋯ 17-18 F4
インサー⋯⋯⋯⋯⋯⋯⋯ 30 D4N	ウェイシャン湖[微山]⋯⋯ 11 D3-4	ウドムルト共和国⋯⋯⋯⋯ 52 I2
インシヤ線[鷹廈]⋯⋯⋯⋯ 12 D5	ウェイパ⋯⋯⋯⋯⋯⋯⋯ 67 G2	ウドンタニ⋯⋯⋯⋯⋯⋯ 21 C3
インシャン山脈[陰山]⋯ 11 B-C2S	ウェイハイ[威海]⋯⋯⋯⋯ 11 E3	ウナイザ⋯⋯⋯⋯⋯⋯⋯⋯ 25 G4S
インスブルック⋯⋯⋯⋯⋯ 34 F3S	ウェイファン[潍坊]⋯⋯⋯ 11 D3	ウーハイ[烏海]⋯⋯⋯⋯⋯ 11 B3N
インダス川⋯⋯⋯⋯⋯⋯ 23 C4N	ウェーク島⋯⋯⋯⋯⋯⋯ 65 E4N	ウーハン[武漢]⋯⋯⋯⋯⋯ 12 C4S
インダス平原⋯⋯⋯⋯⋯⋯ 23 C3-4	ウェーコ⋯⋯⋯⋯⋯⋯⋯ 59 C4	ヴヒメナ岬⋯⋯⋯⋯⋯⋯ 30 H8
インターラーケン⋯⋯⋯⋯ 33 E3	ヴェーザー川⋯⋯⋯⋯⋯ 34 F2	ウーフー[蕪湖]⋯⋯⋯⋯⋯ 12 D4
インタン[鷹潭]⋯⋯⋯⋯⋯ 12 D5	ヴェズヴィオ山⋯⋯⋯⋯⋯ 44 F2S	ウブサラ⋯⋯⋯⋯⋯⋯⋯ 36 ②D4N
インチョワン[銀川]⋯⋯⋯ 11 B3	ウエスカ⋯⋯⋯⋯⋯⋯⋯ 43 C2	ウペラバ⋯⋯⋯⋯⋯⋯⋯ 63 E4S
インチョン[仁川]⋯⋯⋯⋯ 18 D4	ウェスタンオーストラリア	ウベルランディア⋯⋯⋯⋯ 63 E4S
インディアナ⋯⋯⋯⋯⋯ 59 E3N	⋯⋯⋯⋯⋯⋯⋯ 67 B-D5N	ウボンラチャタニ⋯⋯⋯⋯ 21 C3S
インディアナポリス⋯⋯⋯ 59 E3N	ヴェステルオース⋯⋯ 36 ②D4N	ウメオ⋯⋯⋯⋯⋯⋯⋯ 36 ②E3
インディギルカ川⋯⋯⋯ 50 Q2-3	ヴェステローレン諸島⋯ 36 ②C-D2N	ウメ川⋯⋯⋯⋯⋯⋯⋯ 36 ②E3S
イント[英徳]⋯⋯⋯⋯⋯⋯ 12 C6N	ウェストヴァージニア⋯⋯ 60 F-G3	ヴュルツブルク⋯⋯⋯⋯⋯ 34 F3N
インド⋯⋯⋯⋯⋯⋯ 23 D-E4N	ウェストパームビーチ⋯⋯ 60 F5	ウラジオストク⋯⋯⋯⋯⋯ 50 P5
インドシナ半島⋯⋯⋯⋯⋯ 21 D-E5	ウェストフィヨルド⋯⋯ 36 ②C-D2	ウラジカフカス⋯⋯⋯⋯⋯ 52 H5
インドネシア共和国⋯⋯ 22 D-E7S	ウェストベンガル⋯⋯⋯⋯ 24 G4S	ウラニウムシティ⋯⋯⋯⋯ 53 J4N
インド半島⋯⋯⋯⋯⋯⋯ 23 E-F5	ウェスプレム⋯⋯⋯⋯⋯ 34 H3S	ウラリスク→オラル⋯⋯⋯ 52 J3
インド洋⋯⋯⋯⋯⋯⋯ 23 D-F7	ウェスル諸島⋯⋯⋯⋯⋯ 67 E-F2N	
インドール⋯⋯⋯⋯⋯⋯ 23 E4	ウェズレー⋯⋯⋯⋯⋯⋯ 38 D3S	

ウラル川⋯⋯⋯⋯⋯⋯⋯ 52 J4N	
ウラル高地→プリヴォルガ高地	
⋯⋯⋯⋯⋯⋯⋯ 52 H-I3	
ウラル山脈⋯⋯⋯⋯⋯⋯ 49 H-I3-4	
ウランゲリ⋯⋯⋯⋯⋯⋯⋯ 50 M4S	
ウランゲル島⋯⋯⋯⋯⋯⋯ 50 T2S	
ウランチャプ[烏蘭察布]⋯⋯ 11 C2S	
ウランバートル⋯⋯⋯⋯⋯ 9 H2	
ウランホト[烏蘭浩特]⋯⋯⋯ 11 E1	
ウリヤノフスク⋯⋯⋯⋯⋯ 52 I3N	
ウルミー⋯⋯⋯⋯⋯⋯⋯⋯ 26 H3S	
ウルグアイアナ⋯⋯⋯⋯⋯ 64 D5S	
ウルグアイ川⋯⋯⋯⋯⋯⋯ 64 D5-6	
ウルグアイ東方共和国⋯⋯⋯ 64 D6	
ウルサン[蔚山]⋯⋯⋯⋯⋯ 18 E5	
ヴルダヴァ川⋯⋯⋯⋯⋯⋯ 34 G3	
ウルップ島[得撫]⋯⋯⋯⋯ 50 R5	
ウルビーノ⋯⋯⋯⋯⋯⋯ 41 D3N	
ウルミエ⋯⋯⋯⋯⋯⋯⋯⋯ 25 G2	
ウルミエ湖⋯⋯⋯⋯⋯⋯⋯ 26 H2	
ウルム⋯⋯⋯⋯⋯⋯⋯⋯ 34 F3	
ウルムチ[烏魯木斉]⋯⋯⋯ 9 D3N	
ウルル⋯⋯⋯⋯⋯⋯⋯⋯ 67 E5N	
ウルル・カタジュタ国立公園∴	
⋯⋯⋯⋯⋯⋯⋯ 67 E5N	
ウルルン島[鬱陵]⋯⋯ 17-18 F4	
ヴロツワフ⋯⋯⋯⋯⋯⋯ 34 H2	
ウーロンゴン⋯⋯⋯⋯⋯⋯ 68 I6S	
雲岡石窟∴⋯⋯⋯⋯⋯⋯ 11 C2-3	
ウンサン[雲山]⋯⋯⋯⋯⋯ 17 C2S	
ウンタウ⋯⋯⋯⋯⋯⋯⋯ 21 D4S	
雲南省→ユンナン⋯⋯⋯⋯⋯ 9 G7N	
【エ】	
エア⋯⋯⋯⋯⋯⋯⋯⋯⋯ 35 D3	
エア湖⋯⋯⋯⋯⋯⋯⋯⋯ 67 F5	
エアーズロック→ウルル⋯⋯ 67 E5N	
エアサリスベリ⋯⋯⋯⋯⋯ 67 F6S	
永安→ヨンアン⋯⋯⋯⋯⋯ 12 D5S	
営口→インコウ⋯⋯⋯⋯⋯ 11 E2S	
エイティーマイル海岸⋯⋯ 67 B-C3S	
エヴァーグレーズ国立公園∴⋯ 60 F5S	
エヴァレット⋯⋯⋯⋯⋯⋯ 57 B2	
エヴィア島⋯⋯⋯⋯⋯⋯⋯ 44 H3N	
エヴェレスト山⋯⋯⋯⋯⋯ 23 G3	
エヴォラ⋯⋯⋯⋯⋯⋯⋯⋯ 43 B3	
エウヘニア岬⋯⋯⋯⋯⋯⋯ 61 A-B2	
エウパリノス水道⋯⋯⋯⋯ 44 F2	
エカテリンブルク⋯⋯⋯⋯ 52 L2	
エクアドル共和国⋯⋯⋯ 63 A-B2S	
エクサンプロヴァンス⋯⋯ 33 D4N	
エクセター⋯⋯⋯⋯⋯⋯ 35 E5	
エグモント山→タラナキ山⋯ 68 M7S	
エーゲ海⋯⋯⋯⋯⋯⋯ 32 L-M8	
エゲルスン⋯⋯⋯⋯⋯ 36 ②B4	
エジプト・アラブ共和国⋯⋯ 30 F-G3	
エスカナーバ⋯⋯⋯⋯⋯⋯ 59 E1S	
エスキシェヒル⋯⋯⋯⋯⋯ 25 E2N	
エスキルストゥーナ⋯⋯⋯ 36 ②D4N	
エステルスンド⋯⋯⋯⋯⋯ 36 ②D4	
エストニア共和国⋯⋯⋯ 36 ②E-F4	
エスピリトゥサント島⋯⋯⋯ 65 E4S	
エスピリトサント⋯⋯⋯⋯ 63 E-F4S	
エスポー⋯⋯⋯⋯⋯⋯⋯ 36 ②E3S	
エスメラルダス⋯⋯⋯⋯⋯ 63 B2S	
エスワティニ王国⋯⋯⋯⋯ 30 G-H5	
エチオピア連邦民主共和国	
⋯⋯⋯⋯⋯⋯⋯ 30 G-H5N	
エッセン⋯⋯⋯⋯⋯⋯⋯ 33 E2	
エディルネ⋯⋯⋯⋯⋯⋯⋯ 44 I2	
エディンバラ⋯⋯⋯⋯⋯⋯ 35 E3N	
エトナ山⋯⋯⋯⋯⋯⋯⋯⋯ 44 F3	
エドモントン⋯⋯⋯⋯⋯⋯ 55 D1	
エニウェトク島⋯⋯⋯⋯⋯ 65 D-E4	
エニセイ川⋯⋯⋯⋯⋯⋯⋯ 49 K3	
エヌグ⋯⋯⋯⋯⋯⋯⋯⋯ 30 D5	
エピダウロス遺跡∴⋯⋯⋯⋯ 44 H3N	
エフェソス∴⋯⋯⋯⋯⋯⋯ 44 I3	
エブロ川⋯⋯⋯⋯⋯⋯⋯⋯ 43 D2S	
エマームルード⋯⋯⋯⋯⋯ 26 I2	
エムス川⋯⋯⋯⋯⋯⋯⋯⋯ 33 E2	
エメリッヒ⋯⋯⋯⋯⋯⋯⋯ 33 E2	
エメン⋯⋯⋯⋯⋯⋯⋯⋯ 33 E2	
エーヤワディー川⋯⋯⋯⋯ 24 H-I5-6	
エーラート⋯⋯⋯⋯⋯⋯⋯ 25 E3S	
エーランド島⋯⋯⋯⋯⋯ 36 ②D4	
エリー⋯⋯⋯⋯⋯⋯⋯⋯ 60 F2	
エリー湖⋯⋯⋯⋯⋯⋯⋯⋯ 60 F2	
エリス諸島⋯⋯⋯⋯⋯⋯ 65 E5	
エリスタ⋯⋯⋯⋯⋯⋯⋯⋯ 52 H4	
エリトリア国⋯⋯⋯⋯⋯⋯ 30 G4S	
エルサルバドル共和国⋯⋯ 61 F-G5	
エルサレム⋯⋯⋯⋯⋯⋯⋯ 25 F3	
エルジャス山⋯⋯⋯⋯⋯⋯ 25 F2	
エルズミーア島⋯⋯⋯⋯⋯ 53 L2N	
エルズ山脈⋯⋯⋯⋯⋯⋯⋯ 32 P8N	
エルセントロ⋯⋯⋯⋯⋯⋯ 57 C5	
エルタヒン∴⋯⋯⋯⋯⋯⋯ 61 E3-4	
エルチゴン山⋯⋯⋯⋯⋯⋯ 61 F4

144

145 世界編（エル～ゴア）

エルツ山脈 34 G2S
エルパソ 55 E5
エルバ島 44 F2
エルビスカイノ鯨保護区 61 B2
エルブルース山 32 P7
エルブールズ山脈 26 I2
エルフルト 34 F2
エルブロンク 34 F1S
エルベ川 34 F1S
エルベ・ザイテン運河 34 F1-2
エルモシーヨ 61 B2N
エルランゲン 34 F3N
エルル 23 C5N
エレバス山 69 ②C2
エレバン 52 H5S
エーレブルー 36 ②D4N
エレンホト[二連浩特] 11 C4N
エロマンガ島 65 E5S
エローラ 23 D-E4-5
延安→イエンアン 11 B3
延安→ヨンナン 17 D4N
延吉→イエンチー 10 L3
エンゲリス 52 I2
エンシー[恩施] 12 B4S
塩城→イェンチョン 11 E4N
エンスヘデ 33 E2
エンセナーダ 55 C5
煙台→イェンタイ 11 E3N
エンダービーランド 69 ②K-L2
エンバ川 52 K4

【オ】

オアハカ 61 E4
オアフ島 61 ②C2N
オアヘダム 55 F3N
オイミャコン 50 Q3
オイルシティ・ローヌ・アルプ 60 G2
オーヴェルニュ・ローヌ・アルプ 33 C-D4
黄土高原→ホワンツー高原 11 A-C3-4
鴨緑江→ヤールー川 17 D2N
オウル 36 ②F3N
オウル湖 36 ②F3N
オウレンセ 43 B2
大泊→コルサコフ 50 Q5
オーガスタ[ジョージア州] 60 F4
オーガスタ[メーン州] 60 I2N
オキーチョビー湖 60 F5
オクシタニー 33 C4S
オクスナード 57 C5N
オクチャブリスク 52 K4N
オグデン 57 D3S
オークニー諸島 35 E2
オクラホマ 59 C3S
オクラホマシティ 59 C3S
オークランド[アメリカ] 57 B4
オークランド[ニュージーランド] 68 M7
オークランド諸島 68 M7
オークリッジ 60 F3S
オザーク台地 59 D3
オサン[烏山] 18 E4
オシイェク 44 G1S
オシフィエンチム 34 I2S
オシャワ 60 G2N
オースティン 59 C4S
オーステンデ 33 C2
オストラヴァ 34 I3N
オーストラリアアルプス山脈 68 H7
オーストラリア連邦 67 D-F4
オーストラル諸島 66 G6N
オーストリア共和国 34 G-H3S
オスナブリュク 34 E2N
オスロ 36 ②C4N
オーセル 33 D3S
オーゼンセ 36 ②C4S
オタワ 60 G1S
オックスフォード 35 F5N
オッフェンバハ 34 E2S
オディシャ 23 F4S
オデッサ 51 E2N
オーデル川 34 G1-2
オードラ 34 H2
オネガ湖 49 F3S
オハ 50 Q4
オハイオ 60 F2S
オハイオ川 60 F3N
オビエド 43 B2N
オビ川 49 I3
オビ諸島 20 H7
オーフス 36 ②C4S
オブニンスク 52 G2S
オフリド 44 H2S
オベイド 23 D5N
オホーツク 50 Q4N
オホーツク海 50 Q-R4
オポレ 34 H2S
オマーン国 26 J6N
オマーン湾 26 J4-5
オムスク 49 J4
オムドゥルマン 30 G4

オーメイ山[峨眉] 9 G6N
オラデア 44 H1
オラバリーナ 64 C6
オラル 52 J3
オラン 30 C2
オーランガバード 23 E5N
オーランゴム 9 E2N
オランダ王国 33 D-E1-2
オーランド 60 F5
オーランド諸島 36 ②D-E3S
オリサバ 61 E4N
オリサバ山 61 E4N
オリノコ川 62 K6
オリヤスタイ 9 F2
オリュトルスキー岬 50 T4N
オリョール 52 G3
オリンパス山 57 B2
オリンピア遺跡 44 H2
オリンピック国立公園 57 A-B2
オリンポス山 44 H2S
オールアメリカン水路 57 D5
オルギン 62 I3
オルシュテイン 51 D3
オルスク 52 K3S
オルダニ島 33 B3N
オールダム 35 E4N
オルチャ渓谷 41 C3
オルデンブルク 34 E1S
オルドス 11 B3N
オルノス岬 64 C8
オールバニ[ジョージア州] 60 F4
オールバニ[ニューヨーク州] 60 H2
オルボル 36 ②B-C4
オルレアン 33 C3
オレゴン 63 C4S
オレゴン 57 B-C3N
オーレスン 36 ②B3
オレンジ川 30 E-F8S
オレンブルク 52 K3
オーロプレート 63 E5N
オロモウツ 34 H3N
オーロラ 59 E2
オングル島 69 ②K2
オンゴル 23 E-F5S
温州→ウェンチョウ 12 E5
オンタリオ[オレゴン州] 57 C3
オンタリオ(州)[カナダ] 60 F1
オンタリオ湖 60 G2

【カ】

ガイアナ共和国 63 D2
海岸山地 53 G-H4
海岸山脈 57 B2-4
海口→ハイコウ 12 C6-7
カイコス諸島 62 J3
カイザースラウテルン 33 E3N
開城→ケソン 17 D4N
カイセリ 32 O8N
カイチョウ[蓋州] 11 E2S
海南省→ハイナン 12 B-C7N
海南島→ハイナン島 12 B7
カイバー峠 23 D2N
カイピン[開平] 16 ③A3
カイフォン[開封] 11 C4N
カイユワン[開遠] 12 A5
カイユワン[開原] 17 C1
カイラス山→カンリンポチェ山 9 C5S
カイリー[凱里] 12 B5
カイルアコナ 61 ②D3N
カイルワン 43 F3S
カイロ 30 G2S
カイロワン炭田[開灤] 11 D3N
カインジダム 30 D4-5
カウアイ島 61 ②B2N
カヴィテ 19 G4N
カヴィール砂漠 26 I-J3N
カウナス 36 ②E5N
カヴール運河 33 E3
カエサレア 27 A2
カエンヌ 63 D2
カオシュン[高雄] 16 ④B4
カオユウ湖[高郵] 11 D4
カオルン[九龍] 12 C6
カガヤンデオロ 20 G5
カーキナーダ 23 F5
岳陽→ユエヤン 12 C5N
カーコーディ 35 E2S
ガザ 30 R-S4
カサスグランデス 61 C1S
ガスカーニ 60 ②G3
カザフスタン共和国 52 K-K4
カザフステップ 52 J-K3-4
カサブランカ 29 C2
カザン→カザニ 52 I2S
カシ[喀什] 9 B4N
カシアス 63 E3

カシアスドスル 64 D5S
ガジアンテップ 25 F2
カシミエル岬 62 I5
カシミール 23 E1-2
ガシャーブルム山 23 E1S
カーシャーン 26 I3N
カシュガル→カシ[略称] 9 B4N
カシュエトプランコ 23 B3N
カジュラーホ 23 E4N
カズヴィーン 26 H-I2
カスケード山脈 57 B2-3
カステリョ 43 C3N
カストリーズ 62 L5N
カスピ 26 L5N
カスパー 55 E3
カスピ海 52 I-J5
カスピ海沿岸低地 52 I-J4-5
ガスペー半島 56 M-N2N
カスール 23 D2
カセイレ岬→グワルダフィ岬 30 I4S
カーソンシティ 57 C4N
カタック 23 G4S
カタニア 44 F-G3
カタマルカ 64 C5S
ガダルカナル島 65 D5
カタール国 26 I4S
カタルーニャ 43 C-D2
カタンガ 30 F6S
華中 11 C-D4
カッサラ 30 G4
カッセル 34 F2
カッタラ窪地 30 F3N
カッダロール 23 E6S
カッチ小湿地 23 D4
カッチ大湿地 23 C-D4N
カッチ湾 23 C4
カッパドキア 25 E2
カッパーベルト 30 F7N
カッファ 30 G5
カーディガン 35 D4S
カーディガン湾 35 D4S
カディス 43 B3
カーティス島 68 I4
カーディフ 35 E5S
カテガット海峡 36 ②C4
カトヴィツェ 34 I2S
カトゥーナ 30 D4N
カトチェ岬 62 G3
カトリーナ山 25 E4
カナイマ国立公園 63 C2
ガーナ共和国 29 C5N
カナダ 60 G1
カーナック 53 N2N
カナディアンロッキー山脈自然公園群 57 C1
カナリア諸島 29 B3N
カナンガ 30 F6
河南省→ホーナン 11 C4
カニン半島 49 G3
カノ 30 D4S
カバーシャン 62 J4N
カハマルカ 63 B3
カバルダ・バルカル共和国 52 H5
峨眉山→オーメイ山 9 G6N
カピバラ山地国立公園 63 E3
カビマス 63 B2
カビンダ 30 E6
カブウェ 30 F7
カフカス山脈 52 H-I5
カフラマンマラシュ 25 F2
カプリ島 42 E4
カブール 26 L3
ガベス 43 E-F4
ガベス湾 43 F4N
カーペンタリア湾 67 F-G2S
華北 11 C3N
河北省→ホーペイ 11 C-D3N
華北平原 11 D3-4
カーボベルデ共和国 29 A-B4
カホラバッサダム 30 G7
ガボン共和国 30 D-E6
カマウ 22 C-D5
カマウ岬 22 C-D5
カマグエイ 62 I3
カーマーゼン 35 D5N
カミーシュリー 25 G2
カムイシン 52 I3S
カムチャッカ半島 50 R-S4
カムラン湾 21 D4
カメタ 63 E3
カメルーン共和国 30 E5
カメルーン山 30 D5
カメンスクウラリスキー 52 L2
カヤオ 63 B4N
カーライル 35 E3
カラ海 49 I-J2
カラカス 63 C1S

カラカルパクスタン共和国 49 H-I5
カラガンダ 49 J5N
カラク 27 B2-3
カラグブル 24 G3
カラクーム運河 26 K5
カラクーム砂漠 26 J-K5
カラコルム 9 G1
カラコルム山脈 9 C-D4
カラコルム峠 9 B4S
カラジ 26 I2S
カラジャス 63 E3
カラチ 26 L5N
カラチャイ・チェルケス共和国 52 H5
ガラパゴス諸島 61 F7S
カラハリ砂漠 30 E-F8
カラパン 19 G5
カラビュク 51 F2
樺太 50 Q4S
カラマイ[克拉瑪依] 9 C2S
カラマタ 44 I1S
カリ 23 E6
カリカット→コジコーデ 23 E6S
ガリシア 43 B2
カリジュ 34 I1
カリーニングラード 36 ②E5N
カリバダム 30 F7
カリフォルニア 57 C4S
カリフォルニア半島 55 D6-7
カリフォルニア湾 55 D6
カリブ海 62 I-J5N
カリマータ海峡 22 D-E4
カリマンタン島 22 E-F3-4
カリャリ 43 E3N
ガリラヤ 27 B2N
ガルヴェストン 59 D5S
カルガ 52 G3N
カルカソンヌ 33 C5
カルカッタ→コルカタ 24 G4
カルガリー 55 D2
カルグーリー 67 C6N
カルシ 26 L5S
カールスクルーナ 36 ②D4
カールスタード 36 ②C4N
カルスト 34 G4
カールスバッド洞窟群国立公園 59 B4
カールスルーエ 33 E3
カールスルーエ 33 E3
カルタゴ 43 F4N
ガルダ湖 34 F4
カルタヘナ[コロンビア] 63 B1S
カルタヘナ[スペイン] 43 C3
カルナータカ 23 E6
カルナック神殿 25 E4S
カルヌール 23 K5S
カルパティア山脈 32 L-M6
カルパート山脈→カルパティア山脈 32 L-M6
カルパトス島 44 I3S
カルパトリ 62 L5S
カルバラー 25 G3
カルマール 36 ②D4
ガルミッシュパルテンキルヘン 34 F3S
カルムイキア共和国 52 H-I4
ガルワ 30 E5N
カレー 33 C2
カレドニア運河 35 D2
カレドニア地峡 35 D2
カレリア共和国 49 F3S
花蓮→ホワリエン 16 ④C4S
カロリン諸島 65 ④D-E4S
ガロンヌ川 43 C-D2N
ガワール 26 H4-5
カン 33 B3N
カンウォンド[江原道](北朝鮮) 17 D3
カンウォンド[江原道](大韓民国) 17 D-E4N
ガンガ川→ガンジス川 24 H-I5
カンガルー島 67 F7N
カンカン 29 C4S
咸鏡南道→ハムギョンナムド 17 D-E2S
咸鏡北道→ハムギョンブクド 17 D-E2
カンクン 62 G3S
カンゲ[江界] 17 D2
漢口→ハンコウ 12 C4S
咸興→ハムフン 17 D3N
漢江→ハン川 17 E4N
函谷関→ハンクーコワン 11 C4N
カンザス 59 C3N
カンザス川 59 C3
カンザスシティ[カンザス州] 59 D3N
カンザスシティ[ミズーリ州] 59 D3N
ガンジス川 24 G-H4-5
ガンジー島 33 A-B3N
韓城→ハンチョン 11 C3S
カンスー[甘粛省] 9 G5N
カンスク 50 L4
ガンダー 56 P2N
ガンダハル 26 L3
カンタブリカ山脈 31 F-G7

ンタベリ 35 G5	キョンサン[慶山] 18 E5N	クノッソス∴ 44 I3S	グレートベースン 57 C-D4N
ンダーラ仏跡∴ 26 M3N	キョンサンナムド[慶尚南道] 18 D-E5	クパン 19 G9N	グレートヤーマス 35 G4
邯鄲→ハンタン 11 C3	キョンサンプクド[慶尚北道] 18 E4	クマイリ 25 G1S	グレナダ 62 L5
カンチェンジュンガ山 24 H3S	キョンジュ[慶州] 18 E5N	クマナ 63 C1S	グレナダ[アメリカ] 59 E4N
漢中→ハンチョン 11 B4	キョンソン[鏡城] 17 E2N	クマノヴォ 51 D5	クレーフェルト 33 E2
カントウ[贛州] 12 C-D5	キラウエア山 61 D2D3	クミ[亀尾] 18 E4-5	クレメンチュク 51 F4
カントー 21 D4-5	キーラーゴ 62 H2S	クム川[錦江] 18 D4S	クレルモンフェラン 33 D4
カントーク 24 G3	キリギア遺跡公園∴ 61 G4S	クムガン山[金剛] 17 E3	グレンキャニオンダム 55 D4
カントン 23 E4	ギリシャ共和国 44 H4S	クムラン 27 B3	グレンデール 57 C-D5
広東省→コワントン 12 C-D6	キリティマティ島 66 G4S	クライストチャーチ 68 M8S	クロアチア共和国 34 H4
カントン島 65 F5N	キリニャガ(ケニア)山 30 G5-6	クライド川 35 E3N	クロイドン 33 F2
カンヌ 33 G6	キリバス共和国 65 G6	クライド湾 35 G3	グロスグロックナー山 34 G3S
カンヌンン[江陵] 17 E4N	キリマンジャロ山 30 G6	クライペダ 36 ②E4S	グロスター 35 E5N
カンネー 44 G2S	キール 34 F1N	クライヨーヴァ 44 H2N	グロズヌイ 52 I5
カンパート湾 23 D4S	キール運河＝北海・バルト海運河 34 F1	クラウド山 57 E3N	クロトーネ 44 G3N
カンパラ 30 G5S	キルギス共和国 26 M-N1	クラグイェヴァツ 44 H2	クロマニョン∴ 33 C4
カンバーランド湖 60 F3	ギルギット 26 M2S	クラコフ 34 I2-3S	黒森＝シュヴァルツヴァルト .. 33 E3
ガンビア共和国 29 A-B4	キルクーク 25 G2S	グラスゴー 35 D3N	グワリオル 23 E3S
カンビア諸島 66 H4	キルケネス 36 ②F-G2N	クラスノダール 52 G-H5	グワルダフィ(カセイル)岬 .. 30 I4S
カンビーナス 63 E5	キルジュ[吉州] 17 E2	クラスノヤルスク 50 L4	クワンジュ[光州] 18 D5
カンファ島[江華] 17 D4N	キルナ 36 ②E2	クラスノヤルスク 52 J2	クワンミョン[光明] 18 D4
カンブリア山脈 35 E4-5	ギルバート諸島 65 E4-5	クラチェツ 21 D4	クワンヤン[光陽] 18 D5
カーンプル 23 F3S	ギルフォード 35 F5	クラ地峡 21 B4S	クンサン[群山] 18 D5N
カンペチェ 61 F4N	キールン[基隆] 16 ①C1S	グラッドストン 68 I4S	クンジェラブ峠 23 E1
カンペチェ湾 61 F3S	キロヴォホラード 51 F4	クラトー 63 F3	クンシャン[昆山] 12 C1
カンポ 63 D5N	キーロフ 52 I2	クラナダ 43 C3	クンタカル 23 E5S
カンポグランデ 63 D5N	金華→チンホワ 12 D5N	グラナダ 43 C3	グントゥル 23 F5
カンボジア王国 21 C-D4	キングズキャニオン国立公園 .. 57 C4	グランカナリア島 29 B3	クンバコナム 23 E6S
カンポス 63 E5N	キングスタウン 62 L5	グランジュマス 35 E2S	クンシャン[昆明] 9 G7N
成陽→シエンヤン 11 B4N	キングストン[イギリス] 35 F4N	グランチャコ 63 C4-5	クンルン山脈[崑崙] 9 C-E4S
カンリンポチェ山 9 C5S	キングストン[オーストラリア] 67 H7S	グランド・テスト 33 ②B2	
	キングストン[カナダ] 60 G2N	グランドキャニオン国立公園∴ 57 D4S	**【ケ】**
【キ】	キングストン[ジャマイカ] ... 62 I4	グランドクーリーダム 55 C2	ケアンズ 68 H3
ギアナ高地 63 D2	キンコウ島 67 G7S	グランドティートン国立公園	京畿道→キョンギド 18 D4
キーウェスト 56 J7N	金策→キムチェク 17 E2	.... 57 D-E3N	景洪→チンホン 9 G7
キエフ 32 N5S	キンシャサ 30 E6	グランドバハマ島 62 I2	慶山→キョンサン 18 E5N
キエルチェ 51 D3	錦州→チンチョウ 11 C2-3N	グランドラピッズ 59 E2N	慶州→キョンジュ 18 E5N
キオス島→ヒオス島 44 I3	金泉→キムチョン 18 E4S	グランピアン山脈 35 D-E2	恵州→ホイチョウ 12 C6
キガリ 30 E6N	銀川→インチョワン 11 B3	グリアナ 61 C3N	慶尚南道→キョンサンナムド .. 18 D-E5
キクラデス諸島 44 H-I3	キンタイア半島 35 D2-3	グリヴィエルグ 34 I2S	慶尚北道→キョンサンプクド . 18 E4
貴渓→コイシー 12 C5	キンバリー 30 F8S	クリーヴランド 60 F2	景徳鎮→チントーチェン ... 12 D5N
貴港→コイカン 12 B6	金門島→チンメン島 12 D6N	クリアナン 61 C3N	桂平→コイピン 12 C6
ギーザ 30 G2-3		クリスチャンサン 36 ②B4	桂林→コイリン 12 C5S
キサンガニ 30 F5	**【ク】**	クリスチャンサン 36 ②B4	ケオラデオ国立公園∴ 23 E3
キシナウ→キシナウ 32 M6	グアイマス 61 B2	クリスマス島[オーストラリア] 65 B5	ケシム島 26 J4
貴州省→コイチョウ 12 B5	グアダラハラ 61 D3S	クリスマス島[キリバス]→	ケソン[開城] 17 D4N
キジルクーム砂漠 49 I5S	グアダルキビール川 43 B3	キリティマティ島 66 G4S	ケソンシティ 19 G4N
キスム 30 G5-6	グアドループ島 54 H-I7N	クリチーバ 63 E5S	ケチケメート 34 I4N
キスロヴォツク 52 H5	グアテマラ共和国 61 F-G4S	グリッターティンデン山 36 ②B3	ケツァルテナンゴ 61 F5N
北アイルランド 35 D4	グアテマラシティ 61 F5N	クリッパートン島 66 I4	K2(ゴットウィンオースティン山)
北ウヴァルイ丘陵 49 G-H3S	グアドループ島 62 G5-5	クーリナの古代遺跡∴ 44 H4	.... 9 B4S
北オセチア・アラニア共和国 . 52 H-I5N	グアナカステ保全地域∴ ... 62 G5-5	グリニッジ∴ 35 F-G5	ゲッティンゲン 34 F2
北シベリア低地 50 K-M2S	グアナファト 61 D3S	クリミア半島→クリム半島 .. 51 F4S	ゲーツヘッド 35 F3
北島 68 M7	グアナレ 62 K6	グリムズビー 35 F4N	ゲティスバーグ 60 G3N
北ドイツ平原 34 E-G1-2	グアムサン 22 C6N	クリム(クリミア)半島 51 F4S	ケナイ 57 J2
北ドヴィナ川 49 G3	グアム島 65 D3	クリル=千島列島 50 Q-R5	ケナイ半島 53 E-F4N
北ドネツ川 52 G4	グアヤキル 63 A-B3N	グリンヴィル 60 F4N	ケニア共和国 30 G-H5S
北マケドニア共和国 44 H2	クアトレンガヌ 22 C5S	グリーンズボロ 60 G3S	ケニア山→キリニャガ山 30 G5-6
北マリアナ諸島 65 D3-4	クアトレンガヌ 22 C5S	グリーンベイ 59 E2N	ケーニヒスベルク→カリーニングラード
ギダン半島 49 J-K2S	クアンガイ 21 D3S	グリーンランド 53 P-Q2	.... 36 ②E5N
キッチナー 60 F2	クアンタナモ 62 I3-4	クルガーディ 67 C6N	ケネディ宇宙センター 60 F5
吉林省→チーリン 11 F2N	クアンタン 22 C6	クルガン 49 I4	ケファロニア島 44 H-I3
キティラ島 44 H3S	クイアバ 63 D4	グルジア→ジョージア 52 H5	ケープカナヴェラル 60 F5
キト 63 B3N	クイニョン 21 D4	クルージュナポカ 32 L6	ケープタウン 30 E9
キナバル自然公園∴ 22 F5S	クイビシェフ湖 52 I3N	グルジョンツ 34 I1	ケープヨーク半島 67 G2
ギニア共和国 29 B-C4S	クインエリザベス諸島 53 I-L2N	グルッカレ 51 F6N	ケベック(州) 60 G-H1
ギニアビサウ共和国 29 B4S	クインシャーロット諸島→ハイダグワイ	クルディスタン 25-26 G-H2	ケベック(都市) 60 H1
ギニア湾 29-30 C-D5	.... 53 F-G4	グレートアイランド島 67 F2S	ケマ高原[蓋馬] 17 D-E2
ギブソン砂漠 67 C-E5	クインズランド 67-68 G-H4	クルナ 24 G4	ケマ諸島 62 H-I4N
キブド 63 B2	クウェート 26 H4N	クルノーブル 33 D4	ケマ 36 ②E2S
キプロス共和国 25 E2-3	クウェート国 26 H4N	クルノーブル 33 D4	ケムニッツ 34 G2
キプロス島 25 E2-3	クウェートリングルク 39 C2	クルンテーブ→バンコク ... 21 C4N	ケメロヴォ 49 K4
喜望峰 30 E9	クウェル 30 F7S	グレイアムランド 64 C-D9	ゲーラ 34 G2
キムジェ[金堤] 18 D5N	クエッタ 26 L3S	グレイシャー国立公園 57 C1	ケーラーラ 23 E7N
キムチェク[金策] 17 E2	クエンカ[エクアドル] 63 B3N	クレウス岬 43 D2	ゲーリー 59 E2
キムチョン[金泉] 18 E4S	クエンカ∴[スペイン] 43 C2S	クレセントシティ 57 B3	ケリマネ 30 G7
キムヘ[金海] 18 E5	クオピオ 36 ②F3	グレーターレイク国立公園∴ 57 B3	ケルクアンのカルタゴ遺跡∴ 42 C6
キムポ[金浦] 17 D4N	クサントス∴ 44 I3	クレタ島 44 H-I4N	ゲルゼ[改則] 9 C5
キャフタ 50 M4S	グジャラート 23 D4	グレートアーテジアン盆地 .. 67 F-G4S	ゲルチ 52 G4S
キャンディ 23 F7	クジューランワーラ 26 M3	グレートヴィクトリア砂漠 .. 67 D-E5S	ゲルニカ 43 C2N
キャンベラ 68 H7N	クスコ 63 B4	グレートオーストラリア湾 .. 67 D-E6S	ケルマデック海溝 65 E-F6
キュウサイコウ[九寨溝]∴ .. 11 A4	クスタナイ 49 I4	グレートサンディー砂漠 67 C-D4N	ケルマデック諸島 65 E-F6
九竜→カオルン 12 C6	クズルオルダ 49 I5	グレートスモーキー山脈国立公園∴	ケルマーン 26 J3S
九竜江→チウロン川 12 D5-6	クゼイナドール山脈 51-52 F-G5	.... 60 F3S	ケルマンシャー 26 H3S
キューバ共和国 62 H-I3S	クタイシ 52 H5	グレートスレーブ湖 53 I-J3S	ケルレン川 10 I2
キュラーブ島 62 I3	グダニスク→グダンスク ... 36 ②D5N	グレートソルト湖 57 D3	ケルン 33 E2
キュラソー島 62 K5	グダンスク 36 ②D5N	グレートソルトレーク砂漠 .. 57 D3-4	ケレタロ 57 C2N
貴陽→コイヤン 12 B5	クーチョ[庫車] 9 C3	グレートディヴァイディング山脈	ケローナ 57 C2N
曲靖→チュイチン 12 A5N	クチン 22 E6S	.... 68 H-I4-6	元山→ウォンサン 17 D3
曲阜→チュイフー 11 D3S	クック海峡 68 M-N8	グレートバリア島 68 N7N	ゲーンズヴィル 60 F5N
玉門→ユイメン 9 F4N	クック山→アオラキ山 68 M8S	グレートバリアリーフ 68 H-I3	ケンタッキー川 60 F3
玉門関→ユイメンコワン 9 E3S	クック諸島 66 F5S	グレートフィッシャーバンク .. 31 H4	ケンダリ 19 G7
玉林→ユイリン 12 C6	クックスハーフェン 34 E1	グレートブリテン及び北アイルランド連	建徳→チェントー 12 D5N
許昌→シュイチャン 11 C4	グディニア 36 ②D5N	合王国 35 C-E3S	ケンブリッジ 35 G4S
キョンギド[京畿道] 18 D4	クテシフォン∴ 25 E2-3	グレートブリテン島 35 E-F2-3	建陽→チエンヤン 12 D5
キョンギ湾[京畿] 18 C4	クート 26 H3	グレートブレーンズ 59 B-C1-3	**【コ】**
		グレートベア湖 53 H3N	ゴア 23 D5S

147 世界編（コア〜スト）

コアツァコアルコス ……… 61 F4	コペイスク …………… 52 L2-3	コンポンチャーム ……… 21 D4
ゴイアス ……………… 63 D4S	コペンハーゲン ……… 36 ②C4S	昆明→クンミン ………… 9 G7N
ゴイアニア …………… 63 E4	湖北省→フーペイ ……… 12 C4	コンヤ …………………… 25 E2
コイカン[貴港] ………… 12 C4	コマンドル諸島 ………… 50 S-T4	崑崙山脈→クンルン山脈… 9 C-E4S
コイシー[貴渓] ………… 12 D5	コミ共和国 ……………… 49 H3	コーンワル半島 ………… 35 D-E5
コイチョウ[貴州省] …… 12 D5	コム ……………………… 26 I3N	【サ】
コイピン[桂平] ………… 12 C6	コムソモリスクナアムーレ 50 P4S	
コイヤン[貴陽] ………… 12 B5	ゴーメリ→ホメリ ……… 51 F3	ザイオン国立公園 ……… 57 D4
コイリン[桂林] ………… 12 C5	コモ ……………………… 41 A2	サイゴン→ホーチミン … 21 D4S
コインバトール ………… 23 E6S	コモ湖 …………………… 34 F4	ザイサン湖 ……………… 49 K5N
コインブラ ……………… 43 B2S	コモド島 ………………… 19 F8S	済州島→チェジュ ……… 18 D6N
ゴヴ ……………………… 67 F2	コモドロリバダビア …… 64 C7	済州島→チェジュ島 …… 18 D6N
コヴェントン …………… 60 F-G3	コモリン岬 ……………… 23 E7	サイダーバード→シールジャーン
コヴェントリー ………… 35 F4S	コモロ諸島 ……………… 30 H7N	………………………… 26 J4N
黄河（ホワンホー）……… 11 C-D3	コモロ連合 ……………… 30 H7	済南→チーナン ………… 11 D3
紅海 …………………… 25 F5-6	ゴラクプル ……………… 23 F3	済寧→チーニン ………… 11 D3S
黄海（ホワンハイ）……… 11 E3S	コラチナ ………………… 63 E4S	サイパン島 ……………… 65 D4N
広開土王碑∴ …………… 17 D2	コラート台地 …………… 21 C3S	サイマー湖 …………… 36 ②F3
黄海南道→ファンヘナムド 17 C3S	コラ半島 ………………… 49 F3	ザイール川→コンゴ川 … 30 E6N
黄海北道→ファンヘブクド	コラム …………………… 23 E7	ザイール共和国→コンゴ民主共和国
………………………… 17 C-D3S	コラール ………………… 23 E6	………………………… 30 E-F6N
江華島→カンファ島 …… 17 D4N	コーラル ………………… 68 I-J3N	サヴァ川 ………………… 34 H4
孝感→シヤオカン ……… 12 C4S	ゴラン高原 ……………… 27 B1-2	サヴァ海 ………………… 19 G8S
高句麗古墳群∴ ………… 10 L4	ゴリ ……………………… 25 G1	サウサンプトン ………… 35 F5N
広元→クワンユワン …… 12 C6	コリエンテス …………… 64 D5	サウサンプトン ………… 53 L3
江原道→カンウォンド（北朝鮮）‥ 17 D3	ゴーリキー→ニジニーノヴゴロド	サウジアラビア王国 …… 25 G4
江原道→カンウォンド（大韓民国）	………………………… 52 H2	サウスエンド …………… 35 F5N
………………………… 17 D-E4N	コリマ …………………… 61 D4N	サウスオークニー諸島 … 69 ②H2-3
膠州→チヤオチョウ …… 11 D-E3S	コリマ山 ………………… 61 D4N	サウスオーストラリア … 67 D-E5
広州→コワンチョウ …… 12 C6	コリマ山脈→コルイマ山脈… 50 R-S3	サウスカロライナ ……… 57 F-G4N
杭州→ハンチョウ ……… 12 E4S	コリヤーク山脈 ………… 50 T3	サウスシェトランド諸島 … 64 C-D8-9
光州→クワンジュ ……… 18 D5	コリントス ……………… 44 H3	サウスジョージア島 …… 69 ②H3
恒春→ホンチュン ……… 16 ④B4S	コルイマ山脈 ………… 50 R-S3	サウスシールズ ………… 35 F4
広水→コワンショイ …… 12 C4	ゴールウェイ …………… 35 B4	サウスダコタ …………… 59 B-C1-2
江西省→チヤンシー …… 12 D5	コルウェジ ……………… 30 F7N	サウスベンド …………… 59 E2
広西壮族自治区→コワンシー壮族自治区	ゴルガーン ……………… 26 I2	サカカカス ……………… 61 D3
………………………… 12 B6N	ゴルカン ………………… 24 J4	サーガル ………………… 23 E4N
江蘇省→チヤンスー …… 11 D-E4N	コルサコフ（大泊）……… 50 Q5	サガルマータ国立公園∴… 23 G3
ゴウハーティ …………… 24 H3	コルシカ島→コルス島 … 43 E2-3	サカルヤ ………………… 44 J2S
合肥→ホーフェイ ……… 12 D4	コルス島 ………………… 43 E2	サギノー ………………… 60 F2
光明→クワンミン ……… 18 D4	コルチェスター ………… 35 G5N	サキシマ諸島 …………… 44 H3
江門→チヤンメン ……… 12 C6	コルティナダンペッツォ … 34 G4N	ザクセン ………………… 34 G2
光陽→クワンヤン ……… 18 D5	ゴールドコースト ……… 68 I5	サクラメント …………… 57 B4
コウリュウ[黄龍]∴ …… 11 A4	コルドバ[アルゼンチン]… 64 C6N	サクラメント川 ………… 57 B3-4
江陵→カンヌン ………… 17 E4N	コルドバ[スペイン] …… 43 C3	ザグレブ ………………… 44 G1S
コーカサス山脈→カフカス山脈	コルドバ[メキシコ] …… 61 E4N	ザグロス山脈 ………… 26 H-J3-4
………………………… 52 H-I5	ゴルノザヴォーツク（内幌）… 50 Q5	サザンアルプス山脈 …… 68 L-M8
コーカンド ……………… 26 M1	ゴルノ・バダフシャン自治州 26 M2	サザン高地 …………… 35 D-E3
コキンボ ……………… 64 B5-6	コルバ …………………… 23 F4	沙市→シャーチョウ[荊州]… 12 C4S
コーク …………………… 35 B5N	コルハープル …………… 23 D5	サスカチュワン ………… 57 E1-2
コクシェタウ …………… 49 I4	ゴルムド[格爾木] ……… 9 E4S	サスカトゥーン ………… 55 E1
黒竜江省→ヘイロンチヤン 10 K-L2	コルラ[庫爾勒] ………… 9 D3	サースディ（木曜）島 … 67 G2N
ココス諸島 ………… 65 A-B5	葫芦島→フールータオ … 11 L2-3	サダ ……………………… 25 G6
ココ島 …………………… 62 G6S	コロマンデル海岸 …… 23 F5-6	サナター ………………… 23 D5
コジアスコ山 …………… 68 H7N	コロマンデル半島 ……… 68 N7	サチョン[泗川] ………… 18 E5
コジェ[巨済] …………… 18 E5	コロムナ ………………… 52 G2S	サッカル ………………… 26 L4
コジェ島[巨済] ………… 18 E5	コロラド ………………… 57 D-E4	サッサリ ………………… 42 B4
コジコーデ ……………… 23 E6S	コロラド川 ……………… 57 D4	サトウマレ ……………… 44 H1N
コシツェ ………………… 51 D4	コロラド川水道 ……… 57 C-D5N	サトナ …………………… 23 F4N
コシャリン ……………… 34 H1	コロラド高原 …………… 57 D4	サナンダジュ …………… 26 H2S
ゴジュラ ………………… 34 H1	コロラドスプリングス … 59 B3N	サヌア …………………… 25 G6S
コスタブランカ ……… 43 C-D3	コロン …………………… 62 H-I6N	サバ ……………………… 22 F5S
コスタリカ共和国 …… 62 G-H6N	コロンバス ……………… 19 G6S	サハ共和国 ……………… 50 P3N
コスティ ………………… 25 E7	コロンバス[オハイオ州]… 60 F2-3	サハラ砂漠 ………… 29-30 C-F3S
コス島 …………………… 44 I3	コロンバス[ジョージア州]… 60 F4	サーハーランプル ……… 23 E2-3
コソボ共和国 …………… 44 H2	コロンバス[ミシシッピ州]… 59 E4	サハリン→樺太 ………… 50 Q4S
コソン[高城] …………… 17 E3	コロンビア ……………… 60 F4N	ザーヒダン ……………… 26 K4N
コタ ……………………… 23 E3S	コロンビア川 …………… 57 A-B2	サビヤー ………………… 25 G6
五台山→ウータイ山 …… 11 C3N	コロンビア共和国 ……… 63 B-C2	サブゼワール …………… 26 J2S
コタキナバル …………… 22 F5S	コロンビア高原 ………… 57 C2-3	サブラータ遺跡∴ ……… 44 F4
コタバル[インドネシア] 22 F7	コロンビア盆地 ………… 55 C1	サフラーン→ダーラン … 26 I3
コタバル[マレーシア] … 22 C5S	コロンビア盆地 ……… 57 B-C2	サヘル ………………… 29-30 C-E4
コタンタン半島 ………… 33 B3N	コロンブス上陸地∴ …… 62 J3N	サボール ………………… 26 K3S
コーチ …………………… 23 E7N	コワンアン[広安] ……… 12 B4S	ザポロジェ ……………… 52 G4
コーチウ[箇旧] ………… 9 G7	コワンシー壮族自治区[広西]… 12 B6N	ザマ ……………………… 43 E3S
コーチシナ ………… 21-22 C-D4-5	コワンショイ[広水] …… 12 C4	サーマッラー …………… 25 G3N
コチャバンバ …………… 63 C4	コワンチョウ[広州] …… 12 C6	サマーラ ………………… 52 J3
黒海 ………………… 25 E-F1	コワントン[広東省] …… 12 C-D6	サマリンダ ……………… 22 F7N
コッコラ ……………… 36 ②E3	コワンユワン[広元] …… 12 C6	サマルカンド …………… 26 L2
ゴッツ島 ………………… 42 E6S	コンガ山[貢嘎] ………… 12 A5N	サマル島 ………………… 20 H4
ゴッドウィンオースティン山→K2	コンケン ………………… 21 C3	ザミンウデ ……………… 11 C2N
………………………… 9 K5	金剛山→クムガン山 …… 17 E3	サムスン ………………… 25 F1
ゴットホープ→ヌーク … 53 O3S	コンゴ川 ………………… 30 E6N	サムットプラカーン …… 21 C4
コッド岬 ………………… 60 I2	コンゴ共和国 …………… 30 E5S	サモア諸島 ……………… 66 F5
コディアク島 …………… 53 E-F4	コンコード ……………… 60 H2	サモア独立国 …………… 65 F5
コドー …………………… 63 E3	コンゴ盆地 …………… 30 E-F5S	サモス島 ………………… 44 I3
コートジボワール共和国 29 C5N	コンゴ民主共和国 …… 30 E-F6N	サヤン山脈 ……………… 50 M4
コートダジュール ……… 33 E5	コンコルディア ………… 64 D6N	サライゴメス島 ……… 66 I-J6
コトパクシ山 …………… 63 B3N	昆山→クンシャン ……… 12 E4	サラエボ ………………… 44 G2
コトブス ………………… 34 G2	コンジュ[公州] ………… 18 A4	サラゴサ ………………… 43 C2
コトランド島 ………… 36 ②D4	コンスタンツァ ………… 44 I2N	サラトフ ………………… 52 I3
コトル …………………… 44 G2	コンセプシオーヌ ……… 30 D2	サラマティ山 ………… 21 A-B1
コナクリ ………………… 29 B4-5	コンセプシオン[チリ] … 64 B6	サラマンカ[スペイン] … 43 B2S
湖南省→フーナン ……… 12 C5	コンセプシオン[パラグアイ] 63 D5	サラマンカ[メキシコ] … 61 D3S
コニャック ……………… 33 D4	コンセプション岬 ……… 57 B5N	サラミーヤ ……………… 26 H5N
コネチカット …………… 60 H2	ゴンダ …………………… 23 F3	サララー ………………… 26 I6N
コーパスクリスティ …… 59 C5	ゴンダール ……………… 25 F7	サラワク ………………… 22 E6
コパン∴ ………………… 61 G5N	ゴンバデカーブス ……… 26 J2	サランスク ……………… 49 F4
ゴビ砂漠 ………………… 9 G-H3	コンポンソム→シアヌークヴィル	ザランド ………………… 26 J3S
コヒマ …………………… 24 H3S	………………………… 21 C4S	サリウォン[沙里院] …… 17 C3
コブレンツ ……………… 33 E2S		サリナス ………………… 57 B4S
		サール …………………… 30 E5
		サルヴァドル …………… 63 F4
		サルー …………………… 25 F1
		ザール川 ………………… 33 E3
		サルゴーダ ……………… 26 M2
		サルタ …………………… 63 C5
		ザルツギッター ………… 34 F2
		サルディニア島→サルデーニャ島
		………………………… 43 E2-3
		サルティーヨ …………… 61 D2-3
		サルデーニャ島 ………… 43 E2-3
		ザールブリュッケン …… 33 E2
		ザールラント …………… 33 E3
		サレルノ ………………… 44 F2S
		サロニカ→テッサロニキ… 44 H2
		三亜→サンヤー ………… 10 H4
		サンアグスティン遺跡公園∴ 63 B3
		サンアンジェロ ………… 59 B4S
		サンアントニオ ………… 59 C5N
		サンアンドレアス断層 … 57 B4S
		サンヴィセンテ岬 ……… 43 B3
		サンガイ[新界] ……… 16 ③D2-3
		山海関→シャンハイコワン 11 D2-3
		サンギラン人類遺跡∴ … 22 E7
		ザンクトガレン ………… 34 F3S
		サンクトペテルブルク … 51 F2N
		サンクリストバル ……… 63 B2S
		サンクリストバル島 …… 65 E5N
		珊瑚海→コーラル海 …… 68 I-J3N
		サンゴタルド峠 ………… 33 E4N
		サンサヴァン ……………… 38 C4N
		サンサルヴァドル島 …… 62 J3N
		サンサルバドル ………… 61 G5
		サンサルバドルデフフィ 63 C5
		サンシティ ……………… 30 G8
		ザンジバル ……………… 30 G6
		サンジミニャーノ ……… 41 C2
		ザンジャーン …………… 26 H1S
		サンジュ[尚州] ………… 18 E4
		サンジョルジョ山 ……… 41 B2N
		山西省→シャンシー …… 11 C3
		サンセバスティアン …… 43 C2
		サンタアナ ……………… 57 C5N
		サンタカタリーナ ……… 64 D-E5
		サンタカタリナ島 ……… 57 E4N
		サンタカン ……………… 22 F5S
		サンタクララ …………… 62 F2S
		サンタクルス[スペイン]… 29 B3N
		サンタクルス[ボリビア] 63 C4
		サンタクルーズ諸島 …… 65 E5N
		サンタバーバラ ………… 57 C5N
		サンタフェ[アメリカ] … 57 E4S
		サンタフェ[アルゼンチン] 64 C6N
		サンタフェデボゴタ→ボゴタ
		サンダーベイ …………… 56 I2
		サンタマリア …………… 64 D5S
		サンタマリア島 ………… 7 Q6
		サンタマルタ …………… 63 B2
		ザーンダム ……………… 37 D2N
		サンタモニカ …………… 57 C5N
		サンタレン ……………… 63 D5
		サンタローサ …………… 57 B4N
		サンタンデル …………… 43 C2
		サンチョン[三重] …… 16 ④C1
		サンティアゴ[チリ] …… 64 B6
		サンティアゴ[ドミニカ共和国]
		………………………… 62 J4N
		サンティアゴデクーバ … 62 H6
		サンティアゴデパナマ … 62 I3-4
		サンティアゴデルエステロ 64 C5
		サンディエゴ …………… 57 C5
		サンテチエンヌ ………… 43 D1S
		サンテミリオン∴ ……… 33 B4
		ザンデール ……………… 30 D4
		山東省→シャントン …… 11 D3S
		サントス ………………… 63 E5
		サントドミンゴ ………… 62 J-K4
		サントメ ………………… 30 D5S
		サントメ・プリンシペ民主共和国
		………………………… 30 D5-6
		サントラル高地 ………… 33 C-E4
		サントリーニ島→ティーラ島
		………………………… 44 H-I3-4
		サントル・ヴァル・ド・ロアール 33 C3-4
		サントル運河 ………… 33 D4N
		サンナゼール …………… 33 B3S
		サンノゼ ………………… 57 B4
		サンパウロ ……………… 63 E5
		サンバーナーディノ …… 57 C5N
		サンパブロ ……………… 19 G4N
		サンバルブル …………… 23 F4
		ザンビア共和国 ………… 30 F7
		サンピエール島 ……… 56 O-P2
		サンフアン[アメリカ] … 62 K4
		サンフアン[アルゼンチン] 64 C6
		サンフェリクス島 ……… 64 A5

項目	頁	位置
ンフェルナンド[アメリカ]	57	C5N
ンフェルナンド[フィリピン]	19	G3
ンフェルナンドデアプラ	62	K6
ンフランシスコ	57	B4
ンフランシスコ川	63	E3-4
ンフランシスコ山地の岩絵群∴	61	B2
ンベジ川	30	F7
ンペドロスーラ	62	G4S
ンボアンガ	19	G5
ンホセ	62	H6N
ンマチュー岬	31	F-G6
ンマリノ	44	F2N
ンマリノ共和国	44	F2N
ンマロ湾	33	B3
ンメゲル	61	G5
ンミゲルデトゥクマン	64	C5
ンミン[三明]	12	D5
ンメンシヤ[三門峡]∴	11	C4N
ンモリッツ	34	F4N
門峡→サンメンシヤ∴	11	C4N
ンヤー[三亜]	10	H8
ンラファエル	64	C6
ンレイ	29	K4
ンルイス[アルゼンチン]	64	C6
ンルイス[ブラジル]	63	E3N
ンルイスポトシ	61	D3
ンルカス岬	61	B-C3
ンレモ	33	E5N
ンワキン川	57	B2

【シ】

項目	頁	位置
ジアイー[嘉義]	16	④B3
シアトル	57	B2
シアヌークヴィル	21	C4S
シアールコート	23	D2
シアン[西安]	11	B4N
シアンカァン	62	G4N
シアンイエン[十堰]	12	C4
シヴァ	25	F2N
シヴァモッガ	23	E6
シウダーアクーニャ	61	D2N
シウダーオブレゴン	61	C-D2
シウダーオヘダ	63	B1
シウダーグアジャナ	63	C2N
シウダーデルカルメン	61	F4
シウダービクトリア	61	E3
シウダーフアレス	61	C1
シウダーボリバル	63	C2N
シウダーマデロ	61	E3
シエヴェロドネツィク	51	D3-4
シェシュフ	51	D3-4
ジェズカズガン	49	I5
シェトランド諸島	31	F-G3S
シエナ	34	F5
シェナンドーア国立公園	60	G3
ジェニン	27	B2
ジェネラルサントス	20	H5
ジェノヴァ	33	E4S
ジェファーヴィル	53	N4
ジェファーソンシティ	59	D3
シェフィールド	35	F4N
ジェームズ湾	56	J1
シェムリエブ	21	C4
シエラネヴァダ山脈	57	B-C4
シエラレオネ共和国	29	B5N
シェラン島	36	②C4S
シェリード湖	43	K4
ジェリフ	43	D3S
ジェール	34	H3S
ジェルファ	30	F2
シェルブール	33	B3N
ジェルム	26	M3
シェロナグラ	34	H2
ジェロング	67	G7
シェンチェン[深圳]	12	C6
シェンニン[咸寧]	12	C5N
シエンフエーゴス	62	H3
シエンヤン[咸陽]	11	B4N
死海	25	F3S
シカゴ	59	E2
シカールブル	26	L4
シー川[西江]	12	C6
シクティフカル	49	H3S
ジーゲン	33	E2
慈江道→チャガンド	11	E2
ジザーク	26	L1S
ジーザン	25	G6
シーシヤチョワン[石家荘]	11	C3
シーチャン[西昌]	12	A5
シチリア島	44	E6

項目	頁	位置
シーツァン自治区→		
チベット自治区[西蔵]	9	C-D5
シーツォイシャン[石嘴山]	11	B3N
ジッダ	25	F5
シットウェー	24	H4S
シディベルアベス	43	C3S
シトカ	53	G4
シドニー	68	I6S
ジトミル	51	E3S
シドラ	25	B3S
シトラルテペトル山→		
オリサバ山	61	E4N
シドラ湾→スルト湾	30	E2S
シナイ半島	25	E4N
シナブン山	22	B6
シニジュ[新義州]	11	C2S
シニヤンガ	30	G6
シーニン[西寧]	11	A3
死の谷	57	C4S
シノップ	32	O7
シノン	33	C3S
シバームの旧城壁都市∴	26	H6S
シビウ	44	H1S
シビル→シベリア	50	L-N3S
シブ	22	E6
シフィドニツァ	40	E3
ジブチ	30	H4 S
ジブチ共和国	30	G-H4S
ジブラルタル	43	B3S
ジブラルタル海峡	43	B-C3S
四平→スーピン	10	K3
シベニク	44	F3
シベリア	50	L-N3S
シベリア鉄道	50	L-M4
シホテアリニ国立公園	50	P5
シミエン国立公園	25	F7
シムラ	23	E2S
シムルー島	22	B6
シャーアラム	22	C6
シャイアン	59	B2S
ジャイアンツ・コーズウェイ海岸		
	35	C3
ジャイプル	23	E3
シャウリャイ	36	②E4S
シャオウー[邵武]	12	D5
シャオカン[孝感]	12	C4S
シャオコワン[韶関]	12	C6N
シャオシン[紹興]	12	E4-5
シャオヤン[邵陽]	12	C5
釈迦生誕地ルンビニ∴	23	F3
ジャカルタ	22	D7N
ジャクソン	59	D4
ジャクソンヴィル	60	F4S
シャーク湾	67	A5-6N
ジャコバパード	26	L4
ジャージー島	33	B3N
シャージャハーンブル	23	E3
ヤクースク	26	J4S
シャスタ山	57	B3
シャスタダム	55	B3S
ジャスパー[アメリカ]	59	E4N
ジャスパー国立公園[カナダ]	55	C1
シャトルアラブ川	26	H3S
シャバ→カタンガ	30	F6S
ジャバルプル	23	E-F4
ジャバルバナ	23	E-F4
シャフトウイ	52	H4
ジャファナ	23	E-F7N
シャーブルック	28	④D4N
シャーブルック	60	H1S
ジャマイカ	62	I4
ジャマイカ島	62	I4
ジャマル	24	G4N
ジャムシェドプル	23	G4
ジャームナガル	23	C-D4
シャメン[厦門]→アモイ	12	D6N
シャモニー	33	E3
ジャヤプラ(スカルナプラ)	20	K7
ジャヤ峰	20	J7S
ジャランダル	23	E2
シャルキーヤ砂漠	25	E4-5
シャルトル	33	C3
ジャルバイグリ	24	G3
ジャルモ	26	H2S
シャールロア	30	D2S
シャーロッツヴィル	60	G3
シャーロット	60	F3S
シャーロットタウン	56	N2S
ジャワ海	22	D7S
ジャワ島	22	D-E8N
シャン川[湘江]	12	C5
シャン高原	21	C3
ジャーンシ	23	E3
シャンシー[陝西省]	11	B-C3S
シャンシー[山西省]	11	C3
シャンタン[湘潭]	12	C5
シャンチウ[商丘]	11	C3S
シャントン半島[山東]	11	E3
シャンハイ[上海]	12	E4S

項目	頁	位置
シャンハイコワン[山海関]	11	D2-3
ジャンビ	22	C7
シャンペーン	59	E2S
ジャンホワ[彰化]	16	④B2S
ジャンム	23	D2
ジャンム・カシミール	23	E2
シャンヤン[襄陽]	12	C4
シャンラオ[上饒]	12	D5
シャンルウルファ	25	F2
ジュアゼイロ	63	E3S
ジュイスデフォーラ	63	E3S
シュイチャン[許昌]	11	C4
シュイチョウ[徐州]	11	D4N
シュヴァルツヴァルト	33	E3
シュヴェリーン	34	F1
重慶→チョンチン	12	B5N
周口店→チョウコウテン	11	C4
舟山→チョウシャン	12	E4-5N
十度海峡→テンゲリー海峡	24	H7N
集寧→ウランチャブ[烏蘭察布]		
	11	C2S
シュオチョウ[朔州]	11	C3N
珠海→チューハイ	12	C6
珠江→チュー川	12	C6
シュコダル	44	G2
酒泉→チウチュワン	9	F4N
シュチェチン	34	G1S
シュットガルト	34	F3
シュトラルズント	39	D2
ジュネーヴ	33	E4
ジュノー	53	G4N
ジュバ	30	G5
シュパイア	40	B4N
ジュベイル	26	H4
スムケント	49	I5S
ジュラ山脈	33	D-E3-4
ジュラ島	35	C-D2-3
シュリーヴポート	59	D4
シュレジエン→シロンスク	34	H2S
シュレースヴィヒ・ホルシュタイン		
	34	F1
ジュロン	22	③
ジュンガル盆地	9	C-E2
春川→チュンチョン	17	D4N
順天→スンチョン	18	D5
ジュンブル	22	E8S
ジョアンペソア	63	F3N
小アジア	25	E2
小アンティル諸島	62	K-L4-5
招遠→チャオユワン	11	E3
彰化→ジャンホワ	16	④B2S
松花江→ソンホワ川	11	E-F1S
商丘→シャンチウ	11	D4N
昌原→チャンウォン	18	E5
紹興→シャオシン	12	E4-5
常州→チャンチョウ	12	D-E4
常熟→チャンシュー	12	E4
小シンアンリン山脈[小興安嶺]		
	10	K-L1-2
小スンダ列島	19-20	F-H9N
常徳→チャントー	12	C5
常寧→チャンニン	12	C5
勝利→ションリー	11	D3
昭和基地	69	②K2
ジョージア	52	H5
ジョージア	60	F4
ジョージア海峡	57	A-B1-2
ジョージア湾	60	F1S
ジョージア湾諸島国立公園	60	G2N
ジョージタウン[アメリカ]	60	G4
ジョージタウン[ガイアナ]	63	D2
ジョージタウン[ケーマン諸島]		
	62	H4N
ジョージタウン[マレーシア]	22	C5S
徐州→シュイチョウ	11	D4N
ジョス	30	D5
ジョドプル	23	D3S
ジョホールバル	22	C6S
ショーブール	33	B3
ジョリエット	59	E2
ショール川	36	③A-B2
ショワンヤーシャン[双鴨山]	10	M2
ショワンリヤオ[双遼]	11	E2
ジョンストン島	66	F4N
ションリー[勝利]	11	D3
ジョンリー[中壢]	16	④C2N
シラキューズ	60	G2
シラーズ	26	I4N
シリア・アラブ共和国	25	F2S
シリア砂漠	25	F-G3
シリグリ	24	G3
シリコンヴァレー	57	B4
シリコングレン	35	D-E3N
シリサ	31	F6N
シリフケ	25	E2
シリンホト[錫林浩特]	11	D2
シルサ	23	D-E3
シルジャーン	26	J4N
シルダリア川	49	I5

項目	頁	位置
シルヘット	24	H4N
白ナイル川	30	G4S
シロン	24	H3S
シロンスク	34	H2S
ジロンド川	33	B4
シンイー[新沂]	11	D4
新界→サンガイ	16	③D2-3
シンガポール	22	C6S
シンガポール共和国	22	C-D6S
新義州→シニジュ	11	E2S
シンケップ島	22	C7N
秦皇島→チンホワンタオ	11	D2-3
秦始皇帝陵∴	11	B4N
シンシナティ	60	F3N
シンシャン[新郷]	11	C3S
シンジュー[新竹]	16	④B2N
深圳→シェンチェン	12	C6
仁川→インチョン	18	D4
シンタイ[邢台]	11	D3S
シンチヤンウイグル自治区[新疆維吾爾]		
	9	C-D3S
ジンバブエ共和国	30	F-G7
シンハラジャ森林保護区∴	23	F7S
シンフェロポリ	51	F5
シンプソン砂漠	67	F5N
シンプロントンネル	33	E4N
シンペイ[新北]	16	④C2N
シンホワ[興化]	11	D4
シンミン[新民]	11	E2
シンヤン[信陽]	12	C4
シンユイ[新余]	12	C-D5
瀋陽→シェンヤン	11	E2
秦嶺山脈→チンリン山脈	11	B4

【ス】

項目	頁	位置
瑞安→ロイアン	12	E5
瑞金→ロイチン	12	D5S
水原→スウォン	18	D4
スイス連邦	33-34	E-F4N
スヴァールバル諸島	49	C-E1S
スウィンドン	35	F5
スウェーデン王国	36	②D3
ズヴォレ	33	E2
スウォン[水原]	18	D4
スウォンジー	35	D-E5N
スーブスク	51	C5N
スエズ	30	G2-3
スエズ運河	25	E3S
スカゲラック海峡	36	②B-F
スカダナ	22	D7N
スカーバラ	35	F3S
スカブミ	22	D8
スカンディナヴィア山脈		
	36	②C-D2-3
スカンディナヴィア半島		
	36	②C-D2-3
スカンドラ自然保護区∴	41	B3
スキクダ	43	E3
スキロス島	44	H3N
スクラントン	60	G2S
スクレ	63	C4S
スケネクタディ	60	H2
スコータイ	21	B3
スコット山	57	B3
スコットランド	35	D-E2S
スコットランド地溝帯	35	D-E2S
スコピエ	44	H2
スース∴	26	H3
スース	43	E3
スセントメリー	60	F1
スタヴァンゲル	36	②B4N
スタヴロポリ	52	H4S
スタギラ∴	44	H2
スタッフォード	35	E4
スタノヴォイ山脈	50	O-P4
スタラザゴラ	44	I2
スターラ山脈	32	L-M7
スターリングラード→ヴォルゴグラード		
	52	H4
スタールイオスコル	52	G3
スーダン共和国	30	F-G4
スタンフォード	60	H2S
スタンリー	64	D8N
スタンリー滝→ボヨマ滝	30	F5-6
スチュアート島	68	L9
スーチョウ[宿州]	11	D4
スーチョウ[蘇州]	12	E4S
スーチョワン[四川省]	12	A4S
スーチョワン盆地[四川]	12	A-B4
スッド	30	G-5N
スデーティ山脈	34	G-H2S
ストウ	35	E4
ストクトン[アメリカ]	57	B4
ストクトン[イギリス]	35	F3
ストックホルム	36	②D4N
ストラウド	37	B2
ストラトフォード	37	B2
ストロンボリ山	44	F-G3N

149 世界編（スト〜トゥ）

地名	頁	位置
ストーンヘンジ∴	35	F5
スネーク川	57	C2-3
スノーウィー川	68	H7
スパ	65	E5S
スパルタ∴	44	H3
スパローズポイント	60	G3N
スピッツベルゲン島	49	C-D2N
スーピン［四平］	10	K3
スファクス	30	E2
スーフォールズ	59	C2
スフミ	52	H5
スプリット	34	H5
スプリングフィールド［イリノイ州］	59	E3N
スプリングフィールド［ミズーリ州］	59	D3
スーブン［水豊］	17	C2S
スペイン王国	43	C3
スペリオル湖	59	E1
スヘルデ川	33	D2
スポケーン	57	C2
スポティヴニ	44	G1
スマトラ島	22	C6
スマラン	22	E8
スーミ	51	F3
スミス海峡	53	M2N
スムガユト	52	I5S
スメル山	22	E8S
スモレンスク	51	F3N
スライマーニーヤ	28	④F3
スライマン山脈	26	L-M3-4
スラウェシ島	19	F-G7
スラヴォニア	34	H4
スラカルタ	22	E8
スラ諸島	20	G-H7
スラーターニー	22	B5N
スーラト	23	D4S
ズラブスト	52	K2S
スラバヤ	22	E8
スリガオ	20	H5N
スリーキングス諸島	68	M3S
スリジャヤワルダナプラコッテ		
...	23	E-F7
スリナガル	23	E-D2N
スリナム共和国	63	D2
スリーマイル島	60	G2S
スリランカ民主社会主義共和国		
...	23	F-G7
スール	26	J5
スール海	19	G-H5
スルグト	49	J3S
スル諸島	19	G-H5-6
スルト	25	B3S
スルト湾	30	E2S
スレバルナ自然保護区∴	44	I2
スレンバン	22	C6
スロー	35	F5
スーロイヤ島	36	②E2
スロバキア共和国	34	H-I3
スロベニア共和国	34	G-H4
スワジランド王国→エスワティニ王国		
...	30	G8S
スワトウ［汕頭］	12	D6
ズワーラ	44	G4
スンガリ川→ソンホワ川［松花江］		
...	11	E-F1S
スンダ海峡	22	D8N
スンチョン［順川］	17	C3
スンチョン［順天］	18	D5
スンツヴァル	36	②D3
スンバ島	19	F8S
スンバワ島	19	F8S

【セ】

地名	頁	位置
セアラ	63	E-F3
西安→シーアン	11	B4N
清遠→チンユワン	12	C6
青海省→チンハイ	9	F4S
清原→チンユワン	11	E2
井岡山→チンカン山	12	C5
清州→チョンジュ	18	D4
清津→チョンジン	17	E2N
成都→チョントゥー	12	A4S
西寧→シーニン	11	A3
セイロン島	23	F7
セヴァストポリ	51	F5N
セヴァン湖	35	E5N
セーヴェルナヤゼムリャ	50	L-N1-2
セヴェンヌ山脈	33	D4
セウタ	43	B3S
赤道ギニア共和国	30	D5S
赤壁→チービー∴	12	C5N
赤峰→チーフォン	11	D2
セーケシュフェヘールヴァール	34	I3S
セゲド	51	D4S
セコイア国立公園	57	C3
セゴビア	43	C2S
セコンディ＝タコラディ	29	C5
セーシェル共和国	30	I6N
セーシェル諸島	30	I6
セジョン［世宗］	18	D4S

地名	頁	位置
石家荘→シーチヤチョワン	11	C3
浙江省→チョーチヤン	12	D-E5N
セットフォーマインズ	60	H1
セティフ	43	E3S
セトゥーバル	43	B3
セヌ川	33	C3
セネガル川	29	B4
セネガル共和国	29	B4
セビリア	43	B3
セブ	19	G4S
セブ島	19	G4
セーブル島	56	O3S
セーブル岬［アメリカ］	60	F5-6
セーブル岬［カナダ］	56	M-N3
セミパラチンスク→セメイ	49	K4S
ゼムリャフランツァヨシファ		
...	49	G-I2N
セメイ	49	K4S
ゼーヤ湖	50	O4
セーラム［アメリカ］	57	B3N
セーラム［インド］	23	E6
セラム島	20	H7
セラヤ	61	D3S
セリア	22	E6N
セルギエフポサド	52	G2
ゼルノグラード	52	H4
セルバ	63	C3
セルビア共和国	44	G-H2
セルブホフ	52	G3N
セレベス海	19	G6
セレベス島→スラウェシ島	19	F-G7
セレンゲ川	9	G2N
セロデパスコ	63	B4N
セロフ	49	I4N
泉州→チュワンチョウ	12	D5-6
全州→チョンジュ	18	D5N
陝西省→シャンシー	11	B-C3S
セントクリストファー・ネービス		
...	62	K-L4
セントサ島	22	③
セントジョージズ		
セントジョージズ海峡	35	C-D4-5
セントジョン	60	I1S
セントジョンズ［アンティグア・バーブーダ］		
...	62	L4
セントジョンズ［カナダ］	56	P2
セントデーヴィッズ岬	35	D5N
セントピーターズバーグ	60	F5
セントビンセント及び		
グレナディーン諸島	62	L5
セントヘレナ島	35	E4N
セントヘレンズ山	57	B2S
セントポール	59	D2N
セントマリー岬→ヴヒメナ岬	30	H8
セントラルヴァレー	57	B-C4
セントルイス	59	D3
セントルシア	62	L5N
セントローレンス川	60	H1
セントローレンス島	53	C-D3
千仏洞［莫高窟］∴	9	E-F3S
全羅南道→チョルラナムド	18	D5N
全羅北道→チョルラプクド	18	D5N

【ソ】

地名	頁	位置
ソイニン［遂寧］	12	B4S
スイホワ［綏化］	10	L2
ソヴィエツカヤガヴァニ	50	Q5N
ソウル	18	D4
ソクチャン	22	D5N
ソグネフィヨルド	36	②A3S
ソコトラ島	26	I7
ソコロ島	61	B4N
ソサン［瑞山］	18	D4
ソシエテ諸島	66	G5-6
蘇州→スーチョウ	12	E4S
ソスノヴィエツ	34	I2S
ソチ	52	G5
ソーチョ［莎車］	9	B4
ソヌー川	33	D4
ソフィア	44	H2
ソブラル	63	E-F3
ソベク山脈［小白］	18	D-E4-5
ソマリア半島	30	H-I4S
ソマリア連邦共和国	30	H5
ゾーリンゲン	33	F5
ソールズベリ	35	F5
ソルターニーエ∴	28	④D2
ソルトレークシティ	57	D3S
ソルトン湖	57	C4
ソルフェリーノ	42	E4
ソルカバ	63	E5
ソロモン海	65	E5
ソロモン諸島		
ソロル諸島	19-20	G-H8
ソロル島	20	K5
ソングルダク		
ソンソロール諸島	20	I-J6N
ソンニム［松林］	17	C3
ソンファ	30	G7
ソンホワ川［松花江］	11	E-F1S
ソンホワ湖［松花］	11	F2

【タ】

地名	頁	位置
タイアン［泰安］	11	D3
大アンティル諸島	62	I-K3-4
大インド砂漠	23	C-D3
ターイエ［大冶］	12	C4S
タイ王国	21	C3-5
大韓民国	18	E-F4
大邱→テグ	18	E5N
タイゲン	21	D2
大慶→ターチン	10	K-L2
太原→タイユワン	11	C3
タイ山［泰］∴	11	D3
大鑽井盆地→グレートアーテジアン盆地		
...	67	F-G4S
大サンベルナール峠	33	E4
タイシェト	50	L4
タイシャン［台山］	12	C6N
タイジョン［台中］	16	④B2S
大シンアンリン山脈［大興安嶺］		
...	11	D-E1-2
タイズ	25	G7
大スンダ列島	22	C-D7-8
大西洋岸平野	60	F-G3-4
台中→タイジョン	16	④B2S
タイチョウ［泰州］	11	D4
タイチョウ［台州］	12	E5
大田→テジョン	18	D4S
大同→タートン	11	C2S
大同江→テドン川	17	C-D3
タイドン［台東］	16	④C2S
ダイナソール州立公園∴	57	D1
大ナトゥナ島	22	D6N
タイナン［台南］	16	④B3-4
タイバイ山［太白］	11	B4N
太白山→テベク山	18	E4
タイハン山脈［太行］	11	C3
タイピン	22	C6N
ターイフ	25	G5S
タイペイ［台北］	16	④C1S
台北→タイペイ	16	④C1S
大堡礁→グレートバリアリーフ	68	H-I3
タイミル半島	50	L-M2
タイユワン［太原］	11	C3
タイランド湾	21	C4S
大連→ターリエン	11	E3N
台湾	12	E6
台湾海峡	12	D-E5-6
タイン川	35	F3
タインホア	21	D3N
ダヴァンギリ	20	H5
ダヴァオ	23	E6N
ダーウィン	67	G2
ダヴェー	21	B4
ダヴェンポート［アイオワ州］	59	D2
ダヴェンポート［ワシントン州］	57	C2
ダヴォス	34	F4N
ダウガヴァ川	49	E-F4
ダウガフピルス	36	②F4S
タウ窟	68	N7S
ダウラギリ山	23	F3N
タウルス山脈→トロス山脈	32	N-O8
ター運河［大］	11	D4N
タウンジー	21	B2S
タウンズヴィル	68	H3S
タオナン［洮南］	11	E1
タオユエン［桃園］	16	④B3S
タオユエン［桃園］	16	④C1-2
高雄→カオシュン	16	④A4
ダカール	29	B4
ターカン［大港］	11	D3N
ガンログ	52	G4
タークー［大沽］	11	D3N
タークス諸島	62	J-K3
タクナ	63	B4S
ダグパン	19	G3
タクラマカン砂漠	9	B-D4N
タクロバン	20	G-H4
ダゲスタン共和国	32	Q7
タコマ	57	B2S
ターシェンノンチア山［大神農架］		
...	12	C4S
タジキスタン共和国	26	L-M2N
タシケント	26	L1
タシックマラヤ	22	D8
ターシ＝マハル∴	23	E3
ダシャワズ	26	J-K1
タシーラク	53	Q3
ダージリン	24	G3
タスカルーサ	59	E4
ダス島	26	I4S
タスマニア島	68	H-I8
タスマン海	68	J-L7
ダーダネルス海峡	44	I2-3
タタール海峡→間宮海峡	50	Q4S
タタールスタン共和国	52	I-J3
ターチャイ［大寨］	11	C3
ターチョウ［達州］	12	B4

地名	頁	位置
ターチン［塔城］	9	C2
ターチン［大慶］	10	K-L2
ダッカ	24	H4
ダッチハーバー	53	B3
ダッドリー	37	B
タップライン→トランスアラビアンパイプライン		
...	26	F2
タートン［大同］	11	C2
タナ湖	30	H4
ダナン	21	D3S
ダニーディン	68	M9N
ダニューブ川→ドナウ川	34	G2
タバコ	19	G4N
ターパー山脈［大巴］	12	B-C4
タパチュラ	61	F5N
タハト山	30	D3
ダバン	30	G8S
ダービー［イギリス］	35	F4S
ダービー［オーストラリア］	67	C3
タヒチ島	66	G5S
タブアエラン島	66	G4S
タブーク	25	F3
タフティソレイマン∴	28	④D2
タブリーズ	26	H2
ダブリン	35	C4S
タホ川	43	B-C3N
タホ湖	57	B-C4N
タボラ	30	G6
ダマヴァンド山	26	I2S
ダマスカス	25	F2
タミルナドゥ	23	E6
ダモダル川	24	G4
ダラ	27	C7
タラカン	22	F6
タラゴナ	43	D2S
タラサ	43	D2
タラス	49	J5
ダラス	59	C4
タラナキ（エグモント）山	68	M7S
タラハッシー	60	F4
タラブルス	25	F3N
ダラム	60	G3S
タラワ	65	F4
ダーラン	26	I4S
ダラント	44	G2S
タラント湾	44	G3
ターリー［大理］	9	G6S
ターリエン［大連］	11	E3N
ダリエン国立公園∴	62	I6
タリハ	63	C5
タリム川	9	C-D3
タリム盆地	9	C-D3S
タリン	36	②E4N
ダーリング川	67-68	G-H5
ダル	20	K8S
ダルエスサラーム	30	G6
タルカ	64	B6
タルカワノ	64	B6
タルクイニア	41	C3S
タール砂漠→大インド砂漠	23	C-D3
ダルース	59	D2
タルト	36	②F4S
ダルナ	25	C3
タルヤフ	51	F4
ダルバンガ	23	F3
ダルマティア	34	H4-5
ダルマティア諸島	34	G-H4-5
ダルムシュタット	34	E3N
タワウ	22	F6N
タンガニーカ湖	30	F-G6
ダンカンスビー岬	35	E2
タンクー［塘沽］	11	D3N
タングラ山脈［唐古拉］	9	E-F4
ダンケルク	33	C3
潭江→チャンチャン	12	C6S
タンザニア連合共和国	30	G6S
タンザン鉄道	30	F-G7
タンシャン［唐山］	11	D3N
タンシュイ［淡水］	16	④C1
タンジュンバライ	22	C6S
タンジュンピナン	22	C6S
タンジール	29	C1
淡水→タンシュイ	16	④C1
タンター	25	E3S
ダンディー	35	E2S
タンディル	64	D6
ダントロカストー諸島	65	E5
タントン［丹東］	11	E2S
タンネモラ	36	②D3S
ダンパ	60	F5
ダーンバード	23	G4
ダンピア	67	B4N
タンピコ	61	E3
ダンファーマーリン	35	E2S
タンブリッジウェルズ	35	G5
タンペレ	52	E2
タンボフ	52	H3
ダンマン	26	H-I4

150

【チ】

チーアン[吉安]　12 C-D5
チウチヤン[九江]　12 D5N
チウチュワン[酒泉]　9 F4N
チウロン川[九竜江]　12 D5-6
チェコ　34 H5N
チェコ共和国　34 G-H3N
チェサピーク湾　60 G3
チェジュ[済州]　18 D6N
チェジュ海峡[済州]　18 D6N
チェジュ島[済州]　18 D6N
チェジュトゥクピョルジャチド
　[済州特別自治道]　18 C-D6N
チェスキークルムロフ　40 D4
チェスター　35 F4
チェスターフィールド　35 F4
チェスターフィールド諸島　68 J-K3S
チェチェン共和国　52 I5N
チェチヤン[浙江]　18 E4
チェトゥマル　61 G4
チェボクサルイ　52 I2
チェモー[且末]　9 D4
チェラプンジ　24 H3S
チェリャビンスク　52 L5-2S
チェリュスキン岬　50 L-M2N
チェルカーシ　51 F4N
チェルケスク　52 H5N
チェルスキー山脈　50 P-Q3
チェルトナム　37 B2
チェルニウツィ　32 M6
チェルニヒウ　51 F3S
チェルノブイリ　51 F3S
チェルムスフォード　35 G4
チェレポヴェツ　52 G2N
チェンストホヴァ　34 I2S
チェンチヤン[鎮江]　11-12 D4
チェンチョウ[郴州]　12 C5
チェントー[建徳]　12 D5N
チェンナイ　23 F6
チェンフォートン[千仏洞]→莫高窟⇔
　　　9 E-F3S
チカパ　21 B3N
チカヨ　30 F6
チクラヨ　63 B3
チーシー[鶏西]　10 M2S
千島・カムチャツカ海溝　65 D2
千島列島　50 Q-R5
チジャン　64 B6
チタ　50 N4S
チータイホー[七台河]　10 M2S
チチェンイッツァ⇔　61 G3S
チチカカ湖　63 C4
チチハル[斉斉哈爾]　10 L2
地中海　43-44 E-I3-4
チッタゴン　24 H4
チートワン国立公園⇔　23 F3
チーナン[済南]　11 D3
チーニン[集寧]→
　ウランチャブ[烏蘭察布]　11 C2S
チーニン[済寧]　11 D3S
チーピー[赤峰]　12 C5N
チーフォン[赤峰]　11 D2
チベット高原　9 C-D5N
チベット自治区[西蔵]　9 C-D5N
チムリャンスク湖　52 H4
チーモー[即墨]　11 E3
チャイダム盆地　9 E-F4
チャウカン峠　21 B1
チャオ湖[巣]　12 D4
チャオチョウ[潮州]　12 D6
チャオチョウ[膠州]　11 D-E3S
チャオチョウ湾[膠州]　11 E3S
チャオツオ[焦作]　11 C3S
チャオプラヤ川　21 C4
チャオヤン[朝陽]　11 E2
チャオヤン[潮陽]　12 D6
チャガンド[慈江道]　17 D2
チャコヴェツ　41 F1
チャコ文化国立歴史公園⇔　57 E4
チャシン[嘉興]　12 E4S
チャタヌーガ　59 E3S
チャタム諸島　68 O8S
チャーチル　53 K4N
チャド共和国　30 E-F4N
チャド湖　30 E4
チャネル諸島[アメリカ]　57 B-C5
チャネル諸島[イギリス]　33 A-B3N
チャビン遺跡⇔　63 B3S
チャムース[佳木斯]　10 M2
チャーヌコワン[嘉峪関]　9 F4N
チャルジョウ→トルクメナバート　26 K2
チャールストン[ウェストヴァージニア州]
　　　60 F3N
チャールストン[サウスカロライナ州]
　　　60 F-G4
チャレンジャー海淵　65 D3S
チャンイエ[張掖]　9 G4N
チャンウォン[昌原]　18 E5

チャンシー[江西省]　12 D5
チャンシャー[長沙]　12 C5
チャンシャン群島[長島]　11 E3-N
チャンシュー[常熟]　12 E4
チャンジン[長津]　17 D2S
チャンスー[江蘇省]　11 D-E4N
チャンチー[昌吉]　9 D3N
チャンチー[長治]　11 C3
チャンチヤコウ[張家口]　11 C2S
チャンチヤチエ[張家界]　12 C5
チャンチヤン[湛江]　12 C6S
チャンチュン[長春]　11 F2N
チャンチョウ[漳州]　12 D-E4
チャンチョウ[漳州]　12 D6N
チャンディガル　23 E2S
チャントー[常徳]　12 C5
チャンドラブル　23 E4-5S
チャンニン[常寧]　12 C5
チャンパイ[長白]　17 E2N
チャンパイ山[長白]　17 E2N
チャンメン[江門]　12 C6
チュイチン[曲靖]　12 A5S
チュイフー[曲阜]　11 D3S
チュヴァシ共和国　52 I2S
中央アジア　49 H-I5
中央アフリカ共和国　30 E-F5
中央高地→サントラル高地　33 C-D4
中央シベリア高原　50 L-N3
中央平原　59 E2-4
中央ロシア高地　52 O4-5
中華人民共和国　9 D-G5N
忠清南道→チュンチョンナムド
　　　18 C-D4S
忠清北道→チュンチョンブクド
　　　18 D-E4
チュー川[珠江]　12 C6
チュキカマタ　63 C5N
チューク諸島　65 D4
チュコト海　50 U-V3N
チュコト山脈　50 T3N
チュコト自治管区　50 S-T3N
チュコト半島　50 U3
チューチョウ[株州]　12 C5
チューチョン[諸城]　11 D3S
チュニジア共和国　30 D-E2
チュニス　30 E2
チュニス湾　43 F3
チューハイ[珠海]　12 C6
チューメニ　49 I4
チューリヒ　33 E3S
チューリヒ湖　34 E-F3S
チューリンゲン　34 F2
チューリンゲンヴァルト　34 F2S
チューレ→カーナック　53 N2N
チュワンチョウ[泉州]　12 D5-6
チュンジュ[忠州]　18 D4
チュンチョン[春川]　17 D4N
チュンチョンナムド[忠清南道]
　　　18 C-D4S
チュンチョンブクド[忠清北道]
　　　18 D-E4
チョイバルサン　10 I2
張家口→チャンチヤコウ　11 C2S
チョウコウ[周口]　11 C4
長江(チャンチャン)　12 B4-5
長江中下流平原　12 C-D4-5
長江→チャンシャー　12 C5
長山群島→チャンシャン群島　11 E3-N
潮州→チャオチョウ　12 D6
長春→チャンチュン　11 F2N
朝鮮海峡→西水道　18 E5
朝鮮半島　17 E-F3
朝鮮民主主義人民共和国　17 E3N
長白→チャンパイ　17 E2N
長白山→チャンパイ山　17 E2N
朝陽→チャオヤン　11 E2
潮陽→チャオヤン　12 D6
チョーオユ山　23 G3
チョゴリ山→K2　9 B4S
チョーナン[浙江省]　12 D-E5N
チョナン[天安]　18 D4
チョノス諸島　64 B7
チョモランマ→エヴェレスト山　23 G3
チョルラナムド[全羅南道]　18 D5
チョルラブクド[全羅北道]　18 D5N
チョンウブ[井邑]　18 D5
チョンシャン[鐘祥]　12 C4
チョンシャン[中山]　12 C6
チョンジュ[全州]　18 D5N
チョンジン[清津]　17 E2S
チョンチョウ[鄭州]　11 C4N
チョンチン[重慶]　12 B5N
チョントー[成都]　12 A4S
チョンハイ[澄海]　12 D6

チョンブリー　21 C4
チラチャップ　22 D8
チーリエン山脈[祁連]　9 F4
チリ共和国　63-64 B5-6
チーリン[吉林]　11 F2N
チーリン[吉林省]　11 F2N
チルボン　22 D8
チルルク　22 D8
チレント・ディアノ渓谷国立公園⇔
　　　42 E4S
チロエ島　64 B7N
チワワ　55 E6N
チンカン山[井岡山]　12 C5
鎮江→チェンチヤン　11-12 D4
チンシャー川[金沙江]　9 F5-6
チンジュ[晋州]　18 E5
チンタオ[青島]　11 E3S
チンチョウ[錦州]　11 E2S
チンチョウ[荊州]　12 C4S
チンチョウ[欽州]　12 B6
チンチョウ[晋中]　11 C3
チンドウィン川　21 B1-2
チントーチェン[景徳鎮]　12 D5N
チントンシャ[青銅峡]⇔　11 B3
チンハイ[青海省]　9 F4S
チンハイ湖[青海]　9 F4
中央線[京包]　11 C2S
チンへ[鎮海]　18 E5
チンポテ　63 B3S
チンボラソ山　63 B3N
チンホワ[金華]　12 D5N
チンホワンタオ[秦皇島]　11 D2-3
チンホン[景洪]　9 G7
チンメン[荊門]　12 C4
チンメン島[厦門]　12 D6N
チンユワン[清原]　11 E2
チンユワン[清遠]　12 C6
チンリン山脈[秦嶺]　11 B4

【ツ】

ツァオチョワン[棗荘]　11 D4N
ツァオヤン[棗陽]　12 C4
ツァーラントン[扎蘭屯]　10 K2
ツァンスー[樟樹]　12 D5N
ツァンチョウ[滄州]　11 D3
ツィカ　34 G2
通化→トンホワ　10 L3S
ツェルマット　33 E4
ツォイクシュピッツェ山　34 F3S
ツーコン[自貢]　9 G6N
ツーシン[資興]　12 C5S
ツバル　65 E5
ツヒンヴァリ　25 G1
ツーボー[淄博]　11 D3
ツーメン[図們]　17 E2
ツーヤー川[子牙河]　11 D3N
ツンイー[遵義]　12 B5

【テ】

ディアマンチナ　63 E4S
ティアレト　43 D3S
ティヴォリ　41 D4N
ティエラデントロの国立遺跡公園⇔
　　　63 B2
ティエン[鉄嶺]　11 E2S
ティエンショイ[天水]　11 B4N
ティカル国立公園⇔　61 G4
ディクソン　49 K2
ティグリス川　25 G2
ディケーター　59 E3N
ティー高原　27 A4S
ティサ川　44 H1
ティジウズ　43 D3-4
鄭州→チョンチョウ　11 C4N
定州→チンチョウ　11 C-D3
ディジョン　33 D3S
ティーズ川　35 F3
ディスナル　24 H4-5
ディナールアルプス山脈　34 H4-5
ディナール山　26 I3S
ティノス島　44 I3
ティパサ　43 D3-4
ティファナ　57 B2N
ティベスティ高原　30 E3N
ティミショアラ　44 H1S
ティムガッド⇔　43 E3S
ティモール海　20 H9N
ティモール島　20 G-H8-9
ディヤルバクル　25 G2
ティラスポリ　44 I1
ティラーラ島　44 H-I3S
ティラナ　44 H2S
ティリ　20 H8
ディル　20 H8
デルアッズール　25 G2
ティルヴァナンタプラム　23 E7
ティルチラパッリ　23 E6S
ティルネルヴェリ　23 E7
ティルニア海　44 F3N

チロル　34 F3S
ディーワーニーヤ　28 ④C3
ディンディグル　23 E6S
ティンプー　24 H3S
デーヴィス海峡　53 O3
テーヴェ　44 H3
テヴェレ川　44 F2
デヴォン島　53 L2
テオティワカン⇔　61 E4N
テオフィロオトニ　63 E4
テガル　22 D8
デカン高原　23 E4-6
テキサス　59 B-C4S
テキルダー　44 I2S
テグ[大邱]　18 E5N
テクサカーナ　59 D4
テグシガルパ　62 G5
デジネフ岬　50 U-V3
テージョ川　43 B3N
テジョン[大田]　18 D4S
デスヴァレー⇔　57 C4S
デズフール　26 H3
デッサウ　39 D3
テッサロニキ　44 H2S
鉄門⇔　44 H2N
テテ　30 G7
テトウン　43 B3S
デトロイト　60 F2N
デートン　60 F3N
テドン川[大同江]　17 C-D3
デナリ(マッキンリー)山　53 E3
テニアン島　65 D4
デニズリ　44 I3
テネシー　59 E3S
テネシー川　59 E3S
テピク　61 C-D3
デブレツェン　51 D4
テーベ⇔　25 E4S
テベク山[太白]　18 E4
テベク山脈[太白]　17-18 E3-4
テベサ　30 D2
テヘラン　26 I2S
テミルタウ　49 J4S
テムコ　64 B6S
テムズ川　35 G4
デモイン　59 D2
デュースブルク　33 E2
デュッセルドルフ　33 E2
テュービンゲン　34 E-F3
テヨンピョン島[大延坪]　17 C4
デラウェア　60 G-H3
デラウェア湾　60 G-H3N
デラガージハーン　26 M3-4
デーラドーン　23 E2S
テランガナ　23 E5S
デリー　23 E3N
テルアヴィヴ　25 E3
テル＝エル＝アマルナ⇔　25 E3
デルガド岬　30 H7N
テルチ⇔　40 E4
テルナテ　20 H6S
テルニ　41 D3
テルノピリ　51 E4N
デルバンサル　17 E2
デルベント　52 I5
テルメズ　26 L2
テレジナ　63 E3
デロス島　44 H-I3
テワヒボウナム⇔　68 L5S
テワンテペク地峡　61 E4
デンヴァー　59 C-B3N
テンシャン山脈[天山]　9 B-D3S
天水→ティエンショイ　11 B4N
テンタイ山[天台]　12 E5N
テンチン[天津]　11 D3N
テンデグリー海峡　24 H7N
デンパサル　22 F8
デンマーク王国　36 ②B4S
デンマーク海峡　53 R3N

【ト】

ドイツ連邦共和国　34 E-F2
ドーヴァー　35 G5
ドーヴァー海峡　35 G5
トゥアマシナ　27 B2N
トゥアモトゥ諸島　66 G-H5-6
ドゥアラ　30 D5
ドゥイサイ　62 D4
トゥイホア　21 D4
トーヴェリ　41 D4N
トーゴ共和国　30 L4-5
トーヴェリ　41 D4N
桃園→タオユエン　16 ④C1-2
東莞→トンコワン　12 C6
ドギ島　34 G-H4-5
トゥゲガラオ　19 G3
東莞→タオユエン　16 ④B3S
塘沽→タンクー　11 D3N
唐山→タンシャン　11 D3N
トゥラ　26 L2
塔城→ターチョン　9 C2
トゥズ湖　25 E2

151 世界編（トゥ〜ビル）

トゥストラグティエレス …… 61 F4	トレヴィゾ …………………… 34 G4	ナムヘ島[南海] ……………… 18 E5	ヌーシャテル ………………… 33 E3S
トゥスパン …………………… 61 E3	トレオン …………………… 55 F6S	ナムポ[南浦] ……………… 17 C3	ヌナブト準州 ……………… 53 K-L
トゥズラ ……………………… 34 I4	ドレーク海峡 ……………… 64 B-C8S	ナラボー ……………………… 67 E6	ヌビア砂漠 ………………… 30 G3S
トゥーソン ………………… 55 D5	トレス海峡 ………………… 67 F-G2N	ナラボー平原 ……………… 67 C-D6N	ヌーメア ……………………… 65 E6
ドゥッガ∴ ………………… 42 B6S	ドレスデン ………………… 34 G2	ナリチク ……………………… 52 H5	ヌルスルタン ……………… 49 J4
洞庭湖→トンチン湖 ……… 12 C5N	トレド[アメリカ] ………… 60 F2	ナルヴィク …………………… 36 ②D2	【ネ】
トゥティコリン ……………… 23 E7	トレド[スペイン] ………… 43 C3N	ナロドナヤ山 ……………… 49 H-I 3	寧夏回族自治区→ニンシヤ回族自治区
トゥハーパーズ ……………… 55 H2	トレムセン ………………… 43 C4N	ナンアン[南安] …………… 12 D5-6	………………………………… 11 B
トゥブアイ諸島→オーストラル諸島	トレリェーノス …………… 43 C3	ナンガパルバット山 ……… 26 M2S	ネイチヤン[内江] ………… 12 A5
………………………………… 66 G6N	トレンティノ ……………… 34 F4N	南極海 ………………………… 69 ②F-G2-3	寧波→ニンポー …………… 12 E5N
トゥブルク ………………… 30 F2S	トレント …………………… 34 F4N	南極半島 ……………………… 69 ②G-H2	ネイバ ………………………… 63 B
ドゥブロヴニク …………… 44 G2	トレントン ………………… 60 H2S	ナンキン[南京] …………… 12 D4	ネヴァダ ……………………… 57 C4
東北平原→トンペイ平原 … 11 E1-2	トロイ∴ ……………………… 44 I3N	南沙群島 ……………………… 22 E5N	ネヴァダ原子力実験場∴ … 57 C
ドウマイ ……………………… 22 C6	トロギル ……………………… 41 F3	ナンダデヴィ国立公園∴ … 23 E2S	ネウケン ……………………… 64 C6
トゥマコ ……………………… 63 B2	トロス山脈 ………………… 32 N-O8	ナンチャン[南昌] ………… 12 D5N	ネグロ川 ……………………… 63 C3
ドゥムヤート ……………… 25 E3	トロムセー ………………… 36 ②D2N	ナンチョン[南充] ………… 12 B4S	ネグロス島 ………………… 19 G5
トゥーユン[都匀] ………… 12 B5	トロン ………………………… 60 G2	ナンディ ……………………… 65 E5S	ネゲヴ ………………………… 27 A-B
トゥーラ[メキシコ]∴ …… 61 E3S	トロンヘイム ……………… 36 ②C3	ナーンデト …………………… 23 E5N	ネジド→ナジュド ………… 25 G4-
トゥーラ[ロシア] ………… 52 G3N	トロンヘイムフィヨルド … 36 ②B3	ナント ………………………… 33 B3S	ネス湖 ………………………… 35 D
ドゥランゴ …………………… 61 E3N	トンイン[東営] …………… 11 D3	ナントウ[南投] …………… 16 ④B3N	ネネツ自治管区 …………… 49 H-I 3
トゥラン低地 ……………… 49 I 2	トンガ王国 ………………… 65 F6N	ナントン[南通] …………… 12 E4	ネパヨ山脈 ………………… 43 C
ドウリウ[斗六] …………… 16 ④B3	トンガ海溝 ………………… 65 F5-6	ナンニン[南寧] …………… 12 B6	ネパール連邦民主共和国 … 23 F3N
トゥール ……………………… 33 C3S	ドンカスター ……………… 37 B1	ナンピン[南平] …………… 12 D5	ネピア ………………………… 68 N7S
トゥルア ……………………… 63 B2	トンガタブ諸島 …………… 66 ④A-B2	ナンヤン[南陽] …………… 12 C4	ネービードー ……………… 21 B3N
ドゥルカナ湖 ……………… 30 G5	トンガリロ国立公園∴ …… 68 N7	ナンリン山脈[南嶺] ……… 12 C5-6	ネフド砂漠 ………………… 25 F-G4
ドゥルグブル ……………… 24 G4	トンガレヴァ島 …………… 66 F-G5	【二】	ネブラスカ ………………… 59 B-C
トゥルク ……………… 36 ②E3S	ドン川 ………………………… 52 H4N	ニアサ湖→マラウイ湖 …… 30 G7N	ネルチンスク ……………… 50 N4
トゥルグムレシュ ………… 51 E4	トンキン湾 ………………… 12 B6S	ニアメ ………………………… 30 D4	ネルトリンゲン …………… 34 F
トゥールーズ ……………… 43 D2N	トンク ………………………… 23 E3S	ニウエ ………………………… 66 F5S	【ノ】
トゥルトザ ………………… 43 D2S	敦煌→トンホワン ………… 9 E3S	ニカラグア共和国 ………… 62 G-H5	ノイミュンスター ………… 34 F
トゥルネー …………………… 37 C3S	トンコワン[東莞] ………… 12 C6	ニカラグア湖 ……………… 62 H-J1S	ノヴァラ ……………………… 34 E
トゥルファン[吐魯番] …… 9 D3	トンシャー群島[東沙] …… 12 D6S	ニコシア ……………………… 25 E2S	ノヴァスコシア半島 ……… 60 I-J
トゥルファン盆地 ………… 9 D-E3	トンシャン[東山] ………… 12 D6	ニコバル諸島 ……………… 22 A5	ノヴァヤゼムリャ ………… 49 H
ドゥルミトル山 …………… 44 G3	トンタイ[東台] …………… 11 E4	ニコポリ ……………………… 51 F4	ノヴァラ ……………………… 33 E
トゥーレ ……………………… 23 D4S	トンチョワン[銅川] ……… 11 B3S	ニザマバード ……………… 23 E5	ノヴィサド …………………… 44 G1S
ドウロ川 ……………………… 43 B2	トンチン湖[洞庭] ………… 12 C5	西インド諸島 ……………… 56 K-M7-8	ノヴォクズネック ………… 49 K
トゥーロン ………………… 33 D3	ドンドラ岬 ………………… 23 F7S	ニジェール川 ……………… 30 D4-5	ノヴォシビルスク ………… 49 K
トゥンハ ……………………… 63 B2	トンブクトゥ ……………… 29 C4N	ニジェール共和国 ………… 30 D-E4	ノヴォシビルスク諸島 …… 50 P-R
トカンチンス ……………… 63 E3S	トンプリー ………………… 34 E4N	西ガーツ山脈 ……………… 23 D-E5-6	ノヴォトロイツク ………… 52 K
トカンチンス川 …………… 63 E3S	トンヘ[東海] ……………… 18 E4	西サハラ ……………………… 29 B3	ノヴォモスコフスク ……… 52 H
トーキー ……………………… 35 E5S	トンペイ平原[東北] ……… 11 E1-2	西サモア→サモア独立国 … 65 F5	ノヴォロシースク ………… 52 G5N
トーゴ共和国 ……………… 30 D5	ドンホイ ……………………… 21 B3	西シエラマドレ山脈 ……… 61 C2-3	ノヴゴロド …………………… 51 F
トシェビーチ ……………… 40 E4	トンホワ[敦化] …………… 10 L3	西シベリア低地 …………… 49 J-K3-4	ノガレス ……………………… 55 D5S
トスカーナ …………………… 44 F2N	トンホワ[通化] …………… 10 L3S	西水道 ………………………… 18 E5	ノーザンテリトリー ……… 67 E-F4N
ドーソン ……………………… 53 G3	トンホワン[敦煌] ………… 9 E3S	西ドヴィナ川→ダウガヴァ川・49 F-G3	ノーサンバーランド諸島 … 68 I4N
トーチョー[徳州] ………… 11 D3	トンヨン[統営] …………… 18 E5	ニジニータギル …………… 52 K-L2	ノーサンプトン …………… 37 F4S
ドッガーバンク …………… 35 G-H3	トンリャオ[通遼] ………… 11 E2	ニジニーノヴゴロド ……… 52 H2	ノースウェスト高地 ……… 35 D1-2
ドドマ ………………………… 30 G6	トンリン[銅陵] …………… 12 D4S	ニジネヤンガースカ川 …… 50 L-M3	ノースウェスト準州 ……… 53 H-J
ドナウ川 ……………………… 34 M2	トンレサップ湖 …………… 21 C6	ニジネヴァルトフスク …… 49 J3S	ノース海峡 ………………… 35 D
ドニエツク …………………… 52 G2	トンレン[銅仁] …………… 12 B5	ニシュ ………………………… 44 H1	ノースカロライナ ………… 60 G3S
ドニエブル川 ……………… 52 F2	【ナ】	ニース ………………………… 43 E2N	ノース水道 ………………… 60 F
ドニエブロペトロフスク … 51 F-G4	ナイアガラフォールズ …… 60 G2	ニーダーザクセン ………… 34 F2N	ノーススロープ …………… 53 E-F3N
ドニステル川 ……………… 51 E4	ナイジェリア連邦共和国 … 30 D-E4S	日照→リーチャオ ………… 11 D3S	ノースダコタ ……………… 59 B-C
ドーハ ………………………… 26 I 4S	ナイセ川 ……………………… 34 G-H2	ニテロイ ……………………… 63 E5	ノースベイ ………………… 60 F3S
ドバイ ………………………… 26 J4S	ナイメヘン ………………… 33 D2	ネヴェ∴ ……………………… 25 G2	ノックスヴィル …………… 60 F3S
トバゴ島 ……………………… 63 C1	ナイル川 ……………………… 30 G3	ニーム ………………………… 33 D5N	ノッティンガム …………… 35 F-G
トピカ ………………………… 59 C3N	ナイロビ ……………………… 30 G6N	ニャチャン ………………… 21 D4	ノーフォーク[アメリカ] … 60 G3S
トビリシ ……………………… 25 G1	ナヴァホ山 ………………… 57 D4	ニャラ ………………………… 30 F4	ノーフォーク[イギリス] … 35 G4
ドブロジャ …………………… 44 I 2N	ナヴォイ ……………………… 26 L1S	ニューアーク[アメリカ] … 60 H2S	ノーフォーク島 …………… 66 D5
ドボイ ………………………… 34 I 4	ナヴサリ ……………………… 23 D4S	ニューアーク[イギリス] … 37 S-F4	ノーム ………………………… 53 D5
トマリ(泊居) ……………… 50 Q5	ナウル共和国 ……………… 65 E5N	ニューイングランド ……… 60 H-I 1-2	ノモンハン ………………… 10 J2
トマン川[豆満江] ………… 17 F1S	ナガ ……………………………… 19 G4	ニューオーリンズ ………… 59 D4-5	ノリッジ ……………………… 35 G4
ドミニカ共和国 …………… 62 J-K3S	ナカラ ………………………… 30 H7	ニューカッスル …………… 68 I 6	ノリリスク ………………… 50 K3N
ドミニカ国 …………………… 62 L4S	ナガランド ………………… 24 H3S	ニューカッスル …………… 35 F3	ノルウェー王国 …………… 36 ②C3
トムスク ……………………… 49 K4	ナーガルコイル …………… 23 E7	ニューカレドニア島 ……… 65 E6N	ノルウェー海 ……………… 36 ②B3N
図們→トゥーメン ………… 17 E1	ナクソス島 ………………… 44 I 3	ニューギニア島 …………… 65 E6	ノルチェーピン …………… 36 ②D4
トーケン[徳陽] …………… 12 B4S	ナーグプル …………………… 23 E4S	ニューサウスウェールズ … 67-68 G-H6	ノルールン ………………… 36 ②F
ドラーヴァ川 ……………… 34 H4N	ナゴルノ・カラバフ自治州 … 52 I 5-6	ニュージャージー ………… 60 H3N	ノルトライン・ヴェストファーレン
トラヴニク …………………… 44 G1S	ナコーンシータマラート … 22 B-C5	ニュージーランド ………… 68 L8N	……………………………… 33-34 E-F2
ドラケンスバーグ山脈 …… 30 F-G8-9	ナコーンラチャシマ ……… 21 C3S	ニューデリー→デリー …… 23 E3N	ノルマンディー …………… 31 G-H6
トラック諸島→チューク諸島 … 65 D4	ナザレ[イスラエル] ……… 27 B2	ニューハンプシャー ……… 60 H2S	ノール岬 ……………………… 36 ②F
トラファルガル岬∴ ……… 43 B3N	ナザレ[ポルトガル] ……… 43 B3N	ニューファンドランド島 … 56 O2N	ノンサン[論山] …………… 18 D4S
トラブゾン …………………… 25 F1S	ナシク ………………………… 23 D4-5	ニューファンドランド・ラブラドル	【ハ】
ドラムヘラー ……………… 36 ②D1	ナジャフ ……………………… 28 C3	………………………………… 56 O-P 2	バイア ………………………… 63 E4N
ドラメン ……………………… 36 ②C4N	ナジャファーバード ……… 28 E3	ニューブランズウィック … 60 I-J1	バイアブランカ …………… 64 C6S
トランシルヴァニア山脈 … 44 H-I 1S	ナシヴィル …………………… 59 E3-S	ニューブリテン島 ………… 65 D5N	バイアマレ …………………… 51 D
トランスアマゾンハイウェイ …63 D3	ナジュド ……………………… 25 G4-5	ニューヘブリディーズ諸島 … 65 E5	バイエルン ………………… 34 F3
トランスアラビアンパイプライン	ナーシリーヤ ……………… 26 H3	ニューポート ……………… 35 E5N	バイカル=アムール鉄道 … 50 N-O4
………………………………… 25 G3-4	ナスカ ………………………… 63 B4	ニューポートニューズ …… 60 G3	バイカル湖 ………………… 50 M-N4
トリー ………………………… 33 E3S	ナセル湖 ……………………… 30 G3S	ニューマン ………………… 67 B4	ハイコウ[海口] …………… 12 C6-7
トリエステ …………………… 44 F1S	ナタニヤ ……………………… 27 A2	ニューメキシコ …………… 55 E-F5N	バイコヌール宇宙基地 …… 49 I 5
トリニダード島 …………… 63 C-D1-2	ナタール ……………………… 63 F3	ニューヨーク(州) ………… 60 G-H2	パイシャン[白山] ………… 10 L3
トリニダード・トバゴ共和国…63 C-D1	ナッソー ……………………… 62 I 2S	ニューヨーク(都市) ……… 60 H2S	ハイダグワイ ……………… 53 G
トリノ ………………………… 33 E4	ナッチェ[那曲] …………… 9 L5S	ニューヨークステートバージ運河	ハイチ共和国 ……………… 62 J4N
トブラ ………………………… 24 H4N	ナトロン湖 ………………… 30 G6N	………………………………… 60 G-H2	ハイチ→イスパニョーラ島 … 63 B
トリポリ ……………………… 30 E2	ナニートン ………………… 35 F4	ニュルンベルク …………… 34 F3N	パイチョン[海城] ………… 17 B
トリヤッティ ……………… 52 I 3	ナヒチェヴァン …………… 49 G6-N	ニンシヤ回族自治区[寧夏] … 11 B3	パイチョン[白城] ………… 11 E1
トルクメナバート ………… 26 K2	ナヒチェヴァン自治共和国 … 26 H2N	ニントー[寧徳] …………… 12 D5	ハイデラバード[インド] … 23 E5
トルクメニスタン ………… 26 J-K2N	ナベレジヌイ・チェルヌイ … 52 J2S	ニンポー[寧波] …………… 12 E5N	ハイデラバード[パキスタン] …26 L4S
トルクメンバシ …………… 26 I 1S	ナホトカ ……………………… 50 P5	【ヌ】	ハイデルベルク …………… 34 E3N
トルコ共和国 ……………… 25 E2	ナポリ[南岳] ……………… 18 D5	ヌアクショット …………… 29 B4N	ハイナン[海南省] ………… 12 B-C7N
トルコタルパン∴ ………… 61 E4N	ナマク湖 ……………………… 44 F2S	ヌアディブー岬 …………… 29 A-B3S	ハイナン島[海南] ………… 12 B7
ドール山 ……………………… 43 D1S	ナマンガン ………………… 26 M1	ヌエボラレド ……………… 55 G6	ハイフォン→ハーフォン … 25 D2S
ドルドーニュ ……………… 33 C4	ナミビア共和国 …………… 30 E7S	ヌクス …………………………… 53 O3S	ハイファン ………………… 21 D2S
ドルトムント ……………… 34 E2	ナミブ砂漠 ………………… 30 E8	ヌクアロファ ……………… 65 F6N	ハイメン[海門] …………… 12 E
ドルトムント・エムス運河 … 33 E1-2	ナミベ ………………………… 30 E7	ヌクス ………………………… 26 J1	ハイラル[海拉爾] ………… 10 J2
トルヒーヨ ………………… 63 B3S	ナミュール[南原] ………… 18 D5	【ネ】	ハイランド[イギリス] …… 35 D-E
トルン ………………………… 51 C3	ナム湖 …………………………… 9 E-E5S	ナムディン ………………… 21 D2S	

ハイリゲンダム	39	C2
ハイル	25	G4
ハイルブロン	34	F3
ハイルン[海倫]	10	L2
ハイロイト	34	F3N
ハイロン岬	68	I5
バイエルン→バイエルン	34	F3
バイア	34	F4
バイカル湖	57	D4S
バイチ	30	D4S
バイヤース	23	D4
バイラー	49	J4
バエストラ遺跡∴	42	E4 I
パオシャン[保山]	9	F6S
パオシャン[宝山]	12	E4
パオチー[宝鶏]	11	B4N
パオティン[保定]	11	D3N
パオトウ[包頭]	11	B-C2S
バカウ	44	I1
バカシ共和国	49	K-L4
バガディアン	19	G5
バガルプル	24	G3S
バギオ	19	G3
パキスタン・イスラム共和国	23	B-C3
バク	33	D2
バクー	52	I5S
バグダッド	25	G3
バクーバ	25	G3
バクリエウ	22	D5N
バークレー	57	B4
ハーゲン	39	B3
バーケンヘッド	35	E4
パゴゴー	21	B3
バコロド	19	G4S
バサー	26	H4
バサカ	25	G2
パサディナ	57	C5N
バーザン	21	C2
バジェドゥパル	62	J5S
バシコルトスタン共和国	52	K3
バジャイ	22	C5
バジルドン	35	G5N
バース	35	E5
バース[イギリス]	35	E2
バース[オーストラリア]	67	B6
バス海峡	68	H7-8
バスク	33	B5
バスティア	41	B3
バーストー	57	C5N
バスト	63	B2S
バスラ	26	H3S
ハセール	62	L4
バーゼル	31	I6
ハター	30	D5S
バタク高原	22	B6
パタゴニア	64	C6-7
バダースフィールド	35	F4N
パターソン	60	H2S
バタナ	25	G3S
パダノ=ヴェネタ平野	34	F4
バダホス	43	B3N
パーダーボルン	34	E2
バタム島	22	C6S
パタヤ	21	C4
バダラーナ	43	D2
パダン	22	C3
パダンガス	19	G4
バタン諸島	12	E6S
バチカン市国	44	F2
パチューカ	61	E3-4
パッキンガム	49	F3
パッキンガム	35	F4S
莫高窟∴	9	E-F3S
パッソフンド	64	D5
八達嶺→万里の長城	11	D2S
ハッテラス岬	60	H2S
バッドホンネフ	21	C4
パッファロー	60	G2
バッフィン島	53	M-N2-3
バッフィン湾	53	M-N2S
バティアーラ	23	E2S
バティア	21	A3
バティンダ	23	D2S
バーデンバーデン	33	E3
パドヴァ	34	F2
バトゥナ	43	E3S
バトゥミ	52	H5
パトカイ山脈	24	I-I3-4
ハドソン海峡	53	M-N3S
ハドソン川	60	H2
ハドソン湾	53	L-L3S
パトナ	23	G3S
バトパラ	24	G4
ハートフォード	60	H2
バトラ∴	25	G2S
パドラーヴァティ	23	E6
パトラス	44	H4
ハドリアヌスの長城∴	35	E3
バトンルージュ	59	D4S
パナジ	23	D5S
パナジ島	65	E5N
パナマ運河	62	H-I5-6
パナマ共和国	62	H-I6
パナマシティ	62	I6N
パナマ地峡	62	I6N
ハニア	44	H3S
バニーヤース	25	F2S
バニヤルカ	34	H4
バヌアツ共和国	65	E5S
バヌヴェージース	36	②E4S
ハノイ	21	D2
ハノーバー→ハノーファー	34	F2N
ハノーファー	34	F2N
ハバナ	62	H3
バハマ国	62	I3N
バハマ諸島	62	I-J2-3
バハラムプル	24	G4
ハバロフスク	10	M-N2
バハーワルプル	26	M4N
バビロン∴	25	G3
バブア	34	H3
パプア島→ニューギニア島		
パプアニューギニア独立国	65	C-D5N
パフォス∴	25	E3N
バブナ	24	G4
バブヤン諸島	19	F-G3N
バブラ城塞∴	26	J5
バブフーン岬	30	I4S
パペエテ	66	G5S
ハボローネ	30	F8
ハマ	25	F2S
パマコ	29	C4S
ハマーズリー山脈	67	B4
ハマダーン	26	H3N
ハミ[哈密]	9	E3
バーミアーン	26	L3N
バミューダ諸島	54	N6S
パミール高原	23	D-E1
ハミルトン[アメリカ]	60	H2N
ハミルトン[カナダ]	60	G2
バーミンガム	35	F4S
バーミンガム運河	35	E4
パーミンガム	59	E4
ハム	33	E2
ハムギョン山脈[咸鏡]	17	E1-2
ハムギョンナムド[咸鏡南道]	17	D2S
ハムギョンブクド[咸鏡北道]	17	E-F2
パームスプリングス	57	C5N
バム鉄道→バイカル=アムール鉄道		
ハム	30	N-O4
ハムフン[咸興]	17	D3N
ハムフン湾[咸興]	17	D3N
パムリコ湾	60	H3N
バヤドリード	61	G3S
バヤーモ	62	I3S
バヤシ	63	D3
バライバ	63	F3
パラオ共和国	65	C4
パラオ諸島	65	C4
パラッカド	23	E6S
パラカレ川	63	D5N
パラグアイ共和国	63	C-D5N
バラコヴォ	52	I3
バラゴサ	61	D2-5
パラッパー∴	26	M3N
パラド	26	H5N
パラトブル	23	C4S
バラトン湖	34	H3-4
パラナ[アルゼンチン]	64	C6N
パラナ川	63	D5-6
パラナ(州)[ブラジル]	63	D5S
パラナヴィチ	51	E3
パラナグア	63	E5S
パラバク海峡	22	F5
バラバク島	22	F5
ハラブ	25	F2S
パラマリボ	63	D2
パラムシル島[幌筵]	50	R4S
ハラレ	30	G7S
バラワン島	19	F4
バランカベルメハ	63	B2
バランカラヤ	22	E7
パランキジャ	63	B1
パリ	44	G2S
パリキール	33	C3
パリキール	65	D4
パリコフ	52	G4N
パリスパーグ	60	G2S
ハリ島	22	E8S
バリアドリード	43	C2
ハリファックス	56	N3N
バリヤドリード	43	C2
ハリヤーナ	23	E3N
ハル→キングストン	35	F4N
バルカン山脈→スターラ山脈	32	L-M7
バルカン半島	44	H2
バルキシメト	63	C1-2
ハルゲイサ	30	H5N
バルケシル	44	I3N
バルシ	23	E5
ハルシュタット∴	40	D4S
バルセロナ[スペイン]	43	D2S
バルセロナ[ベネズエラ]	63	C1
バルダマン	24	G4
ハルダンゲルフィヨルド	36	②A-B3-4
バルーチスタン	26	K4
バルツイ	44	I1N
ハルツ山脈	34	F2
バルツーム	30	G4
バルディビア	64	B6S
バルデス半島	64	C7
バルト海	36	②D-E4
バルナーバ	63	E3
バルナウル	49	K4
バルハシ湖	49	J5
バルバドス	62	L5N
バルパライソ	64	B6
バルビン[哈爾浜]	10	L2S
パルマ[イタリア]	34	F4
パルマ[スペイン]	43	D3N
パルマス	63	E4N
パルマス岬	29	C5
パルマノーヴァ	34	G4
バルミヘラ島	20	H6S
バルーミニ∴	42	B5
バルミラ∴	25	F3N
パルミラ島	66	F-G4
ハレ	34	F2
ハレアカラ山	61	②C2
バレアレス諸島	43	D2-3
パレシュワル	24	G3
パレスチナ自治区	25	F3
パレスティーン	59	C4S
パレッタ	44	F3S
バレパレ	19	F7S
バレンケ∴	61	F4
バーレーン王国	26	I4
バレンシア[スペイン]	43	C3N
バレンシア[ベネズエラ]	63	C1
バレンシア	43	C3N
バレンツ海	49	E-F2
バレンバン	22	C7
ハーロー	35	G5N
バロー	53	E2S
バロス島	43	H-I3
バロー岬	53	C2-3
バロン	21	D2S
ハワイ火山国立公園∴	61	②D3
ハワイ諸島	66	F-G3
ハワイ島	61	②C-D3
ハンガイ山脈	9	F-G2
ハンカ湖	10	M3N
バンカ島	22	D7
ハンガリー	34	H4
ハンガリー平原	34	I4N
バンガロール→ベンガルール	22	D7
ハン川[漢水]	12	C2
ハン川[漢江]	17	D4N
バンギ	30	E5
パンギ島	22	E5
ハンクーコワン[函谷関]∴	11	C4N
バンクス島	53	H-I2
バングラデシュ人民共和国	24	G-H4
バンクロフト	60	G1S
ハンコウ[漢口]	12	C4N
バンコク	21	C4N
パンジャブ	23	D2S
バンジャルマシン	22	D7
万州→ワンチョウ	12	B4S
バンジュール	29	B4
バンダアチェ	22	B5N
パンタナール	63	D4S
バンダルスリブガワン	22	E6N
バンダルホメイニ	26	H3S
バンダルランプン	22	D8N
バンダレアッパース	26	J4
バンダレアンザリ	26	H2
ハンダン[邯鄲]	11	C3N
パンチアンの古代遺跡∴	21	C3
パンチホワ[攀枝花]	12	A4S
ハンチョウ[杭州]	12	E4S
ハンチョン[漢中]	11	B4
ハンチョン[韓城]	11	C3S
パンチン[盤錦]	17	B2
ハンツヴィル	59	E4N
ハンティ・マンシ自治管区	49	I-J3
ハンティンドン	35	F4S
バンテルレリア島	44	F3
ハンテングリ山	9	C3
ハンドン	22	D8
パンプー[蚌埠]	11	D4
パンバ	64	C6
バンフ国立公園	55	C1
ハンフリーズ山	55	D4S
バンプローナ	34	F1
バンブローナ	43	C2
パンプローナ	34	F3N
パンムンジョム[板門店]	17	D4N
バンメトート	21	D4
ハンメルフェスト	36	②E1
板門店→パンムンジョム	17	D4N
万里の長城∴	11	D2S
【ヒ】		
ピーア	59	B2N
ビアウリ	63	E3N
ピアチェンツァ	34	F4
ビアリッツ	34	C2
ビイスク	49	K4S
ビヴァリー	37	B1
ビウラ	63	A3
ビェー	21	B3
ピエドゥマ	64	C7N
ピエドラスネグラス	61	D2
BNSF鉄道	55	F2
ビェルスコビワワ	34	I3N
ピエロフスキ	34	H4
ビエンチャン	21	C3
ビエンツァ	41	C3
ビエンホア	21	D4
ヒオス島	44	I3
東ガーツ山脈	23	E-F5
東シエラマドレ山脈	61	D-E2-3
東シナ海	10	K-L6N
東シベリア海	50	R-S2
東ティモール民主共和国	20	H8S
東ヨーロッパ平原	51-52	D-I2-3
ピーカーネル	23	D3
ビキニ島	65	E4
ビクトリア	30	I6
ビーゴ	43	B2
ビサ	34	F5N
ビサウ	29	B4S
ヒジャーズ	25	F4S
ビシュケク	49	J5
ビスカヤ	43	B4N
ビスケー湾	33	B4
ビストイア	34	F5N
ビスマーク	59	C2
ビスマーク諸島	65	D5N
ピゼルト	43	E3
ピーターバラ	35	F4
ビダール	23	E5
ビタールート山脈	55	C-D2-3
ビッグベンド国立公園	55	F6N
ピッツバーグ	60	G2S
ビテオ	36	②E2S
ビテフシティ	44	H4
ビトケアン島	66	H6
ビドゴシュチュ	34	H1S
ビトム	34	I2S
ピードモント台地	60	F-G3-4
ビトリア	43	C2
ビーナイターワ	23	E4N
ピナトゥボ山	19	G3S
ピナルデルリオ	62	H3
ピニャーレス渓谷	62	H3
ビノス島→ブェントゥー島	62	H3S
ビハールシャリーフ	23	G3S
ビホン	43	B2N
ヒマーチャル・プラデシュ	23	E2
ヒマラヤ山脈	23-24	E-G2-3
ヒムス	25	F3N
ビヤウィストク	36	②E5
ビヤエルモサ	61	F4
ビヤティゴルスク	52	H5
ピュージェット湾	57	B2
ヒューストン	59	C5N
ビュート	57	D2
ビュユックアール山	44	H6
ヒューロン湖	60	F1-2
ピョートル大帝湾	10	M3
ビョンアンナムド[平安南道]	17	C-D3N
ビョンアンブクド[平安北道]	17	C3N
ビョンチャン[平昌]	18	E4N
ビョンテク[平沢]	18	D4
ビョンヤン[平壌]	17	C3
ビライ	23	F4
ビラースプル	23	F4
ビラツェルクヴァ	51	F4
ビラートナグル	24	G3
ピラミッド湖	57	C3S
ビリニュス	36	②F5N
ビリングズ	55	E2S
ビールジャンド	26	J3

152

153 世界編（ピル〜ミシ）

項目	ページ・区画
ピルゼン→プルゼニュ	34 G3N
ヒルデスハイム	34 F2
ビルバオ	43 C2
ピルバラ地区	67 B4
ピレネー山脈	43 C-D2
ビーレフェルト	34 E2
ヒロ	61 ②D3N
ヒロキティア∴	25 E3N
ビロビジャン	10 M2N
ピンジャイ	22 B6
ピンシャン[萍郷]	12 C5
ピンスク	51 E2
ビンタ	21 B3
ビンタン島	22 C6S
ピンツー[平度]	11 D-E3
ピンティンシャン[平頂山]	11 C4N
ヒンドゥークシ山脈	26 L-M2S
ピントゥル	22 E6
ヒンドスタン平原	23-24 F-H3-4
ピンドン[屏東]	16 ④B4
ピンリャン[平涼]	11 B3S

【フ】
ファイエットヴィル	60 G3-4
ファイザーバード	23 F3
ファイサラーバード	26 M3
ファイユーム	25 E4N
ファーウェル岬	53 P4N
ファーガスン島	68 I1S
ファードーツ	34 F3
ファニング島→タブアエラン島	
ファーノー諸島	66 G4S
ファルクハル諸島	30 I6S
ファルサラ∴	44 H3
ファルン	36 ②D3S
ファロ	43 B3
ファンティエト	21 D4
ファンフェルナンデス諸島	64 A-B6
ファンヘナム[黄海南道]	17 C3S
ファンヘブクド[黄海北道]	
	17 C-D3S
ファンラン・タップチャム	21 D4
武威→ウーウェイ	11 A3
フィアナランツア	30 H8
フィア岬	60 G4N
フィウメ→リエーカ	34 G3
ブイサン[武夷山]∴	12 D5
フィジー共和国	65 E5S
フィジー諸島	65 E5S
フィステーラ岬	43 A-B2
フィラエ島∴	25 E5N
フィラデルフィア	60 G3N
フィリピン海溝	65 C4
フィリピン共和国	19 F4
フィリピン諸島	19 G3-4
フィレンツェ	44 F2N
フィンガー湖	60 G2
フィンランド共和国	36 ②E-F3
フィンランド湾	36 ②F-G3
フーヴァーダム	55 D4S
ブウォック	51 C3
フエ	21 D3
フェアウェル岬[グリーンランド]→ファーウェル岬	53 P4N
フェアウェル岬[ニュージーランド]	68 M8N
フェアバンクス	53 F3
フェイラデサンタナ	63 F3
フエゴ島	64 C8
フェス	43 B-C4
ブエナベントゥラ	63 B2
フェニックス	57 D5
フェニックス諸島	65 F5N
ブエノスアイレス	64 D6
ブエブラ	61 E4N
プエブロ	59 B3
プエブロデタオス∴	59 A3
フェラーラ	34 F4
フェルガナ	26 M1
プエルトバヤルタ	62 K5S
プエルトバヤルタ	61 C3
プエルトプリンセサ	21 F5N
プエルトモント	64 B7N
プエルトラクルス	63 C1
プエルトリコ海溝	62 K-L4N
プエルトリコ島	56 M4N
フェロー諸島	31 F-G3
フェローバンク	31 F3
フォークス	35 E3N
フォクシャニ	51 E4S
フォークランド諸島	64 C-D8N
フォーシャン[仏山]	12 C6
フォス湾	33 D5N
フォス川	35 E2S
フォッジャ	44 G2
フォートウェイン	59 E2S
フォートスミス	59 D3S
フォートローダーデール	60 F5
フォートワース	59 C4
フォルタレーザ	63 F3N
フォルマンテーラ島	43 D3N
フォンイー	17 F-G4S
フォンシャン[鳳山]	16 ④B4
フォンチョン[豊城]	12 D5
フォンチン[鳳城]	17 B-C2
フォンテンブロー	33 C3
ブカラマンガ	63 B2
ブカレスト	44 I2N
ブカロンガン	22 D8
武漢→ウーハン	12 C4S
ブカンパイ	22 C6S
福州→フーチョウ	12 D5S
福清→フーチン	12 D5S
フーグリー川	24 G4S
ブクレシュティ→ブカレスト	44 I2N
ブクス島	22 B5
ブーゲンビル島	65 D5
フーコウ瀑布[壺口]	11 C3S
フーコワン平原[湖広]→リヤンフー平原[両湖]	12 C4S
ブザウ	44 I1S
ブサワール	23 E4
プサン[釜山]	18 E5
ブジャンソン	33 D-E3S
ブージ	23 C4
ブーシェル	26 I4N
撫州→フーチョウ	12 D5
フーシュン[撫順]	11 E2
ブジュンブラ	30 F6
フーシン[阜新]	11 E2
ブスコフ	49 E4N
ブスタ	32 L6
フダイダ	25 G7N
ブダペスト	34 I3S
ブータン王国	24 H3
フーチエン[福建省]	12 D5S
フーチョウ[福州]	12 D5S
フーチョウ[撫州]	12 D5
フーチョウ[湖州]	12 E4S
フーチン[福清]	12 D5S
フーチン[福鼎]	12 E5
福建省→フーチエン	12 D5S
仏山→フォーシャン	12 C6
ブッダガヤの大菩提寺∴	23 F-G4N
フッド山	57 B2S
フッパリガルドワル	23 E5S
ブトゥアン	20 H5N
ブドゥチェリー	23 E6
ブトラジャヤ	22 C6
ブトリント∴	44 G-H3N
プーナ→プネ	
フナフティ	65 E5
フーナン[湖南省]	12 C5
プネ	23 D5
プノノ	63 B-C4
プノンペン	21 C4S
ブハネシュワル	23 G4S
ブハラ	26 K2N
フフハイム	34 I3
フフーフ	26 H4S
フーペイ[湖北省]	12 C4
ブヘントゥー島	62 H3S
フホホト[呼和浩特]	11 C2S
ブムス	44 F4
フメリニツキー	51 E4N
フュン島	36 ②C4S
プライア	29 A4
ブライスキャニオン国立公園	57 D4
ブライダ	25 G4
プライトン	35 F5
フライブルク	33 E3
プライラ	44 I1S
ブラウンシュヴァイク	34 F2
ブラウンズヴィル	59 C5S
プラウ	43 B2
プラーグ→プラハ	34 G2S
ブラゴヴェシチェンスク	50 O4S
ブラザビル	30 E6
ブラショヴ	44 I1
ブラジリア	63 E4
ブラジル高原	63 D-E4
ブラジル連邦共和国	63 D3S
ブラチスラバ	34 H3
プラーツク	50 M4
ブラックバーン	35 E4N
ブラックヒル山	53 F3-5
ブラックプール	35 E4N
ブラッドフォード	35 F4N
プラト	34 F5N
プラハ	34 G2S
ブラマプトラ川	24 H3
ブラマーブル	23 F5
ブランカ山	59 A3
フランクフォート	60 F3
フランクフルト[オーデル川沿岸]	34 G2N
フランクフルト[マイン川沿岸]	34 E2S
フランクリンルーズヴェルト湖	55 C2
ブランコ岬[アメリカ]	57 B3
ブランコ岬[ブラジル]	63 F3
フランス共和国	33 B-C4
フランス平原	33 B-D3
ブランタイア	30 G7
ブーランテン[普蘭店]	11 E3N
ブランデンブルク	34 G2N
フランドル	33 C-D2
ブランナン∴	22 E8
ブラン岬	30 D2N
プリ	23 G5N
フリア岬	30 D-E7S
プリヴォルガ高地	52 H-I3
プリエドル	41 F2
プリシュティナ	44 H2
プリストル	35 E5
プリストル海峡	35 D-E5
プリズレン	44 H2
ブリズベン	68 I5
フリータウン	29 B5N
ブリッジタウン	62 M5
ブリティッシュコロンビア	55 B-C1
プリトヴィッツェ湖群国立公園∴	41 E2
ブリトン島	22 D7
プリトリア	33 A4N
フリーポート	62 I2
プリマス[アメリカ, ノースカロライナ州]	60 G3S
プリマス[イギリス]	35 D5S
プリモルスキー[沿海州]	10 M-N2-3
ブリヤート共和国	50 N4
ブリヤンスク	51 F2
ブリターニュ半島	33 A-B3
ブリュッセル	33 D2
フーリン[涪陵]	12 B5N
プリンシペ島	30 D5S
プリンスエドワードアイランド	56 N-O2
プリンスエドワード島	56 N-O2
プリンスオブウェールズ島[オーストラリア]	
プリンスオブウェールズ島[カナダ]	53 J-K2S
プリンスオブウェールズ岬	53 D3
プリンスルパート	53 G4
フリンダーズ島	68 H7S
プリント	60 F2
ブルガス	44 I2
ブルガリア共和国	44 H-I2
ブルガン	26 H4N
ブルキナファソ	29 C4
ブルゴス	43 C2
ブルゴーニュ・フランシュ・コンテ	
	33 D-E3S
ブルサ	44 I2S
ブールジュ	33 C3S
ブルジルド	26 H3N
ブルース山	67 B4
ブルースーダン	30 G4N
プルゼニュ	34 G3N
プルターニュ	33 B3
ブルッヘ	33 D2
ブル島	20 H7
ブールーム	30 D3N
フールータオ[葫芦島]	11 E2S
フルターニュ	33 B3
ブレイキー	21 D4
ブレイディーズ諸島	35 D3N
フレーザー川	55 B1-2
フレーザー島∴	68 I5N
プレスト	34 F4
ブレスト[フランス]	31 G6
ブレスト[ベラルーシ]	51 D3
プレストナント運河	33 B3
プレストン	35 E4N
フレスニーヨ	61 D3
フレスノ	57 C4
ブレスラウ→ヴロツワフ	34 H2
フレゼリクスハウン	36 ②C4
プレダ	30 F8
プレトリア	30 F8
ブレーメルハーフェン	34 E1S
ブレーメン	34 E1S
ブレヤ	10 L2N
ブレリー	59 C-D1-3
ブレンナー峠	34 F3-4
プロヴァンス・アルプ・コートダジュール	
	33 D-E5N
プロヴィデンス	60 H2
プロヴォ	57 D3S
プロヴディフ	44 H2
プロエシュティ	44 I2
ブロークンヒル	67 G6
プロコピエフスク	49 K3
フロドナ	51 D2
ブーローニュ	33 C2
フローニンゲン	33 E1
フロリアノポリス	64 E5
フロリダ	60 F4
フロリダ海峡	62 H3
フロリダ半島	60 F4-5
フロレス海	22 F7
フロレス島	19 G6
フロレンシア	63 B3
ブングラン諸島→南ナトゥナ諸島	
ブングラン島→大ナトゥナ島	22 D6
プンタアレナス	64 B9
プンタレナス	62 H5-6
プントフィホ	63 B1
フンナム[興南]	17 D3N

【ヘ】
ペイアン[北安]	10 L3
平安南道→ピョンアンナムド	
平安北道→ピョンアンブクド	17 C-D3
平壌→ピョンヤン	17 C3
ベイジングストーク	35 F5
ヘイスティングズ	35 G5
平頂山→ピンティンシャン	11 C4N
ペイツ諸島	21 B6
ベイハイ[北海]	12 B6S
ペイピャオ[北票]	11 E2
ヘイホー[黒河]	10 L1S
ベイラ	30 G7S
ベイルート	25 F3
ヘイロン川[黒竜江]	10 L2
ヘイロンチヤン[黒竜江省]	10 K-L2
ヘインサ[海印寺]∴	18 E5N
ベウゲソン	36 ②B4N
ベエルシェヴァ	25 E3
ベオグラード	44 H2N
ペオリア	59 E2S
ベーカー山	57 B1
ベーカーズフィールド	57 C4S
ペキン[北京]	11 D3N
ペコス川	59 B4
ベジャイア	43 D-E4
ヘジャズ→ヒジャーズ	25 F4S
ベシャール	29 C2-5
ペシャーワル	26 M3N
ヘジュ[海州]	17 C3S
ペスカラ	44 F
ペタティクパ	27 A2S
ペーチ	34 I
ペチョラ川	32 R2S
ヘッセン	34 E-F2S
ヘッドスマッシュ・インバッファロー・ジャンプ	57 D2N
ベッドフォード	35 F4S
ベッレヘム	25 E3
ベトナム社会主義共和国	21 C-D3N
ペトラ	25 F3S
ペトロザヴォーツク	49 F3S
ペトロパブロフスク=カムチャツキー	50 R4
ヘナム[海南]	18 D5S
ベナレス→ヴァラナシ	23 F3S
ペナン島	22 B5-6
ベナン共和国	30 D4-5
ベニス→ヴェネツィア	44 F1S
ベニドルム	43 C-D
ベニハンマド∴	43 D3S
ベニン山脈	35 E-F-
ベネズエラ・ボリバル共和国	63 C-F
ヘーファ	25 E-F3
ヘブリディーズ諸島	35 C-D3
ベーマーヴァルト	34 G3N
ペマタン	22 C7N
ヘメルヘムステッド	35 F5N
ベラガーリ	23 D5S
ベラクルス	61 E4N
ベラルーシ共和国	51 E-F2-3
ベリーズ	62 G5
ベーリング海	65 E-F2N
ベーリング海峡	50 V-
ベリントゥォーナ	40 F5S
ベルガモ	34 F4
ベルガモン∴	44 I3N
ベルギー王国	33 D2-3
ペルー共和国	63 B4
ベルゲン	36 ②B3S
ベルゴロド	51 F3S
ペルシア	26 I-J3
ペルシア湾	26 I4N
ベルージャ	41 D3
ヘルシンキ	36 ②E3S
ヘルシンボリ	36 ②C4S
ヘルシンゲル	36 ②D4N
ペルセポリス∴	26 I3-4

ペルソン 49 F5	ポートブレア 24 H6	ポンペイ∴ 44 F2S	マドラス→チェンナイ 23 F6
ベルデュ山 38 B-C5	ポートヘッドランド 67 B4N	ポンペイ島 65 D-E4	マドリード 43 C2S
ベルヌ 34 G4	ポートマック川 60 G3	ポーンマス 35 F5	マナウス→マナオス 63 C-D3
ペルピニャン 33 C5	ポートモレスビー 65 D5	ホーン岬→オルノス岬 64 C8	マナオス 63 C-D3
ベルファスト 35 D2	ポートランド 57 B2S	ポンメルン 34 G-H1	マナグア 62 G5
ペルミ 52 K2	ポートルイス 30 I8N	ホンヤン［衡陽］ 12 C5	マナスル山 23 F3N
ベルモパン 61 G4	ホーナン［河南省］ 11 C4	ポンライ［蓬莱］ 11 E3	マナド 20 I6
ベルリン 34 G2N	ホニアラ 65 D-E5		マナーマ 26 I4S
ベルン 33 E3S	ホノルル 61 ②C2	【マ】	マニサ 25 D2
ベレス 43 B3	ポパジャン 63 B2	マーアンシャン［馬鞍山］ 12 D4	マニサレス 63 B2
ベレズニキ 49 H4N	ポパート 68 H8	マイアミ 60 F5S	マニトバ 55 G1N
ベレナ 57 D2	ホバル 28 ④E4S	マイコブ 52 H5N	マニトバ湖 55 G1S
ベレン 63 E3N	ボパール 23 E4	マイセン 34 G2	マニプル 24 H3-4
ベロオリゾンテ 63 E4-5	ホハン［浦項］ 18 E4S	マイメンシン 24 H4N	マニラ 19 C6N
ベロタス 64 D6N	ホーピー［鶴壁］ 11 C3S	マインツ 33 E2-3	マヌー国立公園∴ 63 B4
ペロポネソス半島 44 H3	ホーフェイ［合肥］ 12 D4	マイン・ドナウ運河 34 F3N	マハジャンガ 30 H7
ベンガジ 30 E-F2	ホーフォート城 53 F-G5	マウイ島 61 ②C2	マハチカラ 52 I5
ベンガルール（バンガロール） 23 E6	ホーペイ［河北省］ 11 C-D3N	マウナケア山 61 ②D3N	マハーラーシュトラ 23 D-E5N
ベンガル湾 24 G-H5	ボヘミア→チェコ 34 G3N	マウナロア山 61 ②D3N	マプト 30 G8
ベンゲラ 30 E7N	ボヘミア森→ベーマーヴァルト 34 G3N	マウントアイザ 67 F4N	間宮海峡 50 Q4S
ベンゲラ鉄道 30 E-F7N	ポポカテペトル山 54 K8N	マウントトムプライス 67 B4	マヨット 30 H7
ペンザ 49 G4	ボボデュラッソ 29 C4S	マオミン［茂名］ 12 C6	マヨン山 19 C6N
ペンサコーラ 59 E4S	ボホル島 19 G5N	マカイ 68 H4N	マラーイェル 28 ④D3N
ペンザンス 35 D5S	ポーメラニア→ポンメルン 34 G-H1	マカオ［澳門］ 12 C6	マラウイ共和国 30 G7
ペンシー［本渓］ 11 E2	ホメリ 51 F3	マガジャーネス海峡→マゼラン海峡 64 C8	マラウイ湖 30 G7N
ペンシルヴェニア 60 G2	ポーモナ 57 C5	マガス H5	マラガ 43 C3
ヘンダーソン島∴ 66 H6N	ボーモント 59 D4S	マガダン 50 R4N	マラカイ 62 K5S
ヘント 33 D2	ホヤデセレン遺跡∴ 61 ⑤G5	マカッサル 19 F8N	マラカイボ 63 B1
ベンネヴィス山 35 D2	ホーヤン湖［鄱陽］ 12 D5N	マカッサル海峡 19 F6-7	マラカイボ湖 63 B2N
ペンブローク 35 D5N	ポーヤンフー平原［鄱陽湖］ 12 C-D5	マカパ 63 D2S	マラケシ 29 C2S
	ホヨマ滝 30 F5-6	マクアレン 59 C5	マラジョ島 63 D-E3N
【ホ】	ボラボラ島 66 G5S	マクウォリー島∴ 65 D7	マラッカ→ムラカ 22 C6
ボアヴィスタ 63 C2	ホラマバード 26 H3	マクドラブル 34 F2	マラッカ海峡 22 B-C6
ポアントノアール 30 E6	ホラムシャハル 26 H3S	マクドネル山脈 67 E4S	マラティヤ 25 F2
ホイアン 21 D3S	ポリネシア 66 G-H5N	マグニトゴルスク 52 K3	マラトン∴ 44 H3
ホイジー 57 C3	ポリバル山 62 J6	マクマホンライン 9 E-F6N	マラニョン 63 E3
ヘイチョウ［恵州］ 12 C6	ボリビア高原→アルティプラノ 63 C4	マーケサズ諸島→マルキーズ諸島	マラバル海岸 23 D-E6-7
ベイットニー山 57 C5	ボリビア多民族国 63 C4	マーケット 66 H5	マラボ 30 D5
ベイン渓谷遺跡群∴ 35 C4N	ポリヨン［保寧］ 18 D4S	マーケート 59 E1	マランバ→リヴィングストン 30 F7
彰湖列島→ポンフー列島 12 D6	ポルタヴァ 51 F4N	マケドニア旧ユーゴスラビア共和国	マリアナ海溝 65 D4
宝山→パオシャン 12 C4	ポルダーシティ 57 D4N	→北マケドニア共和国 44 H2	マリアナ諸島 65 D4
ホウマー［侯馬］ 11 C3S	ポルターノ 34 F4N	マーゴン［馬公］ 12 D6	マリウポリ 52 G4
蓬莱→ポンライ 11 E3	ポルティモア 60 G3N	マザーウェル 35 D3N	マリ・エル共和国 49 G4
ホカラ 23 F3	ポルト 43 B2S	マサダ∴ 27 A3N	マリオン湖 60 F4
ホガル高原→アハガル高原 30 D3	ポルトアレグレ 64 D5-6	マサチューセッツ 60 H2	マリー川 67 G6-7
ホー川 34 F4	ポルトヴェーリョ 63 C3S	マサトラン 61 D2S	マリ共和国 29 C4-5S
ホーカン［鶴崗］ 10 M2	ポルトー 33 B4	マザーリシャリーフ 26 L2	マリーダーリング盆地 67 F-G6
ドーク海峡 23 E-F6-7	ポルトアレグレ 64 D5-6	マサトラン 61 D2S	マリボル 34 H4N
ボゴタ 63 B2	ポルトガル共和国 43 A-B2S	マザー夕グ［麻扎塔格］ 9 C4N	マリョルカ島 43 D3N
ドゴール 22 D8	ポルトノボ 30 D5	マサロン 43 E2S	マリンガー 63 D5
ポサーダス 64 D5	ポルトープランス 62 J4	マシャン［馬山］ 18 E5	マルガリータ島 63 C1
ボサリカ 61 E3S	ボルネオ島→カリマンタン島 22 E6S	マーシャル諸島共和国 65 E4N	マルキーズ諸島 66 H5
ボジェト 17 F1	ボルバンダル 23 C4	マシュハド 26 J2S	マルキョク 65 C4
ホジェント 26 L1S	ホルムズ海峡 26 J4	マジュロ 65 E4	マルク諸島 20 H-I6-7
ホーシャン［鶴岡］ 16 ③A2	ホルムスク（真岡） 50 Q5	マジュロ島 65 E4	マルセイユ 34 F3
ボスコン 60 H2	ポルンホルム島 36 ②D4N	マシーラ島 26 J5N	マルタ共和国 44 F-G3S
ボズナニ→ポズナン 34 H2N	ボレチュ 41 D2	マスカット 26 J5N	マルタ島 44 F3S
ポズナン 34 H2N	ポロクワネ 29 ②C2	マスカレン諸島 30 I8	マルダーン 26 M3N
ボスニア・ヘルツェゴビナ 44 G2N	ホロ島 19 G5S	マース川 33 D-E2	マルティニーク島 62 L5N
ボスニア湾 36 ②D-E3	ポロナイスク（敷香） 50 Q5N	マスケゴン 59 E2	マルディン 33 D3
ボスポラス海峡 44 I-J2	ボローニャ 34 F4S	マスコギー 59 C3S	マルヌ川 33 D3
ドーソー［百色］ 12 B6N	ホーロン［和竜］ 17 E1	マジドソレイマーン 28 ④D3S	マルヌ・ライン運河 33 D3
ホタン［和田］ 9 B4	ホワイイン［淮安］ 11 D4S	マーストリヒト 33 D2S	マルビナス諸島→フォークランド諸島
土丹江→ムータンチヤン 10 L3N	ホワイイン［淮陰］ 11 D4	マスバテ島 19 G4	64 C-D8N
ドーチー［河池］ 12 B6N	ホワイ川［淮河］ 12 C-D4	マセイオー 63 F3S	マルマラ海 32 M7S
トーチミン 21 D4S	ホワイトホース 53 G3S	マゼラン海峡 64 C8	マルメ 36 ②C4S
ホーチョウ［亳州］ 11 D4	ホワイナン［淮南］ 11 D4	マセル 30 F8S	マルメ 28 ④D3S
トーチワン［合川］ 12 B4-5	ホワイペイ［淮北］ 11 D4N	マダガスカル共和国 30 H7	マレ 8 D9
北海 31 H-I4	ホワイホワ［懐化］ 12 B-C5	マダガスカル島 30 H-I7	マレーシア 22 C6N
勃海（ボーハイ） 11 D-E3	ホワイティエ 33 C4 N	マダティ 30 H6	マレー半島 22 B-C-5-6
勃海・バルト海運河 34 F1	ホワイティエン［樺甸］ 17 D1	マタモロス［メキシコ］ 61 D2S	マンガルール 23 D6
勃海湾 11 D3	ホワリエン［花蓮］ 16 ④C3N	マタモロス［メキシコ］ 61 E2S	マンサニーヨ 62 I3S
北極海 7 A-R1	ホワンツー［黄土］ 11 C4	マダム 22 F8	マンズーラ 25 E3S
ホッツダム 34 G2	ホワンシャン［黄山］ 12 D5N	マタンサス 62 H3	マンダ 63 A3N
ホットスプリングス国立公園 59 D4N	ホワンツー［黄土］ 11 C3-4	マチ 63 B4	マンダ海峡 25 G7
ホットン岬 36 ③A1	ホワイエン［樺甸］ 17 D1	マチュピチュ∴ 63 B4	マンダレー 21 B2
ポーツマス［アメリカ，ヴァージニア州］ 60 G3	ホワリエン［花蓮］ 16 ④C3N	マチリパトナム 23 F5	マンチェスター［アメリカ］ 60 H2
	ホワンツー［黄土］ 11 C3-4	マッカ→メッカ 25 F5	マンチェスター［イギリス］ 35 E4N
ポーツマス［アメリカ, ニューハンプシャー州］ 60 H2	ホワンフー平原［黄淮］ 11 C-D4	マッキーノーシティ 60 F1S	マンチョウリー［満洲里］ 10 J2N
ポーツマス［イギリス］ 35 F5	ポン 33 E2S	マッキンリー山→デナリ山 53 E3	マン島 35 D3S
ボツワナ共和国 30 F8N	ホンアン［洪安］ 17 D2 N	マックルスフィールド 37 B1S	マンハイム 34 F3 N
ボーデー 36 ②C2	ホンガイ→ハロン 21 D2S	マッケンジー川 53 G-H3	マンモス洞国立公園∴ 59 E3
ボーデン 36 ②E2S	本渓→ペンシー 11 E2	マッジョーレ湖 33 E4	マンナール湾 23 E7
ボーデン湖 34 F3N	ホンコン［香港］ 12 C6	マッターホルン山 33 E4	
ポーテン 34 F3N	ホンジュラス共和国 62 G4-5	マッティヤ・ブラデシュ 23 E4	【ミ】
ポートアーサー 59 D5N	ポンショイ［彭水］ 12 B5N	マットグロッソ 63 D4N	ミイトー 21 D4S
ポートエリザベス 30 F9	ホンショイ［紅水河］ 12 B6N	マットグロッソ高原 63 D4	ミエンヤン［綿陽］ 12 A4
ポートエンジェルス 57 B2S	ポンセ 62 K4	マットグロッソスル 63 D4S	ミクロネシア 65 D-E4N
ポートオブスペイン 62 L5S	ポンタグロッサ 63 D5	マディラ川 63 C3	ミクロネシア連邦 65 D4
ボドゴリツァ 44 G2	ホンチャン［洪江］ 12 B-C5	マディラ諸島 7 R6	ミクロン島 56 O2
ポートサイド 30 G2S	ホンチュン［恒春］ 16 ④B4S	マデラ島 7 R6	ミケーネとティリンス∴ 44 H3
ポトシ 63 C4S	ホンシャニ諸島 44 F2S	マテラ 42 H7	ミコノス島 44 I3
ポートシャニ 31 I1N	ホンティアナック 22 D6-7	マトゥン水路 57 C5	ミコラーイウ 51 F4
ポートスーダン→プールスーダン	ポンディシェリー→プドゥチェリー	マトゥラ 23 E3	ミシガン 60 F2N
30 G4N		マドゥライ 23 E6-7	ミシガン湖 59 E1-2
ポートタルボット 35 E5	ポンドュガール 33 D4-5	マトゥリン 62 L6N	ミシシッピ 59 D-E4
ポートノロス 30 E8S	ホントワン山脈［横断］ 9 F-G6	マトラ島 65 F8	
ポートハーコート 30 D5	ホンフー列島［澎湖］ 12 D6		
ポートヒューロン 60 F2	ポンペイ→ムンバイ 23 D5N		
ポートビラ 65 E5S			
ポートピリ 67 F6			

155 世界編（ミシ〜ンド）

ミシシッピ川	59	D4
ミーシャン[密山]	10	M2S
ミシュコルツ	51	D4
ミストラ遺跡∴	44	H3
みずほ基地∴	69	②K2
ミスラータ	44	G4
ミズーリ	59	D3
ミズーリ川	59	C2
ミゼン岬	31	F5S
ミゾラム	24	H4
ミーソン聖域∴	21	D3S
ミッチェル山	56	J4S
ミッテルラント運河	34	E2N
ミッドウェー諸島	65	E2N
ミッドランド	35	E4S
ミディ運河∴	33	C5
ミティシュテイ	52	G2
ミデルバーグ	29	②B-C4
ミード湖	57	D4S
ミドルズブラ	35	F3
ミナスジェライス	63	E4S
ミナティトラン	61	G3N
ミナハサ半島	19	G6S
南アフリカ共和国	30	E-F9N
南シエラマドレ山脈	61	D-E4
南シナ海	22	D-E5
南島	68	L8
南スーダン共和国	30	F-G5
南ナトゥナ諸島	22	D6
ミニヤ		
ミニヤコンガ山→コンガ山[貢嘎]	12	A5N
ミニョー川	43	B2
ネアポリス	59	D2N
ミネソタ	59	C-D1S
ノルカ島→メノルカ島	43	E3N
ミャンマー連邦共和国	24	I-4
ミューズ川	33	D3N
ミュルーズ	33	E3S
ミュンスター	33	E4
ミュンヘン	34	F3
ミラノ	34	F3
ミリ	22	E6N
ミリヤン[密陽]	18	E5
ミルウォーキー	59	E2
ミルク川	55	E2
ミルザプル	23	F3S
ミルトンキーンズ	37	F2N
ミルフォードヘヴン	35	D5N
ミールプルカース	26	L4S
ミレトス∴	44	I3
ミロス島	44	H4
ミンジャン	21	B2
ミンスク	51	E3
ミンダナオ島	20	H5
ミンドロ島	19	G4S

【ム】

ムウェル湖	30	F6S
ムカッラー	26	H7N
ムザッファルプル	23	G3S
無錫→ウーシー	12	E4
ムーズ川	33	D2
ムータンチヤン[牡丹江]	10	L3N
ムナ島	19	G8N
ムバラーズ	28	④D4S
ムババーネ	30	D8
ムプジマイ	30	F6
ムラカ	22	C6
ムラセン山	43	E3
ムラーダーボード	23	E3
ムル山国立公園∴	22	H6
ムルシア	43	C3
ムルターン	26	M3S
ムルマンスク	49	F3N
ムルロア環礁	66	G6N
ムワンザ	23	H6
ムンバイ	23	D5N

【メ】

メイドストン	35	G5
メイホーコウ[梅河口]	11	F2
メガラヤ	24	H3S
メキシコ合衆国	61	C-E3
メキシコ高原	61	C-D1-3
メキシコシティ	61	E4N
メキシコ湾		
メキシコ湾岸平野	59-60	D-F4S
メクネス	43	B4
メーコン	60	D2
メコン川	22	D5N
メサ	57	D5
メサヴァード国立公園∴	57	D4N
メシナ	30	F-G8
メス	33	E4
メセタ	43	B-C2S
メゼニツェ	49	G3
メソポタミア	25	G2-3
メダン	22	B6
メッカ	25	F5

メッシナ	44	G3
メッシナ海峡	44	G3N
メディナ	25	F5N
メテオラ	44	H3N
メデジン	63	B2
メドック	33	B4
メドニン	43	F4
メナム川→チャオプラヤ川	21	C4
メノルカ島	43	―E3N
メヒカリ	55	C5
メーラト	23	E3N
メラネシア	65	E6N
メリダ[スペイン]	43	B3
メリダ[ベネズエラ]	63	B2S
メリダ[メキシコ]	61	G3S
メリトポリ	52	G4
メリーランド	60	I-I1S
メリリャ	43	C3S
メルヴ	26	K2
メルヴィル半島	53	L3N
メルギー諸島→ベイッ諸島	21	B4S
メルー山	30	G6
メルシン	25	E2
メルボルン	68	G-H7
メンディ	20	K8N
メンドサ	64	C5
メンドシーノ岬	57	B3S
メンフィス[アメリカ]	59	D-E3S
メンフィス[エジプト]∴	25	E4N
綿陽→ミエンヤン	12	A4

【モ】

モーイラーナ	36	②C2
モウンイワー	21	B2
モガディシュ	30	H5S
モクポ[木浦]	18	D5
モザンビーク海峡	30	G-H7-8
モザンビーク共和国	30	G8N
モスクワ	52	G3
モスタガネム	43	D3S
モスタル	41	F3
モスル	25	G2
モーゼル川	33	E2-3
モデナ	34	F4S
モナコ公国	33	E5N
モナドノック山	60	H2
モニュメントヴァレー∴	57	D-E4
モノ湖	57	C4
モハーヴェ砂漠	57	C4S
モヒョウ	51	F3
モービル	59	E4S
モヘンジョ=ダロ∴	26	L4
茂名→マオミン	12	C6
モラヴァ丘陵	34	G-H3N
モラミハイン	21	B3
モーリシャス共和国	30	I7
モーリタニア・イスラム共和国	29	B-C4N
モルダウ川→ヴルタヴァ川	34	G3
モルッカ海峡	20	G-H7N
モルッカ諸島→マルク諸島	20	H-I6-7
モルディブ共和国	23	D7S
モルディブ諸島	23	D7S
モルドヴァ共和国	52	H3N
モーレア島	66	G5S
モレーナ山脈	31	F-G8
モレリア	61	E4
モレー湾	35	E2N
モロカイ島	61	②C2
モロニ	20	H6
モロッコ王国	29	B2N
モロ湾	19	G5
モンクロバ	61	E2-3
モンゴル高原[蒙古]	9	F-G2-3
モンゴル国	9	H-I2S
モンサンミッシェル	33	B3
モンス	37	D2S
モンスニ峠	33	E4
モンタナ	55	E2
モンティセロとヴァージニア大学		
	60	B2-3
モンテヴィーソ山	33	E4S
モンテカッシーノ∴	44	F3
モンテクリスト島	44	F2
モンテスクロス	63	E2
モンテネグロ	44	G2
モンテビデオ	64	D6
モンテリア	63	B2N
モンテレー	61	D2S
モンテローザ山	33	E4S
モンテゴメリ	59	E4
モンビリア	60	H2N

モントリオール	60	H1S
モントルー	33	E4N
モントローズ	35	E2
モンバサ	30	G6
モンブラン山	33	E4
モンペリエ	31	H7
モンポス	62	J6N
モンロビア	29	B5

【ヤ】

ヤヴォル	39	E3
ヤウンデ	30	E5
ヤクーツク盆地	50	O3S
ヤクーツク	50	O-P3S
ヤーコーシー[牙克石]	10	K2N
ヤシ	44	I1
ヤズド	26	I3
ヤップ島	65	C4
ヤブロノヴイ山脈	50	N4
ヤマル半島	49	I-J2-3
ヤマロ・ネネツ自治管区	49	J3
ヤムスクロ	29	C5
ヤルー川[鴨緑江]	17	D2N
ヤルカンド→ソーチョ[莎車]	9	B4
ヤルタ	51	F5N
ヤルンツァンポ川	9	C-D6N
ヤレン	65	E5N
ヤロスラヴリ	52	G2
ヤングズタウン	60	F2S
ヤンクワン[陽関]	9	E4N
ヤンゴン	21	B3
ヤンサン[梁山]	18	E5
ヤンシャオ[仰韶]	11	C4N
ヤンチヤン[陽江]	12	C6
ヤンチュワン[陽泉]	11	C3
ヤンチョウ[揚州]	11	D4
ヤンピーサウンド	67	C3N
ヤンブー	25	F5N

【ユ】

ユイメン[玉門]	9	F4N
ユイメンコワン[玉門関]∴	9	E3S
ユイリン[榆林]	11	B3
ユイリン[玉林]	12	C6
ユヴァスキュラ	36	②F3
ユエヤン[岳陽]	12	C5N
ユエンリン[貞林]	16	④B3N
ユカタン半島	61	F-G4N
ユーコン川	53	D-E3
ユーコン準州	53	D-E3
ユー[玉山]	16	④B3
ユジノサハリンスク(豊原)	50	Q5
ユージーン	57	B3N
ユスキュダル	44	I2S
ユダヤ自治州	50	P5N
ユーチョウ[禹州]	11	C4
ユーティカ	60	G2
ユトレヒト	33	D2
ユニオンパシフィック鉄道		
	55	F-G3S
ユーフラテス川	25	G3N
ユマ	57	D4S
ユーラン半島	36	②B4
ユリカ[カリフォルニア州]	57	B3S
ユリカ[ユタ州]	57	A3N
ユンカン石窟→雲崗石窟	11	C2-3
ユングフラウ山	33	E4N
ユンコイ高原[雲貴]	9	G6S
ユンチョン[運城]	11	C3S
ユンナン[雲南省]	9	G7N

【ヨ】

ヨーヴィル	35	E5
陽関→ヤンコワン∴	9	E4N
陽江→ヤンチヤン	12	C6
揚州→ヤンチョウ	11	D4
揚子江→長江	12	E4
陽泉→ヤンチュワン	11	C3
ヨーク	35	F4N
ヨークシャー	35	F4N
ヨーク岬	67	G2N
ヨクヤカルタ	22	E8
ヨシカイチ	52	I2
ヨス[麗水]	18	D5
ヨセミテ国立公園∴	57	C4
ヨックモック	36	②D2
ヨハネスブルグ	30	F8
ヨルダン・ハシェミット王国	25	F3S
ヨンアン[永安]	12	D5S
ヨンジュ[栄州]	18	E4
ヨンチョン[永州]	12	C5
ヨンチョン[永城]	11	D4
ヨンナン[延安]	17	D4N
ヨンビョン[寧辺]	17	C3N

【ラ】

ラアミスター自然保護区∴	62	H6N

ライウー[莱蕪]	11	D3
雷州→レイチョウ	12	C6S
ラーイチュール	23	E5
ライデン	33	D2
ライデンバーグ	30	G8
ライヒェナウ∴	40	B-C4S
ライピン[来賓]	12	B6
ライプツィヒ	33	G4
ライブル	23	F4S
ライン川	33	E2S
ライン諸島	66	G4-5
ライン地溝帯	33	E3
ラヴェンナ	34	G4S
ラウマ	36	②E3S
ラーウルケーラ	23	F4
ラオス人民民主共和国	21	C2S
ラオホーコウ[老河口]	12	C4
ラグアタ	63	D5
ラグアイラ	41	④D3
ラクナウ	23	F3
洛陽→ルオヤン	11	C4N
ラゴス	30	D5
ラサ[拉薩]	9	E6N
ラータ	51	F5
ラージキーヤ	25	F2S
ラージコト	23	E3
ラシード	25	E3S
ラージャスターン	23	E3
ラージシャムンドリ	23	F7
ラシュト	26	H2
ラスアルハイマ	26	J4S
ラスヴェガス	57	C4
ラスコー∴	33	C5
ラスタヌーラ	26	H-I4
ラステンバーグ	30	F7
ラスパルマス	29	B3N
ラスペツィア	34	F4S
ラスマノス洞窟∴	64	B7S
ラス岬	35	D3N
ラス・メドゥラス∴	43	B2
ラセレナ	64	B5S
ラダク	23	F2S
ラソン[羅先]	17	F1S
ラタキア→ラージキーヤ	25	F2S
ラッカ	25	F
ラッカディヴ諸島	23	D6
ラックザー	21	C-D4S
ラッセン火山国立公園∴	57	B3S
ラッチョウ[蘭州]	10	H4
ラップランド	36	②E-F2
ラティーナ	41	F3
ラドガ湖	51	F2
ラトビア共和国	36	②E-F4
ラドム	51	D3
ラトラム	23	D-E4
ラナム[羅南]	17	E2N
ラバウル	65	D5N
ラバス[ボリビア]	63	C4
ラパス[メキシコ]	61	B3N
ラパッロ	43	F2
ラバト	29	C2
ラバヌイ島	66	I1
ラファイエット	59	D4S
ラプテフ海	50	N-O2
ラプラタ	64	D5
ラプラタ川	64	D5
ラブラドル海	53	O3S
ラブラドル高原	53	N-O4S
ラブラドル半島	53	N-O4S
ラボック	59	B4N
ラホール	23	E2
ラマーディー	28	④C3
ラムサール	26	I2
ラムジャングル	67	F2
ラッセード	59	C2
ラロトンガ島	66	G-G6N
ロマーナ	62	K7
ラワルピンディ	23	D2N
ランカウイ島	22	B5S
ランカグア	64	B6
ランカシャー	35	E3-4
ランカスター	35	E3S
ランガラ	24	G3
ラングル高地	33	D-E3
蘭州→ランチョウ	11	A3S
ランシング	60	E2
ランズエンド岬	33	B3
ランス	33	D3S
ランス潮汐発電所	33	B3
ランチョウ[蘭州]	11	A3S
ランチョン[閏中]	12	B4S
ランツァン川[瀾滄江]	9	F-G6-7
ランツフート	34	G2
ランニム山脈[狼林]	17	D2-3
ランバレネ	30	E6N

ランパン	21 B3	リュイチョウ[濾州]	12 B5N	ルレ川	36 ②E2	ロックフォード	59 E3
ランビエ	33 C3	リューヴェン	33 D2	ルワンダ共和国	30 F6N	ロッテルダム	33 D2
ランプール	23 E3N	竜山→ロンシャン	12 B5N	ルングウェ山	30 G6S	ローディ	34 F4
ランペドゥーザ島	44 F3S	柳条湖	11 E2			ローデーヴ	33 D5N
【リ】		竜門石窟∴	11 C4N	【レ】		ローテンブルク	34 F3N
リアスバハス海岸	43 A-B2	リーユエ湖[日月潭]	16 ④B-C3N	レー	23 E2N	ローデアイランド	60 H5
リアノーラ	67 C5S	リューゲン島	36 ②C5N	レイキャビク	36 ③A2	ロードス島	44 I3S
リヴァーサイド	57 C5	リューデリッツ	30 E8	レイチョウ[雷州]	12 C6S	ロードハウ諸島∴	68 J6
リヴァプール	35 E4N	リューネブルク	34 F1S	レイチョウ半島[雷州]	12 C6S	ロトルア	68 N7
リヴァプール湾	35 D-E4N	リュブリャナ	34 G4	レイテ島	20 H4S	ローヌ川	33 D4S
リウアン[六安]	12 D4	リューベク	34 F1	黎塘→リータン	12 B6	ローヌ・ライン運河→	33 E4S
リヴィエラ	33 E4-5	リューベン	34 G2	レイノア	61 E2S	ロハス	19 G4
リヴィングストン	30 F7	遼源→リヤオユワン	11 F2	レオーベン	34 H3S	ロパトカ岬	50 R4S
リヴォフ→リヴィウ	49 E5N	凌源→リンユワン	11 F2	レオン[スペイン]	43 B2	ローバーン	67 A4S
リヴォルノ	34 F5	両江道→リャンガンド	17 D-E2	レオン[ニカラグア]	62 G5	ロビト	30 E7N
リウチヤシヤ[劉家峡]∴	11 A3S	遼東半島→リヤオトン半島	11 E2-3	レオン[メキシコ]	61 D3	ロービン[楽平]	12 D5
リウチョウ[柳州]	12 B6N	遼寧省→リヤオニン	11 E2	レガスピ	19 G4	ロビンソンクルーソー島	36 ②C2
リウネ	51 E6N	遼陽→リヤオヤン	11 E2	レガヌ	30 D3	ロフォーテン諸島	36 ②C2
リウパンショイ[六盤水]	12 A5	旅順→リュイシュン	11 E3N	レキシントン	60 F3	ロブ湖	9 E3S
リェイダ	43 D2S	リヨン	33 D4	レークヴュー	57 B3	ロブソン山	53 I4
リエージュ	33 D2S	リヨン湾	33 D5	レグニツァ	34 H2	ロブノール→ロブ湖	9 E3S
リエティ	44 F2	リール	33 D2S	レークプラシッド	60 H2N	ロベン島∴	29 A4
リエパーヤ	36 ②E4	リレハンメル	36 ②C3S	レーゲンスブルク	34 G2	ロマ	44 F2
リェンス	34 G4N	リロングウェ	30 G7	レコンキスタ	64 D5S	ロメ	30 D5
リェンユンカン[連雲港]	11 D4N	リンイー[臨沂]	11 D3S	レシェン峠	34 F4N	ロライマ	63 C-D2S
リオアチャ	62 B2N	リンガ島	22 C7N	レシステンシア	64 D5	ローラン[楼蘭]∴	9 D3S
リオアビセオ国立公園∴	63 B3	リンカーン	59 C2S	レシフェ	63 F3	ローラン島	36 ②C5N
リオガジェゴス	64 C8N	リンゲン	33 E2S	レジョディカラブリア	44 G3S	ローリー	60 G3S
リオグランデ	64 D6N	リンシヤ[臨夏]	11 A3S	レジョネルエミーリア	34 F4S	ロリカ	63 B2N
リオグランデ川	59 B-C5	リンシャン[陵水]	12 C7	レスヴォス島	44 I3N	ロルカ	43 C3
リオグランデドスル	64 D6N	リンダウ	34 F3S	レスター	33 B2N	ローレライ∴	33 E2S
リオグランデドノルテ	63 F3	リンチェーピン	36 ②D4	レソト王国	30 F9N	ローレーン	60 F2
リオデジャネイロ	63 E5	リンチバーグ	60 G3	レックサム	37 A-B1S	ローレンシア台地	60 F-G1
リオバンバ	62 I8	リンチヤン[臨江]	11 F2	レッチワース	35 F5N	ローレンス	59 C-D3N
リオプラターノ生物圏保護区∴	62 H2N	リンチン[臨清]	11 D3	レッド川	59 C-D4N	ロワヤン	33 B4
リオブラボデルノルテ川	59 B5N	リンツ	34 G3	レッドクリフ	55 F4N	ロンイェン[竜岩]	12 D5S
リオブランコ	63 C3-4	リンハイ[臨海]	12 E5N	レッドブラフ	57 B3S	ロングアイランド島	60 H2S
リオム	33 D4	リンフェン[臨汾]	11 C3S	レディング	35 F5	ロングイェールビーエン	49 D2N
リガ	36 ②E4	リンポポ川	30 F-G8	レナ川	50 O2-3	ロングヴュー	57 B2
リカシ	30 F7N	リンユワン[凌源]	11 D2	レーニア山	57 B2	ロング海峡	50 T-U2-3
リグリア海岸	33-34 E-F5	【ル】		レーニア山国立公園∴	57 B2	ロング島	62 I3
リーザ	34 G2	ルアーヴル	33 C3N	レニノゴルスク→リッデル	49 K4S	ロングビーチ	57 C5N
リザード岬	31 F-G6N	ルアラバ川	30 F6	レニンスククズネツキー	49 K4	ロンコウ[竜口]	11 E3
リシアンスキー島	65 F3	ルアン	33 C3N	レバノン共和国	25 E-F3N	ロンシャン[竜山]	12 B5N
リジャイナ	55 F1S	ルアンダ	30 E6S	レビヤヒヘド諸島	61 B4	ロンショイチヤン[冷水江]	12 C5N
リションレジョン	27 A3N	ルアンパバーン	21 C3N	レフォルマ	61 F4	ロンセストン	68 F5S
リーズ	35 F4N	ルイヴィル	33 D3	レフカダ島	44 H3N	ロンダ	37 A2
リズゴー	68 I6	ルイジアード諸島	68 I-J2N	レフジオ	59 C5	ロンチェン[栄成]	11 E3
リスボン	43 B3N	ルイジアナ	59 D4	レマン湖	33 E4N	ロンドニア	63 C4N
リズモア	68 I5S	ルイス山	63 B2	レユニオン島	30 I8N	ロンドリーナ	63 D5N
リータン[黎塘]	12 B6	ルイス島	35 C2N	レーロース	36 ②C3	ロンドン[イギリス]	35 F5
リッチャオ[日照]	11 D3S	ルイストン	60 H2N	連雲港→リエンユンカン	11 C4N	ロンドン[カナダ]	60 F2
リッチモンド	60 G3	ルイスビル	35 C1	レンガット	22 C7N	ロンドンデリー	35 C3
リッディ	49 K4S	ルイビンスク	52 G2	レンスク	50 N3S	ロンバルディア平原	34 F4
リットン	57 H1S	ルイビンスク湖	52 G2	レンヌ	33 B3	ロンフー[冷湖]	9 E4N
リッペ川	33 E2	ルーイン岬	67 A-B6S	レンネル島	68 J2	ロンボク海峡	19 E-F8S
リトアニア共和国	36 ②E-F4S	ルウェンゾリ山	30 F5N	【ロ】		ロンボ島	19 F8S
リトルミンチ海峡	35 C2	ルオチアン[若羌]	9 D3N	ロアノーク	60 G3	ロンメン[竜門]∴	11 C3S
リトルロック	59 D4N	ルオホー[漯河]	11 C4N	ロアール川	33 C3N	ロンメン石窟→竜門石窟	11 C4N
リナーレス	43 C3	ルオヤン[洛陽]	11 C4N	ロアール盆地	33 B-C3N	【ワ】	
リーノ	57 C4N	ルーカオ[如皋]	11 E4	ロアンヌ	33 D4	ワイオミング	55 E3
リパリ諸島	44 F3N	ルクセンブルク	33 E3N	ロイアン[瑞安]	12 E5	ワイト島	35 F5
リビア	30 E3N	ルクセンブルク大公国	33 D-E2-3	ロイチン[瑞金]	12 D5S	ワイトモ洞窟∴	68 M-N7
リビア砂漠	30 E-F3	ルクソル	30 G3	ロイトリンゲン	34 F3	ワイマール→ヴァイマール	34 F2
リヒテンシュタイン公国	34 F3S	ルクルーゾ	33 D4N	ロヴァニエミ	36 ②F2	ワイラケイ地熱発電所	68 N7S
リブツェ	34 I2S	ルサカ	30 F7	ローウェル	60 H2	ワガドゥーグー	29 C4S
リーブルビル	30 D5S	ルー山[廬]	12 D5	ロウティー[婁底]	12 C5	ワーキントン	35 E3
リベイロンプレト	63 E5N	ルジョムベロク	34 I3	ロヴノ→リウネ	51 E3S	ワゴナー	59 C3S
リペツク	52 G3	ルーズヴェルトダム	55 D5N	ロカ岬	43 B3N	ワシントン(州)	57 C2
リベラル	59 B3	ルーセ	44 I2N	ロカルノ	33 E4	ワシントンD.C.	56 K4N
リベリア共和国	29 C5	ルソン海峡	19 F-G2S	ローガン山	53 F3S	ワスカラン国立公園∴	63 B3S
リマ	63 B4N	ルソン島	19 F3	ローガンズポート	59 E2S	ワットリング島→サンサルヴァドル島	62 J3N
リミニ	34 G4	ルツィク	51 E3S	ログローニョ	43 C2	ワディハルファー	30 G3S
リムノス島	44 H-I2S	ルツェルン	33 E3S	ロザラム	35 F4	ワディントン山	55 A1
リムリック	35 B4	ルト[日土]	9 B5N	ロサリオ	64 C6	ワッデン海	33 D1-2
リメイラ	63 E5	ルート砂漠	26 J3	廬山国立公園∴	12 D5N	ワドメダニ	30 G4
リモージュ	33 C4	ルドルフ湖→トゥルカナ湖	30 G5	ロサンゼルス	57 C5N	ワヌコ	63 B3-4
リヤオ川[遼河]	11 E2	ルートン	35 F5N	ロサンゼルス水道	57 C4S	ワーラワーラ	57 C2S
リヤオチョン[聊城]	11 D3	ルーネンバーグ	60 J2N	ローザンヌ	33 E4N	ワランガル	23 E5
リヤオトン半島[遼東]	11 E2-3	ルパート	57 D3	ローシャン[楽山]	12 A5N	ワール川	33 D2
リヤオニン[遼寧省]	11 E2	ルハニシク	52 G4	ロシュフォール	33 B4	ワルシャワ	32 L5
リヤオヤン[遼陽]	11 E2	ルビコン川	41 D2S	ロスアンヘレス	64 B6	ワルダ	23 E4S
リヤオユワン[遼源]	11 F2	ルブアルハリ砂漠	26 I1-5S	ロス海	69 ②C2	ワルビス湾	30 E7
リヤザニ	52 G3N	ルフィジ川	30 G-H6S	ロスカティオス国立公園∴	63 B2	ワンカヨ	63 B4N
リヤド	26 H5N	ルーフォン[陸豊]	12 D6	ロスキレ	39 D2N	ワンガヌイ	25 G2
リヤホフ諸島	63 B-C2	ルブプ	49 K4S	ロスグラシアレス国立公園∴	64 B7-8	ワンチョウ[万州]	12 B4N
リャンガンド[両江道]	17 D-E2	ルブリン	32 L5S	ロスデスベントゥラドス諸島		ワンボー	30 E7
リャンシャン[梁山]	11 D3S	ルブンバシ	30 F7N		64 A-B5	【ン】	
リャンピン平原[両湖]	12 C4S	ルーマニア	44 H-I1	ロストク	34 G1	ンガウンデレ	30 E5
リヤン	33 C3	ルーマニア平原	44 H-I2N	ロストフ	52 G4	ンギグミ	30 E4S
リュイシュン[旅順]	11 E3	ルーラン	33 C3	ロストモチス	61 C3S	ングル	30 E4S
リュイター[旅大]→ターリエン[大連]		ルール川	34 E2	ローゼンハイム	34 G3S	ンジャメナ	30 E4S
	11 E3N	ルード	33 B5	ロゾー	62 L4S	ンドラ	30 F7N
		レオ	36 ②E2S	ロチェスター	60 G2		
				ロッキー山脈	55 C-F1-4		
				ロッキーマウンテン国立公園∴	55 E3S		
				ロックハンプトン	68 I4		

156

157 日本編（あい～おと）

日本の部　太字　都道府県名　太字　都道府県庁所在地

【あ】

見出し	名称	ページ・位置
あいおい	相生	86 A5
あいかわ	相川	97 ②A1S
あいかわ	愛川	103 D4S
あいさい	愛西	99 B3
あい島	相島	81 B4S
あいしょう	愛荘	88 H1N
あいずみ	藍住	84 F2S
あいだ	英田	82 H4N
あいち	**愛知**	**99 D-E3-4**
あいち用水	愛知用水	99 C4
あいづばんげ	会津坂下	101 D2S
あいづ盆地	会津盆地	101 D2-3
あいづみさと	会津美里	101 D3N
あいづわかまつ	会津若松	101 D3N
あいなん	愛南	83 C5N
あいの島	相島	77 B1S
あいの岳	間ノ岳	98 D5
あいべつ	愛別	118 F1N
あいら	姶良	76 D6
あおがしま	青ヶ島	74 ③B4
あおが島	青ヶ島	74 ③B4
あおき	青木	97 D4
あおきがはら樹海	青木ケ原樹海	102 B7N
あおき湖	青木湖	97 C3S
あお島	青島[宮崎]	76 E6
あお島	青島[愛媛]	83 B4S
あおね	青根	114 D6
あおもり	**青森**	**113 D-E1**
あおもり（平野）	青森	113 D1N
あか	赤	77 D2
あが	阿賀	101 C2
あかいがわ	赤井川	117 B2S
あかいし山脈	赤石山脈	98 D-E5
あかいし岳	赤石岳	98 D6N
あかいわ	赤磐	82 H4
あが（おお川）	阿賀川(大川)	101 D3
あかぎ山	赤城山	101 C4S
あかくら	赤倉	97 D3N
あかし（海峡）	明石	87 C-D3
あがつま（川）	吾妻	101 B4S
あがどまり	赤泊	97 ②A2
あがの	阿賀野	101 C2
あがの川	阿賀野川	101 C-D2
あかびら	赤平	117 E1S
あかゆ	赤湯	114 C6S
あかん湖	阿寒湖	118 I2N
あき	安芸	75 F1N
あき	安芸	84 E3S
あき川	秋川	114 D6
あきおおた	安芸太田	81 D4
あき川	秋川	103 C4N
あき川	秋川	103 D4N
あきた	**秋田**	**113 C3**
あきた（平野）	秋田	113 C3N
あきたかた	安芸高田	82 E4
あきつ	安芸津	82 E5
あき灘	安芸灘	83 B-C2S
あきみや	秋の宮	114 C5N
あきは山	秋葉山	98 C7N
あきもと湖	秋元湖	101 E2
あきよしどう	秋芳洞	81 B5
あきるの	あきる野	103 D4N
あぐい	阿久比	99 C4N
あぐに（島）	粟国	71 D6
あくね	阿久根	76 C5S
あげお	上尾	103 E3N
あけち	明智	99 E2S
あけち峠	明地峠	82 F3
あけの	明野	104 G2N
あけのべ	明延	85 B4
あけぼの	曙	98 C5
あこう	赤穂	86 A5
あこぎうら	阿漕浦	99 B5N
あご湾	英虞湾	86 F6
あさい	浅井	85 E4N
あさか	朝霞	103 E3S
あさか疏水	安積疏水	101 E3N
あさかわ	浅川	101 E3S
あさぎり		76 D5
あさぎりこうげん	朝霧高原	98 E6N
あさくさ岳	浅草岳	101 C3
あさくら	浅倉	77 C3
あさくら	朝倉	82 G4S
あさご	朝来	85 D4
あさひ	旭[島根]	81 D4N
あさひ	旭[愛知]	99 E3N
あさひ	旭[千葉]	104 I4N
あさひ	朝日[富山]	97 C3N
あさひ	朝日[長野]	97 C4
あさひ	朝日[三重]	99 B3S
あさひ	朝日[山形]	114 B6
あさひかわ	旭川	117 E1

見出し	名称	ページ・位置
あさひ川	旭川	82 G4
あさひ山地	朝日山地	114 B6
あさひ岳	朝日岳	114 B6
あさひ岳	旭岳→大雪山	118 F1
あさま山	浅間山	102 B5N
あしお	足尾	101 C4S
あしお山地	足尾山地	101-102 C-D4-5
あしかが	足利	103 D1
あしきた	芦北	76 C5
あじがさわ	鰺ヶ沢	113 C1N
あじ島	網地島	114 C6
あしずり岬	足摺岬	83 D5
あしたか山	愛鷹山	98 E6N
あしだ川	芦田川	82 F5N
あしの湖	芦ノ湖	102 B-C7
あしのまき	芦ノ牧	101 D3
あしべつ	芦別	117 E1S
あじむ	安心院	75 E3N
あしや	芦屋[福岡]	77 C1
あしや	芦屋[兵庫]	87 E3N
あしょろ	足寄	118 H2
あじろ	網代	98 F6S
あずさ川	梓川	97 C4
あそ	阿蘇	75 E4N
あそ山	阿蘇山	77 E5
あたかのせきあと	安宅関跡	85 E2N
あたがわ	熱川	98 F7
あだたら山	安達太良山	101 E2S
あだち	安達	101 E2S
あち	阿智	98 C6N
あっか洞	安家洞	113 F3N
あつぎ	厚木	103 D5N
あっけし（湖）	厚岸	118 ②J7S
あっさぶ	厚沢部	115 C5N
あづち	安土	88 H1
あづちおお島	安土の山大島	75 B2S
あび高原	安比高原	113 D2S
あつま	厚真	117 D3
あづま山	吾妻山	101 E2
あつみ	渥美	99 D5
あつみ	温海	114 B5S
あづみの	安曇野	97 C4
あつみ半島	渥美半島	99 D-E5
あつみ湾	渥美湾	99 D-E4S
あとう	阿東	81 C5N
あどがわ	安曇川	85 E4
あなぶき	穴吹	84 F2S
あなみず	穴水	97 A2
あなん	阿南[徳島]	84 G3N
あなん	阿南[長野]	98 C6
あばしり	網走	116 G2S
あびこ	我孫子	104 G3
あびら	安平	117 D3
あぶ	阿武	81 B4S
あぶ武川	阿武武川	81 B-C5N
あぶくま川	阿武隈川	114 D-E6S
あぶくま高地	阿武隈高地	112 D5-6
あぶくま洞	あぶくま洞	101 E3N
あぶた	虻田	117 B3S
あぶらつ	油津	76 E6S
あべ川	安倍川	98 D7N
あぼう峠	安房峠	97 C4
あま		99 C4N
あま	海士	82 ②B1
あまがさき	尼崎	88 E3N
あまかざり山	雨飾山	97 C3N
あまがせ	天瀬	77 E3S
あまぎ	天城	76 ④A2
あまぎ	甘木	77 C3
あまぎ山	天城山	98 F7
あまくさ（諸島）	天草	76 C5N
あまくさ灘	天草灘	76 C-5N
あまつこみなと	天津小湊	102 E7S
あまのかぐ山	天香久山	93 ②B3N
あまのはしだて	天橋立	85 C3S
あまみ	奄美	76 ④B1
あまみおお島	奄美大島→大島	
あまみ群島	奄美群島	71 E5-6
あまるめ	余目	114 B5S
あみ	阿見	104 G2S
あや	綾	76 E5-6
あやべ	綾部	84 G2
あやせ	綾瀬	103 D5
あやべ	綾部	85 C3N
あらい	新井	97 C3S
あらい	新居	98 C7
あらいせきあと	新居関跡	98 C7
あらお	荒尾	77 B5N
あらかわ	荒川	114 A6S
あらかわ岳	荒川岳	98 D5-6
あらしやま	嵐山	88 F1S

見出し	名称	ページ・位置
あらちのせきあと	愛発関跡	85 E3S
ありあけ海	有明海	77 B4-5
ありえ	有家	75 C4S
ありた	有田	75 B3
ありだ（川）	有田	86 C6S
ありだがわ	有田川	86 C6S
ありま	有馬	87 E2S
あわ	阿波	84 F2S
あわじ	淡路	87 C4N
あわじ島	淡路島	87 C4
あわ島	粟島	114 A6N
あわしまうら	粟島浦	114 A6N
あわづ	粟津	85 E2
あわら		85 E2
あんじょう	安城	99 D4N
あんど	安堵	88 G3
あんなか	安中	102 B5
あんぱち	安八	99 B2

【い】

見出し	名称	ページ・位置
いいおか	飯岡	102 F6
いいざか	飯坂	101 E2
いいじま	飯島	98 C5
いいだ	飯田	98 C5S
いいたて	飯舘	101 F2
いいづか	飯塚	77 C2
いいづな	飯綱	97 D3
いいづ山	飯縄山	97 D3
いいで	飯豊	114 B6S
いいで山	飯豊山	114 B7
いいで山地	飯豊山地	114 B7
いいなん	飯南	82 E3-4
いいやま	飯山	97 D3N
いえ（島）	伊江	70 ①B2N
いえしま諸島	家島諸島	87 A-B3
いおう島	硫黄島	74 ④B6
いが	伊賀	86 E5
いかさき	五十崎	83 C5S
いかた	伊方	83 B4N
いかほ	伊香保	101 B4-5
いかりがせき	碇ヶ関	113 D2N
いかり湖	五十里湖	101 D4N
いかるが	斑鳩	88 F3
いかわ	井川	113 C3N
いき（水道）	壱岐	75 B2
いきつき（島）	生月	75 A3N
いくさか	生坂	97 C4N
いくち島	生口島	82 F5
いくの	生野	87 C1N
いくのぎんざん	生野銀山	87 C1N
いくの洞	井倉洞	82 G4N
いけがみそねいせき	池上曽根遺跡	88 E4N
いけ島	池島	75 B4
いけだ	池田[徳島]	84 E2S
いけだ	池田[香川]	84 F2N
いけだ	池田[福井]	85 E3N
いけだ	池田[大阪]	88 E2
いけだ	池田[長野]	97 C4N
いけだ	池田[岐阜]	99 B2N
いけだ	池田[北海道]	118 G3N
いけだ湖	池田湖	76 D7
いけのたいら	池の平	97 D3
いこま（山地）	生駒	88 F3
いさ	伊佐	76 D5S
いさはや	諫早	75 C4
いさわ	胆沢	114 E4
いさわ	石和	102 B6S
いさわじょうあと	胆沢城跡	114 E4
いしい	石井	84 F2S
いしうち	石打	101 B4N
いしおか	石岡	104 H2
いしがき（島）	石垣	71 C7S
いしかり	石狩	117 C2
いしかり川	石狩川	117 C2
いしかり山地	石狩山地	118 F-G1S
いしかり岳	石狩岳	118 G1S
いしかり平野	石狩平野	117 D2-3
いしかり湾	石狩湾	117 C2
いしかわ	**石川**	**97 A3N**
いしかわ	石川[沖縄]	70 ①B3
いしかわ	石川[福島]	101 E3
いしげ	石下	104 F2
いしづち山	石鎚山	83 D3
いしのまき（湾）	石巻	114 E6N
いしばし	石橋	102 D5N
いしぶたいこふん	石舞台古墳	88 G4N
いじゅういん	伊集院	76 C6
いず・おがさわら海溝	伊豆・小笠原海溝	74 ④B-C2-4

見出し	名称	ページ・位置
いず諸島	伊豆諸島	74 ③B2-
いずながおか	伊豆長岡	98 E6S
いず沼	伊豆沼	114 E
いずのくに	伊豆の国	98 E6S
いず半島	伊豆半島	98 E
いすみ		102 E
いすみ（川）	夷隅	102 E
いずみ	出水	76 C5S
いずみ	和泉	88 E4N
いずみおおつ	泉大津	88 E4N
いずみさき	泉崎	101 E
いずみの泉佐野	泉佐野	87 D4S
いずみ山脈	和泉山脈	87-88 D-E4S
いず（平野）	出雲	82 E
いずもこくぶんじあと	出雲国分寺跡	82 E2N
いずもざき	出雲崎	101 B2S
いせ	伊勢	99 B6N
いせさき	伊勢崎	103 C
いせな（島）	伊是名	71 D5
いたくら	板倉	103 E2N
いたこ	潮来	104 I3N
いたづけいせき	板付遺跡	77 C2
いたの	板野	84 F1
いたみ	伊丹	88 E2S
いたや峠	板谷峠	114 C6
いたやなぎ	板柳	113 C
いちかい	市貝	101 E4S
いちかわ	市川[兵庫]	87 C2N
いちかわだいもん	市川大門	102 A6S
いちかわみさと	市川三郷	102 A-B6S
いちきくしきの	いちき串木野	76 C6
いちじょうだにあさくらしいせき	一乗谷朝倉氏遺跡	85 E3N
いちのせき	一関	114 E5N
いちのへ	一戸	113 E2
いちのみや	一の宮	75 E4N
いちのみや	一宮[愛知]	99 C2S
いちのみや	一宮[千葉]	104 H3
いちのみや	一迫	114 E5
いちはら	市原	104 G4-5
いちのみや	市比野	76 D6N
いつかいち	五日市	103 C4N
いつき	五木	76 D5N
いつくしま	厳島	81 D5
いっしき	一色	99 D4S
いづはら	厳原	75 ②A2
いで	井手	88 F2S
いといがわ	糸魚川	97 C2S
いとう	伊東	98 F7N
いとしま	糸島	77 A2
いとしま半島	糸島半島	77 A2
いとだ	糸田	77 D2
いとまん	糸満	70 ①A4N
イトムカ		118 G
いな	伊奈[埼玉]	103 E2-3
いな	伊奈[茨城]	104 G3N
いな（盆地）	伊那	98 C5
いながわ	猪名川	88 E2N
いなぎ	稲城	103 E4
いなざわ	稲沢	99 C3N
いなしき	稲敷	104 H3N
いなぎ	稲築	77 C2
いなとり	稲取	98 F7
いなべ		99 B3
いなみ	印南	87 C3N
いなみ	稲美	87 C3N
いなみの	印南野	87 A3S
いなわしろ	猪苗代	101 E2S
いなわしろ湖	猪苗代湖	101 E3N
いぬぼう埼	犬吠埼	102 F2
いぬやま	犬山	99 C2
いね	伊根	85 C3N
いの		83 D3S
いばら	井原	82 F4S
いばらき	茨木	88 E2
いばらき	**茨城**	**104 G2N**
いばらき	茨城	104 H1S
いび川	揖斐川	98 A6N
いびがわ	揖斐川	99 B3-4
いぶき山	伊吹山地	85 E4
いぶき山地	伊吹山地	85 E4N
いぶすき	指宿	76 D7
いへや（島）	伊平屋	71 D-E6
いまいち	今市	101 D4N
いまかね	今金	115 C4
いまづ	今津	85 E3S
いまばり	今治	83 C2S

158

いまべつ 今別 111 D1
いまり 伊万里 75 B3
いみず 射水 97 B3
いむた池 藺牟田池 76 C6
いやけい 祖谷渓 84 E3N
いよ 伊予 83 C3
いよなだ 伊予灘 83 B3S
いよみしま 伊予三島 83 B3S
いよご水道 伊良湖水道 99 C-D5
いらご岬 伊良湖岬 99 C-D5
いらぶ 72 ④A2
いらぶ島 伊良部島 71 C7
いりおもて島 西表島 71 B7S
い(川)入川 103 D3
いろう崎 石廊崎 98 E7S
いわい 岩井 104 F2S
いわいずみ 岩泉 113 F3
いわき 101 F3S
いわき山(川) 岩木山 113 C1
いわくに 岩国 81 D6
いわくら 岩倉 99 C2S
いわじゅくいせき 岩宿遺跡 102 C5S
いわすげ山 岩菅山 97 E3
いわせ 岩瀬 104 G1N
いわせせんづかふんぐん 岩橋千塚古墳群 87 D5N
いわた 磐田 98 C7
いわつき 岩槻 104 E3N
いわて 岩手 113 E-F3S
いわて 岩手 113 E3N
いわで 岩出 87 E4S
いわてやま 岩手山 113 D-E3
いわない 岩内 117 B3N
いわぬま 岩沼 114 D6S
いわふね 岩舟 103 E1
いわふねあと 磐舟柵跡 114 A6
いわみ 石見 81 D4N
いわみ 岩美 82 H2S
いわみぎんざんいせき 石見銀山遺跡 81 D3
いわみ高原 石見高原 81 D-E3-4
いわみざわ 岩見沢 117 D2
いわや渓 磐窟渓 104 G3
いんざい 印西 75 E3N
いんない 院内 75 E3N
いんのしま 因島 82 F5
いんば(沼) 印旛 104 G3S

【う】
うえき 植木 81 D3
うえだ(盆地) 上田 97 D4N
うえの 上野[三重] 88 H2S
うえの 上野[群馬] 102 B5
うえのはら 上野原 77 C5
うえのはらいせき 上野原遺跡 76 D6
うえの盆地 上野盆地 88 H2-3
うおず 魚津 97 K3
うおつり島 魚釣島 71 B7N
うおぬま 魚沼 101 B3
うおぬま丘陵 魚沼丘陵 101 B-C3
うき 宇城 75 D4S
うき 宇城 77 D3
うく(島) 宇久 76 ③B1N
うぐいすざわ 鶯沢 114 D5N
うけん 宇検 76 ④B1
うご 羽後 114 C4
うさ 宇佐 75 E2S
うじ 宇治 88 G2
うじいえ 氏家 101 D4
うじがわ 宇治川 88 G2
うじたわら 宇治田原 88 G2
うしく 牛久 77 D3-4
うしぶか 牛深 76 C5
うしまど 牛窓 82 H4S
うすい 碓氷 77 C2
うすい峠 碓氷峠 102 B5
うすき(湾) 臼杵 75 F4
うすきまがいぶつ 臼杵磨崖仏 75 F3S
うすざん 有珠山 117 B3S
うすじお 牛涎 87 B4S
うだ 宇陀 88 G3S
うたしない 歌志内 117 E1S
うたつ 歌津 114 F5
うたづ 宇多津 84 E2S
うち 内 97 E2
うちうら湾 内浦湾 117 B4
うちこ 内子 83 C3S
うちなだ 内灘 97 A3
うちぬま 内沼 114 E5
うちのみ 内之浦 76 E7
うちのみ 内海 84 F2N
うつくしが原 美ケ原 97 C-D4
うつのみや 宇都宮 101 D3S
うと 宇土 75 D4
ウトナイ湖 117 D2

う山 有度山 98 D7N
ウトロ 116 G2S
うなづき 宇奈月 97 C3N
うねび山 畝傍山 93 ②B3N
うぶやま 産山 75 E4N
うべ(岬) 宇部 81 B6N
うまじ 馬路 84 F3S
うみ 宇美 77 C2S
うやむやせきあと 有耶無耶関跡 [山形・秋田] 114 B4
うやむやせきあと 有耶無耶関跡 [山形・宮城] 114 C6
うらうす 浦臼 117 D2N
うらが 浦賀 102 D7
うらが水道 浦賀水道 102 D7
うらかわ 浦河 118 F2S
うらそえ 浦添 70 ①A4N
うらほろ 浦幌 118 H3
うらわ 浦安 104 F4
うらわ 浦和 103 E3
うりづら 瓜連 101 E5N
うりゅう 雨竜 98 C6
うりゅうぬま湿原 雨竜沼湿原 117 D1
うるぎ 売木 98 C6
うるま 76 ①B3
うれしの 嬉野 75 C3S
うわ 宇和 83 C4N
うわ海 宇和海 83 B4
うわじま 宇和島 83 C4
うわじま湾 宇和島湾 83 B4
うんぜん(岳) 雲仙 75 C4
うんなん 雲南 82 E3

【え】
えい 頴娃 76 C7
えいへいじ 永平寺 85 E2S
えさし 江刺 114 E4
えさし 江差 115 C5N
えさし 枝幸 116 E2N
えさん(山) 恵山 117 C5
えたじま 江田島 82 E5
えたふなやまこふん 江田船山古墳 77 C5N
えちがわ 愛知川 88 H1
えちご山脈 越後山脈 101 B-D2-4
えちご平野 越後平野 101 B-C1-2
えちぜん 越前 85 E3N
えちぜん岬 越前岬 85 D3N
えづりこ 江釣子 114 E4
えど川 江戸川 104 F4
えどさき 江戸崎 104 H3N
えな 恵那 99 E2N
えにわ 恵庭 117 D3
えにわ岳 恵庭岳 117 C3
えの栄ノ尾 76 D6N
えの島 江の島 104 D5S
えの島 江島 114 F6N
えび 海老名 103 D5S
えびの 76 D5S
えひめ 愛媛 83 C3S
えべつ 江別 117 D2S
えむかえ 江迎 75 B3
えりも 118 G4S
えりも岬 襟裳岬 118 G5
えんがる 遠軽 116 F2S
えんざん 塩山 102 B6
えんしゅう灘 遠州灘 99 D-E5
えんべつ 遠別 115 D2N
えんりゃくじ 延暦寺 88 G1

【お】
おあかん岳 雄阿寒岳 118 I2N
おいがみ 老神 101 C4
おいらせ 116 E1S
おいらせ川 奥入瀬川 113 E-F1
おいらせ渓流 奥入瀬渓流 113 D1S
おう山脈 奥羽山脈 113-114 D2-7
おうぎの山(せん) 扇ノ山 82 H3N
おうさかのせきあと 逢坂の関跡 88 G2N
おうじ 王寺 88 F3
おうしゅう 奥州 114 E4
おうしゅく 鶯宿 113 D3
おうたき 王滝 98 D5
おうち 相知 75 C3N
おうみ 近江 85 E4
おうみ 青海島 81 B5N
おうみはちまん 近江八幡 88 H1
おうみ盆地 近江盆地 88 E4
おうむ 雄武 116 E2
おうめ 青梅 103 D3S
おうら 邑楽 103 D1S

おおあみしらさと 大網白里 104 H4S
おおあらい 大洗 104 I1
おおい 大井 103 C5
おおいがわ 大井川 98 D7
おおい川 大井川 98 D7
おおい川 大堰川 88 F1
おおいしだ 大石田 114 C5
おおいずみ 大泉 103 D2N
おおいそ 大磯 103 D5S
おおいた 大分 75 E-F3
おおいた(平野) 大分 75 F3
おおえ 大江 114 C6
おおえ(山) 大江 85 C4N
おおがき 大垣 81 D5
おおがた 大潟 85 E4N
おおがた 大潟 113 B2S
おおかわ 大川[福岡] 77 B4N
おおかわ 大川[高知] 83 D3
おおかわ 大川[香川] 84 F2
おおがわら 大河原 114 D6S
おおぎみ 大宜味 70 ①C2N
おおくち(盆地) 大口 76 D5S
おおくま 大熊 101 F3N
おおくら 大倉 99 C2
おおくわ 大桑 98 C5
おおご 大胡 102 C5N
おおこうづぶんすいろ 大河津分水路 101 B2
おおさか 大阪 88 E4N
おおさか 大阪 88 F4N
おおさかへいや 大阪平野 88 E-F3-4
おおさか湾 大阪湾 87 D-E5
おおさき 大崎[鹿児島] 76 D-E7N
おおさき 大崎[宮城] 114 D5S
おおさきかみじま 大崎上島 114 E6
おおさと 大郷 114 E6
おおさわの 大沢野 97 B3S
おおしま 大島 98 D5
おおしま 大島[東京] 74 ③B2N
おおしま 大島(紀伊大島) 86 D8
おおしま 大島[北海道] 115 B5
おおしま 大島[福岡] 77 B4N
おおず 大洲 83 C3-4
おおすみ 大隅 76 D6S
おおすみ海峡 大隅海峡 72 F4
おおすみ諸島 大隅諸島 72 F4S
おおすみ半島 大隅半島 76 D7
おおせと 大瀬戸 75 B4N
おおぞら 大空 118 I1N
おおた 太田 103 D1
おおだ 大田 81 D3
おおだい 大台 86 E6N
おおだいがはら山 大台ケ原山 86 E6
おおた川 太田川 81 D4S
おおたき 大滝[埼玉] 103 B3N
おおたき 大滝[秋田] 113 D2
おおたき 大滝[北海道] 117 C3
おおたき 大多喜 104 G5S
おおたけ 大竹 81 D5
おおだて(盆地) 大館 113 D2
おおたま 大玉 101 E2S
おおたわら 大田原 101 E4N
おおつ 大津 88 G1S
おおつき 大月[高知] 83 C5
おおつき 大月[山梨] 103 B4
おおとう 大任 77 D2
おおとね 大利根 103 D2
おおとねようすい 大利根用水 104 I3-4
おおとよ 大豊 83 E3
おおなん 邑南 81 D4N
おおねじめ 大根占 76 D7
おおの 大野[大分] 75 E3S
おおの 大野[広島] 81 D5
おおの 大野[福井] 85 E3N
おおの 大野[岐阜] 99 B2N
おおのじょう 大野城 77 B2S
おおのはら 大野原 111 E1N
おおはら 大原[岡山] 82 H3S
おおはら 大原[千葉] 102 E7
おおはた 大畑 113 D1N
おおはら 大原 102 B3
おおひら 大平 98 E6S
おおひら 大平 104 D6N
おおぶ 大府 99 C3S
おおふなと 大船渡 114 F4-5
おおふなといせき 大船遺跡 117 B5N

おおま 大間 111 D1N
おおまがり 大曲 113 C4N
おおま崎 大間崎 111 D1N
おおまち 大町[佐賀] 75 C3
おおまち 大町[長野] 97 C3-4
おおま湾 大間湾 102 C5N
おおまる 大丸 101 D3
おおみしま 大三島 83 C2
おおみなと湾 大湊湾 111 E1
おおみや 大宮[京都] 85 C3S
おおみや 大宮[埼玉] 103 E3
おおむた 大牟田 77 B4S
おおむら(湾) 大村 75 B4N
おおむろ山 大室山 98 F7N
おおもり 大森 113 C4
おおやまがいぶつ 大谷磨崖仏 101 D4S
おおやまざき 大山崎 88 F2
おおよど 大淀 88 G4
おおよど川 大淀川 76 E-F6
おおわに 大鰐 113 D1S
おが(半島) 男鹿 113 B3N
おがき 岡垣 77 C1
おがさ 小笠 98 D7
おかざき 岡崎 99 D4N
おかざき平野 岡崎平野 99 D4
おがさわら諸島 小笠原諸島 74 ④B4-6
おがた 緒方 75 E4N
おがつ 雄勝 114 E5S
おが半島 男鹿半島 113 B2
おかべ 岡部[静岡] 98 D7N
おかべ 岡部[埼玉] 103 C2N
おがみ湖 104 D4S
おかやま 岡山 82 G-H4N
おかやま 岡山 82 G4
おかやま平野 岡山平野 82 G-H4S
おがわ 小川[熊本] 75 D4S
おがわ 小川[長野] 97 C3S
おがわ 小川[栃木] 101 E4
おがわ 小川[埼玉] 103 D2S
おがわら 小川原湖 111 E1
おが湖 75 C3
おぎ 小木 97 ②A2S
おぎ 小城 84 F2N
おき諸島 隠岐諸島 82 ②B1
おきだいとう島 沖大東島 6 D7N
おきなわ 沖縄 70 ①C1-2
おきなわ 沖縄 70 ①B5
おきなわ島 沖縄島 71 E6S
おきえらぶ島 沖永良部島 71 E6
おきのしま 隠岐の島 82 ②B1
おきの島 沖ノ島 73 D7S
おきのとり島 沖ノ鳥島 6 E7S
おく 邑久 82 H4
おくいずも 奥出雲 82 F3
おくしり 奥尻 115 B4S
おくしり島 奥尻島 115 B4S
おくただみ湖 奥只見湖 101 C3S
おくたま(湖) 奥多摩 103 C3S
おくつ渓 奥津渓 82 G3
おぐに 小国[熊本] 77 E4
おぐに 小国[山形] 114 B6S
おけがわ 桶川 103 E2-3
おけと 置戸 118 H1
おけはざま 桶狭間 99 C3
おごうちダム 小河内ダム 103 C3
おごおり 小郡[福岡] 77 C3
おごおり 小郡[山口] 81 B5S
おごえ 越生 103 D3
おこついせき 興津遺跡 118 I3N
おこと 興部 116 F2
おごと 雄琴 88 G1
お崎 尾崎 114 F4
おさふね 尾船 82 H4
おさりざわ 尾去沢 113 D2
おしか半島 牡鹿半島 114 E-F6
おしの 忍野 98 D5
おしま半島 渡島半島 117 A-B4-3
おしゃまんべ 長万部 117 A3S
おしょろざん 御ймат寒山 102 B5S
おぜがはら 尾瀬ヶ原 101 C4N
おぜぬま 尾瀬沼 101 C4N
おそれ山 恐山 111 E1
おた 織田 85 E3N
おだ 小高 101 F2-3
おたに 小谷 97 C3
おたる 小樽 117 B2
おちあいだわら 小田原 102 C5-6
おち 越知 83 D3S
おちあい 落合 76 ③B1N
おぢか島 小値賀島 76 ③A-B1
おち島 小値賀島 101 B3-4
おっぱ湾 追波湾 114 F5S
おといねっぷ 音威子府 115 E2N
おとしべ 音更 118 G3N
おとべ 乙部 115 C5N
おとめ峠 乙女峠 103 B5S

159 日本編（おと〜さの）

おとわ 音羽	99 E4
おながわ 女川	114 E6N
おなはま 小名浜	101 F4N
おにこうべ 鬼首	114 D3N
おにし 鬼石	103 C2
おにのしたぶるい 鬼の舌震	82 F3
おの 小野[兵庫]	87 C2
おの 小野[福島]	101 F3
おのだ 小野田[山口]	81 B5S
おのだ 小野田[宮城]	114 D5S
おのみち 尾道	82 F5N
おばた 小俣	99 B5S
おばなざわ 尾花沢	114 C5S
おばま 小浜[長崎]	75 C4S
おばま(湾) 小浜[福井]	85 D4N
おび 飫肥	76 E6S
おびつがわ 小櫃川	104 F5
おびひろ 帯広	118 G3N
おびら 小平	115 D2S
おぶせ 小布施	97 C3N
おふゆざき 雄冬岬	117 C1
おまえざき 御前崎	98 D7N
おみ 麻績	97 D4N
おみがわ 小見川	104 I3
おみたま 小美玉	104 H2N
おもご渓 面河渓	83 D3
おものがわ 雄物川	114 C5S
おもの川 雄物川	113 B-C3
おやしらず 親不知	97 C3N
おやべ 小矢部	97 A3
おやま 小山[静岡]	103 B5
おやま 小山[栃木]	104 F1
おろの島 小呂島	75 C2
おわせ(湾) 尾鷲	86 E6S
おわりあさひ 尾張旭	99 D3N
おんが 遠賀	77 C1
おんが川 遠賀川	77 C1N
おんじゅく 御宿	102 E7
おん岳(きた岳) 御岳(北岳)	76 D6S
おんたけ山 御嶽山	98 B5N
おんど大橋 音戸大橋	81 E5S
おんな 恩納	70 ①B3N

【か】

かい 甲斐	102 B6
かいがら 貝殻島	116 I3
かいけ 皆生	82 F3N
かいしょの森 海上の森	99 D3N
かいせい 開成	103 C5
かいた 海田	81 E5N
かいづ 海津	99 B3N
かいづか 貝塚	87 E4N
かいなん 海南	87 D5
かいもん岳 開聞岳	76 D7
かいよう 海陽	84 F3S
かおちだに 香落渓	88 H3
かが 加賀	85 E2
かがみ 鏡	76 D4S
かがみいし 鏡石	101 E3
かがみがはら 各務原	99 C2
かがみの 鏡野	82 G3S
かがわ 香川	84 F2
かきざき 柿崎	97 C2N
かくい島 鹿久居島	82 H4
かくだ 角田	114 D7N
かくのだて 角館	113 D3S
かけ 加計	81 D4
かけがわ 掛川	98 C7
かけゆ 鹿教湯	97 C4N
かけろま島 加計呂麻島	76 ④B1
かこ川 加古川	87 C2S
かこがわ 加古川	87 C3N
かごさか峠 籠坂峠	103 B5
かごしま 鹿児島	76 C-D6
かごしま 鹿児島	76 D6S
かごしま湾 鹿児島湾	76 D7
かさい 加西	87 C2
かさおか 笠岡	82 G4S
かさかけ 笠懸	103 D1N
かさぎ(山) 笠置	88 G2S
かさぎ山地 笠置山地	88 G3
かさど島 笠戸島	81 C6
かさのはら 笠野原	76 D7N
かさはら 笠原	99 D2S
かさま 笠間	104 H1
かざまうら 風間浦	111 D1N
かさまつ 笠松	99 C2
かし 甲子	101 D3
かじか 鰍沢	102 A6S
かじき 加治木	76 D6
かしば 香芝	88 F3S
かしはら 橿原	88 G3S
かしま 嘉島	75 D4
かしま 鹿島[佐賀]	75 C3S
かしま 鹿島[島根]	82 E2S
かしま 鹿島[石川]	97 A3N
かしま 鹿島[福島]	101 F2
かしま 鹿嶋	104 I3N
かしま灘 鹿島灘	104 I2
かしまやりが岳 鹿島槍ケ岳	97 C3S
かしわ 柏	104 F3
かしわざき 柏崎	101 B3
かしわら 柏原	88 F3N
かすが 春日	77 B2S
かすがい 春日井	99 D3N
かすかべ 春日部	104 E-F3N
かすが山 春日山	93 ②C1
かすがやまじょうあと 春日山城跡	97 D2
かすみ 香住	85 B3
かすみうら 霞ケ浦	104 G2
かすみがうら 霞ケ浦	104 H2S
かすや 粕屋	77 B2
かせだ 加世田	76 C7N
かぞ 加須	103 E2
かそりかいづか 加曽利貝塚	104 G4
かたがみ 潟上	113 C3N
かたしな(川) 片品	101 C4
かたの 交野	88 F2S
かたやまづ 片山津	85 E2
かつうら 勝浦[徳島]	84 G3N
かつうら 勝浦[千葉]	102 E7
かづさ 加ー佐	75 C4S
がつ 月山	114 C5S
かつぬま 勝沼	102 B6
かづの 鹿角	113 D2
かつら 桂	98 A4S
かつらお 葛尾	101 F2S
かつら川 桂川	103 C4
かつらぎ 葛城	88 F4S
かつらぎ 葛城	88 F4N
かつらぎ山 葛城山[大阪・和歌山]	88 E4
かつらぎ山 葛城山[大阪・奈良]	88 F4N
かつらはま 桂浜	83 E4N
かでな 嘉手納	70 ①B3
かとう 加東	87 C2
かどがわ 門川	76 F5N
かどま 門真	88 F3N
かとり 香取	104 I3
かながわ 神奈川	103 C5
かなぎ 金木	111 D2N
かなさごう 金砂郷	101 E4S
かなざわ 金沢	97 A3S
かなざわ平野 金沢平野	97 A3-4
かなづ 金津	85 E2
かなや 金屋	86 C6S
かなや 金谷[静岡]	98 D7
かなや 金谷[千葉]	102 D7
かなやま 金山	98 B5N
かなん 河南[大阪]	88 F4N
かなん 河南[宮城]	114 E5S
かに 可児	99 D2
かにえ 蟹江	99 C3
かにた 蟹田	111 D1S
かぬま 鹿沼	101 D4S
かねがさき 金ケ崎	114 E4
かねざわのさくあと 金沢柵跡	113 D4
かねやま 金山[福島]	101 D3N
かねやま 金山[山形]	114 C5N
かの山 鹿野山	102 D7
かの川 狩野川	98 E6S
かのや 鹿屋	76 D7
かほ 嘉穂	77 C2S
かほく 河北[山形]	114 C6N
かほく 河北[宮城]	114 E5S
かほくがた 河北潟	97 A3N
かま 嘉麻	77 C2S
かまいし 釜石	114 F4
かまえ 蒲江	75 F4
かまがや 鎌ケ谷	104 G3S
かまくら 鎌倉	103 E5S
がまごおり 蒲郡	99 D4
かまなし川 釜無川	102 A6
かみ 香美[高知]	83 E3S
かみ 香美[兵庫]	85 B3
かみ 加美	114 D5S
かみあまくさ 上天草	75 C4S
かみいそ 上磯	117 B5
かみいた 上板	84 F2
かみいち 上市	97 B3
かみおか 神岡	97 D4N
かみかつ 上勝	84 F3N
かみかまがり島 上蒲刈島	82 F5N
かみかわ 神川	87 B3
かみかわ 上川	118 F1
かみかわ盆地 上川盆地	117-118 F1
かみきたやま 上北山	88 G5
上黒岩岩陰遺跡	83 D3
かみこあに 上小阿仁	113 C2S
かみごおり 上郡	86 A5
かみこしき島 上甑島	76 B6
かみさと 上里	103 C1-2
かみしほろ 上士幌	118 G2
かみじま 上島	83 D2
かみす 神栖	104 I3
かみすながわ 上砂川	117 D2N
かみとんだ 上富田	86 C7
かみのかわ 上三川	102 D5N
かみのくに 上ノ国	115 C5
かみのせき 上関	81 D6
かみのやま 上山	114 C6S
かみはやし 神林	114 A6
かみふくおか 上福岡	103 E3S
かみふらの 上富良野	118 E2N
かみ峰 上峰	77 B3
かみやま 神山	84 F3N
かみやまだ 上山田	97 D4N
かみゆうべつ 上湧別	116 F2S
かむいこたん 神居古潭	117 E1
かむい岬 神威岬	117 A2
かむろ山 神室山	114 C5
かめおか 亀岡	88 F1S
かめだ 亀田	101 C6
かめだ半島 亀田半島	117 B-C5
かめやま 亀山	86 E5N
かも 加茂	88 G2
かもいわくらいせき 加茂岩倉遺跡	82 E3
かもう 蒲生	76 D6
かもえない 神恵内	117 A2
かもがた 鴨方	82 G4S
かもがわ 鴨川	102 E7S
かもだ岬 蒲生田岬	84 G3
かもと 鹿本	77 C4-5
かや 加悦	85 C3S
かよう 賀陽	82 G4
からくに岳 韓国岳	76 D6N
からくわ 唐桑	114 F5N
からす 香良洲	99 B5
からすやま 烏山	101 E4
からつ 唐津	75 B3N
かりかち峠 狩勝峠	118 F2S
かりさか峠 雁坂峠	103 B3
かりや 刈谷	99 D4N
かりわ 刈羽	101 B3
かるいざわ 軽井沢	97 E4
かるまい 軽米	113 E2
かわい 川合	88 F3
かわい 川井	113 F3S
かわうち 川内[愛媛]	83 C3
かわうち 川内[福島]	101 F3
かわうち 川内[青森]	111 E1
かわかみ 川上[奈良]	88 G4
かわかみ 川上[長野]	98 E5N
かわきた 川北	97 A4N
かわぐち 川口[新潟]	101 B3
かわぐち 川口[埼玉]	104 E3S
かわぐち湖 河口湖	103 A-B4S
かわげ 河芸	99 B4S
かわごえ 川越[三重]	99 B3S
かわごえ 川越[埼玉]	103 D3
かわさき 川崎[福岡]	77 D2N
かわさき 川崎[神奈川]	104 E4S
かわさき 川崎[宮城]	114 D6
かわさと 川里	103 E2
かわじ 川治	101 D4N
かわじま 川島	103 D3N
かわたな 川棚[長崎]	75 B3S
かわたな 川棚[山口]	81 A5S
かわち 河内	104 G3
かわちながの 河内長野	88 F4N
かわづ 河津	98 E7
かわなかじま 川中島	97 D3S
かわなべ 川辺	76 D7
かわにし 川西[兵庫]	88 G3
かわにし 川西[奈良]	88 G3
かわにし 川西[山形]	114 C6N
かわね 川根	98 D7N
かわねほんちょう 川根本町	98 D6S
かわの江 川之江	83 E2S
かわば 川場	101 C4
かわほく 川北	101 D2N
かわまた 川俣[栃木]	101 C4
かわまた 川俣[福島]	101 F2
かわみなみ 川南	76 E5
かわもと 川本	81 D-E4N
かわら 香春	118 I1
かわら 香春	77 D2
かんおんじ 観音寺	83 E2
かんけい 寒霞渓	84 F1S
かんぎえんあと 咸宜園跡	77 D3
かんざき 神崎	77 B3S
がんじょうじゅりくち 鑑真上陸地	76 C7
かんだ 苅田	77 D1S
かんとう山地 関東山地	103 A-C3-4
かんとう平野 関東平野	103-104 E-G2S
かんな 神流	103 C2
かんなべ 神辺	82 F4S
かんなべやま 神鍋山	85 B3S
かんなみ 函南	98 E6
かんなわ 鉄輪	75 E2
かんのんざき 観音崎	102 C7
かんばら 蒲原	98 E6
かんぷう山 寒風山	113 B3N
かんまき 上牧	88 F3
かんむり山 冠山	81 D5N
かんむりやま山地 冠山山地	81 C-D4-2
かんもん海峡 関門海峡	81 B6N
かんら 甘楽	102 B

【き】

きい山地 紀伊山地	86 D-E6-2
きい水道 紀伊水道	86 B6-2
きい半島 紀伊半島	86 C-E6S
きいれ 喜入	76 D7
きかい 喜界	71 E5S
きかい島 喜界島	71 E5S
きくがわ 菊川	98 D7
きくすい 菊水	77 C5N
きくち 菊池	77 D5N
きく平野 菊池平野	77 E
きく半島 企救半島	77 E
きくよう 菊陽	103
きさい 騎西	103
きさかた 象潟	114 B5
きざき湖 木崎湖	97 C3S
きさらづ 木更津	104 F5
きしがわ 貴志川	87 E5N
きじまだいら 木島平	97 D2
きじょう 木城	76 E4N
きしわだ 岸和田	88 E4N
きすき 木次	82 E3
きた 北[本町]	98 C5N
きそ 木曽	97 C5N
きそ川 木曽川	99 C3-4S
きそさき 木曽岬	99 B3
きそ山脈 木曽山脈	98 C5-6
きたあいくしま 北福島	98 E4S
きたあきた 北秋田	113 C2
きたアルプス 北アルプス→飛騨山脈
きたいばらき 北茨城	97 C-2
きたうら 北浦	104 I2-3
きたかた 喜多方	101 D2N
きたがた 北方	99 B2
きたかみ 北上	114 E4
きたかみ川 北上川	114 E4
きたかみ高地 北上高地	113 E3-5
きたかみ盆地 北上盆地	113-114 E3-4
きたがわ 北川	84 F4N
きたかわべ 北川辺	103 E2
きたきゅうしゅう 北九州	77 D1
きたごう 北郷	76 E6
きたこがねかいづか 北黄金貝塚	117 B4N
きたしおばら 北塩原	101 D2
きたじま 北島	84 G2S
きただいとう(島) 北大東	72 F6-7
き岳 北岳(白根山)	98 B5
きたなぐすく 北中城	70 ①B3S
きたなごや 北名古屋	99 C3N
きたひろしま 北広島[広島]	81 E4
きたひろしま 北広島[北海道]	117 D3N
きたまつうら半島 北松浦半島	75 B3
きたみ(盆地) 北見	118 H1
きたみ山地 北見山地	115-116 E-F2-3
きたもと 北本	103 E2S
きたやま 北山	86 D7N
きたん海峡 紀淡海峡	87 C4-5
きづ川 木津川	88 F-G2
きづ川 木津川	88 F-G2
きつき 杵築	75 F3N
きづくり 木造	113 C1N
きついれん 喜連川	101 E4
きとうし山 喜登牛山	118 G2N
ぎなん 岐南	99 C2
きぬがわ 鬼怒川	101 D4
きのかわ 紀の川	88 E4S
きの川 紀ノ川	88 E4S
きのざ 宜野座	70 ①B3N
きのさき 城崎	85 B3
きのめ峠 木ノ芽峠	85 E3
きのもと 木之本	85 E3-4
きのわん 宜野湾	70 ①B3
きび高原 吉備高原	82 F-G4
きびちゅうおう 吉備中央	82 G4
ぎふ 岐阜	99 D-E1-2
ぎふ 岐阜	99 C2
きほう 紀宝	86 E7
きほく 紀北	83 C4
きほく 紀北	86 D6N
きみつ 君津	104 F5

読み	地名	ページ
みの	紀美野	87 E5
もつき	肝付	76 D7
もつき川	肝属川	76 D7
もべつ	喜茂別	117 B3
やま	基山	77 C3
やん岬	喜屋武岬	70 ①A4
ゅうしゅう山地	九州山地	75-76 D-F4-5
ょうが岬	経ヶ岬	85 C3
ょうごく	京極	117 B3
ょうごう	行田	103 D2
ょうたなべ	京田辺	88 G2S
ょうたんご	京丹後	85 C3
ょうたんば	京丹波	88 G1S
ょうと	京都	88 F1
ょうと	京都	88 G1S
ょうと盆地	京都盆地	88 F-G2
ょうまち	京町	76 D5S
ょうわ	共和	117 B3N
ょかわ	清川	103 D5N
ょくとう	玉東	77 C5
ょさと	清里[山梨]	102 A6N
ょさと	清里[北海道]	116 G3N
ょす	清洲	99 C3N
ょす	清須	99 C3N
ょせ	清瀬	103 E3S
よたけ	清武	76 D6S
よつ峡	清津峡	101 B4N
ょなん	鋸南	102 D7S
ら	吉良	99 D4S
りが峰	霧ヶ峰	97 D4S
りきり	吉里吉里	113 F4
りしま	霧島	76 D6
りしま山	霧島山	76 D6N
りたっぷ湿原	霧多布湿原	118 ②J-K7S
りゅう	桐生	103 D1N
ん	金武	70 ①B3N
きんいんしゅつどち	金印出土地	77 B2
きんか山	金華山[岐阜]	99 C2S
きんか山	金華山[宮城]	114 F6
きんこう	錦江	76 D7
きんざん	銀山	114 D5S
きんたいきょう	錦帯橋	81 D5
きんとき山	金時山	103 C5S
きんぷ山	金峰山	102 B6N
きんぽく山	金北山	97 ②A1

【く】

くき	久喜	103 E2
くさつ	草津[滋賀]	88 G1S
くさつ	草津[群馬]	101 B4S
	草戸千軒町遺跡	82 F5N
くさまだい	草間台	82 G4N
くじ(川)	久慈	113 F2
くじ	久慈川	101 E4
ぐしかわ	具志川	70 ①B3
くしき	串木野	76 C6
くしま	串間	76 E7N
くしもと	串本	86 D8
くじゅうくり島	九十九島	75 B3
くじゅうくり	九十九里	104 H4S
くじゅうくり浜	九十九里浜	104 H-I4-5
くじゅうくり平野	九十九里平野	104 H-I4-5
くじゅうれん山	くじゅう連山	75 E3S
ぐじょう	郡上	98 A5
くしら	串良	76 D7N
くしろ	釧路	118 I3N
くしろ川	釧路川	118 I-J2
くしろ湿原	釧路湿原	118 I2
くす(川)	玖珠	75 E3
くずう	葛生	102 D5N
くずまき	葛巻	113 E2S
くずりゅう川	九頭竜川	85 E2
くずりゅうダム	九頭竜ダム	98 A5N
くせ	久世	82 G3S
くに	九合	85 E2
くだまつ	下松	81 C5S
くちのえらぶ島	口永良部島	72 F4S
くちのつ	口之津	75 C4S
くっしゃろ湖	屈斜路湖	118 I1S
クッチャロ湖		115 I1
くっちゃん	倶知安	117 B3N
くどやま	九度山	88 F4S
くにがみ島	国後島	116 I2S
くせ	六合	101 B4S
くにがみ	国頭	70 ①C2N
くにさき(半島)	国東	75 F2S
くにたち	国立	103 D4
くにとみ	国富	76 E6N
くになか平野	国中平野	97 ②A1-2
くにみ	国見[大分]	75 F2

くにみ	国見[福島]	101 F2N
くにみ岳	国見岳	76 E4S
くのう山	久能山	98 D7N
くのへ	九戸	113 E2
くぼかわ	窪川	83 D4
くま	球磨	76 D5
くまがや	熊谷	103 D2
くま川	球磨川	76 D5
くまこうげん	久万高原	83 C3
くまとり	熊取	87 E4
くまの	熊野[広島]	81 E5
くまの	熊野[三重]	86 E7N
くまの川	熊野川	86 E7
くまの灘	熊野灘	86 E6-7
くまのほんぐうたいしゃ	熊野本宮大社	86 D7
くまもと	熊本	75 D4
くまもと	熊本	75 D4
くまもと平野	熊本平野	75 D4
くみはま	久美浜	85 B3
くみやま	久御山	88 F2
くめ島	久米島	71 D6S
くめなん	久米南	82 G4N
もとり山	雲取山	103 B3S
くらしき	倉敷	82 G4S
くらて	鞍手	77 C1S
くらはし(島)	倉橋	81 D-E5S
くらま山	鞍馬山	88 G1N
くらよし	倉吉	82 G3N
くりから峠	倶利伽羅峠	97 A3
くりこま	栗駒	114 D5
くりこま山	栗駒山	114 D5S
くりの	栗野	76 D6N
くりはし	栗橋	104 E2
くりはら	栗原	114 E5
くりや	栗山	117 D2S
くるしま海峡	来島海峡	83 D2S
くるめ	久留米	77 C3S
くるめ	久留里	104 G5S
くれ	呉	81 E5
くろいし	黒石	113 D1
くろいそ	黒磯	101 E4N
くろかわ	黒川	75 E3N
くろぎ	黒木	77 C4N
くろしお	黒潮	83 D4
くろせ(川)	黒瀬	82 E5
くろたき	黒滝	86 D7S
くろだのしょうあと	黒田荘跡	88 H3
くろばね	黒羽	101 E4
くろひめ山	黒姫山	97 D3
くろべ	黒部	97 B3N
くろべ川	黒部川	97 B3N
くろべダム	黒部ダム	97 C3S
くろまつない	黒松内	117 A3
くわな	桑名	99 B3S
ぐんかんじま	軍艦島	75 B4S
ぐんねっぷ	訓子府	118 H1
ぐんま	群馬	103 B2

【け】

げいせい	芸西	84 E3S
けいせん	桂川	77 C2
げいよ諸島	芸予諸島	82 E5S
けごんの滝	華厳滝	101 D4
けせんぬま(湾)	気仙沼	114 F5N
げとう	夏油	114 D4
けらま列島	慶良間列島	71 D7N
げろ	下呂	98 B5
げんかい	玄海	77 B2
げんかい諸島	玄界諸島	77 A-B2N
げんかい灘	玄界灘	77 A-B2N
げんばくどーむ	原爆ドーム	81 D5N
けんぶち	剣淵	115 E2S
げんぶどう	玄武洞	85 B3

【こ】

こいで	小出	101 B3
こうか	甲賀	88 H2N
こうげ	上毛	75 E2S
こうけい	豪渓	82 G4
こうさ	甲佐	75 D4
こうざき	神崎	104 H3
こうざん	甲山	82 F4S
こうし	合志	77 D3
こうしなり	幸有	76 E7
こうしゅう	甲州	103 A4N
こうしょく	更埴	97 D3S
こうじんだにいせき	荒神谷遺跡	82 E3
こうしあい	幸陽	99 D4
こうち	河内	82 E5N
こうち	高知	83 D-E3
こうち	高知	83 E3S

こうち平野	高知平野	83 D-E3S
こうづ	江津	81 D3-4
こうづしま	神津島	74 ③B2S
こうづしま	神津島	74 ③B2S
こうでら	香寺	87 B2
こうなん	香南	84 E3S
こうなん	江南[愛知]	99 C2
こうなん	江南[埼玉]	103 D2
こうのうら	郷ノ浦	77 A2
こうの川	江の川	81 D3S
こうのす	鴻巣	103 E2S
こうふ	甲府	82 F3
こうふ(盆地)	甲府	102 B6
こうべ	神戸	87 D3
こうほく	江北	75 C3
こうみ	小海	97 D4S
こう(山)高原	高原	88 F5N
こうやぎ	香焼	75 B4
こうやま	高山	76 D7
こうら	甲良	88 H2
こうりょう	広陵	88 G3S
こうりょう	広陵	82 H3N
こおげ	郡家	101 F2
こおり	桑折	101 E3
こおりやま(盆地)	郡山	101 E3
こが	古賀	77 B2N
こが	古河	104 E-F2
ごか	五霞	104 E2
ごかしょう	五箇荘	88 H1N
ごかしょ湾	五ヶ所湾	86 F6
ごかせ川	五ヶ瀬川	75 E4
こがねい	小金井	103 D-E4N
ごかのしょう	五家荘	76 D5N
こかやま	五箇山	97 A-B4
こかわ	粉河	88 E4S
こくぶ	国分	76 D6
こくぶんじ	国分寺[栃木]	102 D5N
こくぶんじ	国分寺[東京]	103 D4N
ここのえ	九重	75 E3
こざ	古座	86 D7S
こさい	湖西	98 C7
ございしょ山	御在所山	85 E4S
こさか	小坂	113 D2
こざがわ	古座川	86 D7S
こさがや	越谷	104 F3
こしがや	越谷	104 F3
ごしき	五色	87 C4
ごしきしま列島	甑島列島	76 B6
ごしきだい	五色台	76 E5S
ごしきづかこふん	五色塚古墳	87 D3
こじま	児島	82 G5N
こじま湖	児島湖	82 G4-5
こじま半島	児島半島	82 G4-5
こしみず	小清水	118 I1
こじょう	五條	88 F4
こじょうめ	五城目	113 C3N
ごしょ	御所	88 F4N
ごしょがわら	五所川原	113 C1N
こすぎ	小杉	97 B3
こすげ	小菅	103 B3S
こず山	五頭山	101 C2
ごせ	御所	88 F4N
こだいら	小平	103 D4N
こたけ	小竹	77 C2N
こだま	児玉	103 C2N
ごてんば	御殿場	103 B5S
ことう	五島	76 ③A2
ことう川	厚東川	81 B5-6
ことうら	琴浦	82 G3N
ごとう列島	五島列島	76 ③A1-2
ことひら(山)	琴平	84 E2
こどまり岬	小泊岬	111 D1S
こなん	湖南	88 H1S
このへ	五戸	113 E1S
こばやし	小林	76 D5-6
こぶしが岳	甲武信ヶ岳	102 B6N
こぶちさわ	小淵沢	102 A6N
ごぼう	御坊	86 C7N
こほく	湖北	85 E4N
こぼけ峠	小仏峠	103 C4
こまえ	狛江	103 E4
こまが岳	駒ヶ岳[長野]	98 C5
こまが岳	駒ヶ岳[山梨・長野]	98 D5
こまが岳	駒ヶ岳[新潟・福島]	
こまが岳	駒ヶ岳[北海道]	117 B4S
こまがね	駒ヶ根	98 C5
ごまだん山	護摩壇山	86 D6S
こまつ	小松[愛媛]	83 D3N
こまつ	小松	82 E2N
こまつしま	小松島	84 E2
こもろ	小諸	97 D4
こやま池	湖山池	82 H2-3
こうち	河内	82 E5N
こうち	高知	83 D-E3
こうち	高知	83 E3S

ころもがわのさくあと	衣川柵跡	114 E4S
こんこう	金光	82 G4S
こんごう山(山地)	金剛山	88 F4
こんせい峠	金精峠	101 C4
こんせん台地	根釧台地	118 ②J7

【さ】

さい	佐井	111 D1N
さいかい	西海	75 B4N
さいがわ	犀川	77 D2
さい川	犀川	97 A4N
さいき	佐伯	75 F4N
さい湖	西湖	102 B6-7
さいごう	西郷	82 ②B1
さいじょう	西条	83 D3N
さいだいじ	大寺	82 H4S
さいたま	埼玉	103 C2S
さいたま	埼玉	103 E2
さいと	西都	76 E5S
さいとばるこふんぐん	西都原古墳群	76 E5
さいはく	西伯	82 F3
ざおう	蔵王	114 D5S
ざおう(山)	蔵王	114 C6S
さか	坂	81 E5
さが	佐賀	77 A-B3
さが	佐賀	77 B3S
さかい	坂井	85 E2
さかい	堺	88 E3
さかい	境	104 F2
さかいで	坂出	84 F2
さかいみなと	境港	82 F2S
さかえ	栄[長野]	97 E3N
さかえ	栄[千葉]	104 G3
さがえ	寒河江	114 C6N
さかき	坂城	97 D4N
さかきばら	榊原	86 E5
さかた	佐潟	101 B2
さかた	酒田	114 B5N
さかど	坂戸	103 D3N
さがのせき(半島)	佐賀関	75 F3
さかのうえ(城)	坂上	99 C2
さがみ川	相模川	103 D5
さがみ湖	相模湖	103 C4
さがみ灘	相模灘	102 C-D8
さがみはら	相模原	103 C7
さがみ湾	相模湾	102 C7
さがら	相良[熊本]	76 D5
さがら	相良[静岡]	98 D7
さかわ	佐川	83 D3S
さかわ川	酒匂川	103 C5
さきしま諸島	先島諸島	71 B-C7
さきたまこふんぐん	埼玉古墳群	103 D2
さきと	崎戸	75 B3S
さきはな	咲花	101 C2
さく	佐久	97 D4
さくなみ	作並	114 D6
さく穂	佐久穂	97 D4
さく盆地	佐久盆地	97 E4
さくま(ダム)	佐久間	98 C6S
さくら	佐倉	104 G4N
さくら	桜	88 G3S
さくらがわ	桜川	104 G1
さくら島	桜島	76 D6S
さけがわ	鮭川	114 C5
ささ	佐々	75 B3
ささぐり	篠栗	77 C2
ささご峠	笹子峠	102 B6S
ささもり丘陵	笹森丘陵	113 C3-4
ささやま	篠谷峠	114 C6
ささやま	篠山〜丹波篠山	87 D1
ささやま盆地	篠山盆地	87 D-E1S
さしま	猿島	104 F2
させぼ	佐世保	75 B3
さた岬	佐多岬	76 D7S
さだみさき半島	佐田岬半島	83 B4N
さだみつ	貞光	84 F2S
さって	幸手	104 F2
さつなん諸島	薩南諸島	71 E4-5
さっぽろ	札幌	117 C2S
さつませんだい	薩摩川内	76 C6
さつま半島	薩摩半島	76 C6-7
さど	佐渡	97 ②A1S
さどきんぎんざんあと	佐渡金銀山跡	97 ②A1S
さど島	佐渡島	97 ②A2
さとしょう	里庄	82 G4S
さどわら	佐土原	76 E5S
さなごうち	佐那河内	84 F3N
さなだ	真田	97 D4N
さぬき		84 F2
さぬき平野	讃岐平野	84 E-F2
さの	佐野	103 E1

161 日本編（さば～とも）

さばえ	鯖江	85 E3N
ざま	座間	103 D5N
さまに	様似	118 F4S
ざまみ（島）	座間味	71 D6S
さむかわ	寒川	103 D5
さめうらダム	早明浦ダム	83 E3
さめがわ	鮫川	101 F3S
さや	佐屋	99 B3
さやま	狭山	103 D3
さよう	佐用	85 A4-5
さらべつ	更別	118 G3
さるがいし川	猿ケ石川	114 E4
さるがきょう	猿ケ京	101 B4
さるがわ	申川	113 B2S
さる川	沙流川	117 D-E4
さるはし	猿橋	103 B4
さるふつ	猿払	115 E1
サロマ湖		116 F2S
さわら	佐原	104 I3
さんぐん山地	三郡山地	77 C2
さんごう	三郷	88 F3
さんじょう	三条	101 B4
さんだ	三田	87 D2
さんだん峡	三段峡	81 D4
さんないまるやまいせき	三内丸山遺跡	113 D1N
さんのへ	三戸	113 E2
さんべ山	三瓶山	82 E3
さんぽく	山北	114 B5S
さんぼんぎ原	三本木原	113 E1
さんむ	山武	104 H4
さんよう	山陽	81 B5S
さんようおのだ	山陽小野田	81 B5-6
さんりく海岸	三陸海岸	113-114 F-G4-5
さんわ	三和	75 B4S

【し】

読み	地名	ページ
しいば	椎葉	76 E5N
しうんじ	紫雲寺	114 A6S
しおがま	塩竃	114 E6
しおざわ	塩沢	101 B3S
しおじり	塩尻	97 C4S
しおの岬	潮岬	86 D8
しおばら	塩原	101 D4
しおみ岳	塩見岳	98 D5S
しおや	塩谷	101 D4
しおや埼	塩屋埼	101 F4N
しか	志賀	97 A2S
しが	志賀	85 D4
しが	滋賀	85 E4
しかおい	鹿追	118 F2S
しがこうげん	志賀高原	97 D3
しかの島	志賀島	77 B2
しかべ	鹿部	117 B4S
しかま	色麻	114 D5S
しかまち	鹿町	75 B4
しがらき	信楽	88 H2
しがらきのみやあと	紫香楽宮跡	88 H2
しき	志木	103 E3
しぎ山	信貴山	88 F3
しきね島	式根島	74 ③B2
しげのぶ(川)	重信	83 B5N
しこく山地	四国山地	83-84 D-F3
しこくちゅうおう	四国中央	83 E3N
しこたん(島)	色丹	116 ③B5N
しこつ湖	支笏湖	117 C3
しさか島	四阪島	83 D2S
しし島	獅子島	76 C5
ししょうなわて	四條畷	88 F3N
しすい	酒々井	104 H4N
しずおか	静岡	98 D6S
しずおか	静岡	98 D7N
しずがたけ	賤ケ岳	85 E3S
しずくいし	雫石	113 D3
しずたにがっこう	閑谷学校	82 H4
しずない	静内	117 E4
しそう	宍粟	85 B4S
したら	設楽	98 C6S
しちかしゅく	七ケ宿	114 C7N
しちがはま	七ケ浜	114 E6
しちのへ	七戸	113 E1
しちりがはま	七里ケ浜	103 D-E5S
しちりのわたし	七里の渡	99 B3
しづがわ	志津川	114 E5
しっぽう	七宝	99 C3
しど	志度	84 F2
しなの	信濃	97 D3
しなの川	信濃川	101 B3
しばた	芝田	98 E6
しばた	新発田	101 C2N
しばた	柴田	114 D6S
しばやま	芝山	104 H4
しぶ	渋	97 D3
しぶかわ	渋川	101 C5N
しぶし	志布志	76 E7

読み	地名	ページ
しぶし湾	志布志湾	76 E7
しぶたみ	渋民	113 E3
しぶやま	至仏山	101 C4
しべつ	標茶	116 G3
しべつ	士別	115 E2S
しべつ	標津	118 ②K6
しべとろ	蘂取	116 ②C1N
しほつ島	志発島	116 I3
しほろ	士幌	118 G2
しま	志摩[福岡]	77 A2
しま	志摩[三重]	86 F6
しま	四万	101 B4
しまうら島	島浦島	75 F4
しまだ	島田	98 D7
しまだ島	島田島	84 F4
しまね	**島根**	**81 D-E3**
しまね半島	島根半島	82 E-F2-3
しまばら(半島)	島原	75 C4
しままき	島牧	115 C4
しまもと	島本	88 F2
しまんと	四万十(市)[高知]	83 C5-D5
しまんと	四万十(町)[高知]	83 D4
しまんと川	四万十川	83 D5N
しみず	清水[静岡]	98 D-E6S
しみず	清水[北海道]	118 F2S
しみず峠	清水峠	101 B4N
しむかっぷ	占冠	117 E3N
しめ	志免	77 B2
しもうけだむ	下筌ダム	75 D4
しもうさ台地	下総台地	104 G-I3-4
しもかまがり島	下蒲刈島	82 E5
しもかわ	下川	116 E2
しもきた半島	下北半島	113 E1-2
しもきたやま	下北山	86 D5S
しもごう	下郷	101 D3
しもこしき島	下甑島	76 B6
しもじょう	下條	98 C6
しもすわ	下諏訪	98 D4
しもだ	下田	98 E7
しもだて	下館	104 F1
しもつけ	下野	101 D4
しもにた	下仁田	102 B5
しものせき	下関	81 A6N
しもべ	下部	102 A7N
しゃかが岳	釈迦ケ岳	88 G5
しゃこたん半島	積丹半島	117 A-B2
しゃな	紗那	116 ②B1
しゃり	斜里	116 G2
しゃり平野	斜里平野	118 I-J1
じゅうさん湖	十三湖	111 D1S
しゅうなん	周南	81 D5S
しゅうなん	周南	81 C5S
じゅうに湖	十二湖	113 B-C1S
しゅうほう	秋芳	81 B5
しゅぜんじ	修善寺	98 E7N
じょう	上越	97 D2
じょうおう	勝央	82 H3S
じょうが島	城ケ島	102 D7S
しょうかそんじゅく	松下村塾	81 B5N
しょう川	庄川	97 B3
じょうがんじ川	常願寺川	97 B3
じょうど	上ド	82 F4
じょうざん渓	定山渓	117 C3N
じょうじょうじ湖	精進湖	102 B7N
じょうそう	常総	104 F2S
じょうそう台地	常総台地	104 H2-3
じょうど島	小豆島	84 F1S
しょうない	庄内[大分]	75 E3
しょうない	庄内	77 C2
しょうない	庄内[山形]	114 B5N
しょうない平野	庄内平野	114 B4-5
しょうなん	沼南	104 G3
しょうなん	城南	75 D4
しょうはな	城端	97 A3S
しょうばら	庄原	82 F4N
しょうぶ	菖蒲	103 E2
しょうほうじ	浄法寺	113 E2
しょうまる峠	正丸峠	103 E2
しょうみょう滝	称名滝	97 C3S
しょうわ	城輪	88 G2
しょうわ	昭和[山梨]	102 B6S
しょうわ	昭和[群馬]	101 C4
しょうわ	昭和[福島]	101 E3
しょうわ	庄和	104 F3N
しょかんべつ岳	暑寒別岳	117 D1
しょさんべつ	初山別	115 D2N
しらおか	白岡	102 D5N
しらかみ岳	白神岳	113 C1S
しらかみ岬	白神岬	115 C5S
しらかわ	白川(村)[岐阜]	97 A4

読み	地名	ページ
しらかわ	白川(町)[岐阜]	99 D1
しら川	白川	75 D4
しらかわ	白河	101 E3
しらかわごう	白川郷	97 A4
しらかわせきあと	白河関跡	101 E3S
しらこ	白子	104 H5N
シラス台地		76 D6
しらたか	白鷹	114 C6
しらぬか	白糠	118 I3N
しらぬか丘陵	白糠丘陵	118 H2-3
しらね山	白根山→北岳[山梨]	98 D5
しらね山	白根山[群馬・栃木]	101 C4
しらはま	白浜[和歌山]	86 C7
しらはま	白浜[千葉]	102 D8
しらほ	白保	72 ⑤C2S
しらほね	白骨	97 C4
しりうち	知内	115 C5
しりべしとしべつ川	後志利別川	115 B3
しりや崎	尻屋崎	111 E1N
しれとこ半島	知床半島	116 G-H2-3
しれとこ岬	知床岬	116 H2
しろい	白井	104 G3S
しろいし	白石[佐賀]	75 C3
しろいし	白石[宮城]	114 D6-7
しろうま岳	白馬岳	97 C3
しろさと	城里	101 E5N
しろとり	城鳥	98 A5N
しろね	白根	101 C2
しろやま	城山	103 D6
しわ	紫波	113 E3S
しわく諸島	塩飽諸島	84 E2
しんかみごとう	新上五島	76 ③B2
しんぐう	新宮[福岡]	77 B2N
しんぐう	新宮[和歌山]	86 D7
しんぐう川	新宮川→熊野川	86 E7
しんげんつつみ	信玄堤	102 B6
しんごう	新郷	113 E2
しんじ(湖)	宍道	82 E3N
しんしのつ	新篠津	117 D2
しんしゅうしんまち	信州新町	97 D3S
しんじょう	新庄[岡山]	82 E3
しんじょう(盆地)	新庄[山形]	114 C5
しんしょう寺	新勝寺	104 H3S
しんしろ	新城	98 B7N
じんせきこうげん	神石高原	82 F4
しんじょう	新宮	101 F2
しんとう	榛東	102 B5N
しんとく	新得	118 F2S
しんとつかわ	十津川	117 D1S
しんとね川	新利根川	104 G-H3
しんとみ	新富	76 E5S
しんなんよう	新南陽	81 C5S
しんひだか	新ひだか	117 E4
しんみなと	新湊	97 B3
しんもえ岳	新燃岳	76 D6N

【す】

読み	地名	ページ
すいた	吹田	88 F2S
すいばら	水原	101 C2
すえ	須恵	77 C2
すえつぐ	末吉	76 E6S
すおうおおしま	周防大島	81 B-C6N
すおう灘	周防灘	81 B-C6N
すがかわ	須賀川	101 E3
すが島	菅島	99 C6
すがだいら	菅平	97 D3S
すかゆ	酸ケ湯	113 D1
すぎと	杉戸	104 E2S
すくも(湾)	宿毛	83 C5N
すざか	須坂	97 D3
すさき	須崎	83 D4N
ずし	逗子	103 D6
すじゆ	筋湯	75 E3S
すずか(川)	鈴鹿	99 B4
すずか山脈	鈴鹿山脈	85-86 E4-5
すすの	裾野	98 E6
すっつ	寿都	115 C4N
すながわ	砂川	117 D2N
すま	須磨の浦	87 D3
すみだ川	隅田川	104 F4N
すもと(平野)	洲本	87 C4
すもん岳	守門岳	101 C3N
するがわん	駿河湾	98 E7N
すわ(湖)	諏訪	98 D4S
すわ盆地	諏訪盆地	98 D4-5

【せ】

読み	地名	ページ
せいか	精華	88 G2S

読み	地名	ページ
せいだん	西淡	87 B4
せいないじ	清内路	98 C6N
せいろう	西聖	83 C4N
せいろう	聖籠	114 A7N
せき	関[三重]	86 E5N
せき	関[岐阜]	99 C2N
せきがね	関金	82 G3
せきがはら	関ケ原	85 E4N
せきやど	関宿	104 F2S
せきほく峠	石北峠	118 G2
せた川	瀬田川	88 G2
せたな	瀬棚	115 B4
せっか渓	石霞渓	82 F2S
せっつ	摂津	88 F2S
せと	瀬戸[岡山]	82 G4N
せと	瀬戸[愛媛]	83 B4N
せと	瀬戸[愛知]	99 D3N
せとうち	瀬戸内[鹿児島]	76 ④B2
せとうち	瀬戸内[岡山]	82 G4N
せとない海	瀬戸内海	83-84 C-F
ぜにばこ	銭函	117 C3
せぶり山	脊振山	77 B-D3N
せぶり山地	脊振山地	77 A-B3
せら	世羅	82 F4
せんかく諸島	尖閣諸島	71 C-C7N
せんかくわん	尖閣湾	97 ②C2S
せんざき湾	仙崎湾	81 B5N
せんじょうが岳	仙丈ケ岳	98 D5N
せんじょうがはら	戦場ケ原	101 C4
せんしゅう湖	仙酔島	82 F5N
せんだい	**仙台**	**114 D6**
せんだい川	川内川	76 C6
せんだい	千代川	82 H2
せんだい平野	仙台平野	114 E5-6
せんだい湾	仙台湾	114 E6
せんつうじ	善通寺	84 E2
せんなん	泉南	87 D4
せんぽく	仙北	113 D3
せんまや	千厩	114 E5N

【そ】

読み	地名	ページ
そううんきょう	層雲峡	118 F1
そうか	草加	104 F3
そうさ	匝瑳	104 I4N
そうじゃ	総社	82 G4
そうべつ	壮瞥	117 B3S
そうま	相馬	101 F2
そうや海峡(岬)	宗谷海峡	115 D-E1N
そうや丘陵	宗谷丘陵	115 D1
そうわ	総和	104 F2
そえだ	添田	77 D2S
そお	曽於	76 E6S
そでがうら	袖ケ浦	104 F5N
そとがはま	外ケ浜	111 D1S
そに	曽爾	88 H3S
その	園部	88 E1
そぶえ	祖父江	99 B2-3
そぼ山	祖母山	75 E4
そらち川	空知川	117 E1-2

【た】

読み	地名	ページ
たいえい	大栄	104 H3
だいおう崎	大王崎	86 F6
たいき	大紀	86 E6
たいき	大樹	118 G4N
だいご	大子	101 E4
たいし	太子町[兵庫]	87 B2
たいし	太子[大阪]	88 F3S
たいじ	太地	86 D7S
たいしゃ	大社	82 E3
たいしゃく峡	帝釈峡	82 F4N
たいしゃく山	帝釈山	101 C4
たいしょう池	大正池	97 C4
たいせつ山	大雪山	118 F1
たいせつ山	大雪山	82 F2S
だい山(せん)	大山	82 G3
だいせん	大仙	113 C4N
	大仙(大山)古墳(伝仁徳天皇陵)	88 E3
だいとう	大東[大阪]	88 F3S
だいとう	大東[静岡]	98 D7
だいとう	大東崎	104 H5S
たいない	胎内	114 A6S
だいにちが岳	大日ケ岳	98 A4-5
たいへい山	太平山	113 C3
たいへい山地	太平山地	113 C3
だいぼさつ峠(嶺)	大菩薩峠	102 B6
たいわん海峡	平締海峡	111 D1
たいわ	大和	114 E5N
たか	多可	87 C2

162

かが 多賀 ……………………… 85 E4
たかいし 高石 …………………… 88 E3S
たかおか 高岡 …………………… 97 B3
たかおさん 高尾山 …………… 103 C-D4
たかぎ 喬木 ……………………… 98 C5S
たかくまやま 高隈山 ………… 76 D7N
たかさき 高崎 ………………… 103 C1
たかさきやま 高崎山 …………… 75 F3
たかさご 高砂 …………………… 87 C2S
たかしま 鷹島 [長崎] ………… 75 B3N
たかしま 高島 [滋賀] …………… 85 E4
たかしまみさき 高島岬 ……… 117 C2
たがじょう 多賀城 …………… 114 D-E6
たかす 鷹栖 …………………… 117 E1
たかせ 高瀬 ……………………… 84 E2
たかだ(平野) 高田 …………… 97 D2
たかちほ 高千穂 ………………… 75 E4
たかちほのみね 高千穂峰 …… 76 D6N
たかつき 高槻 …………………… 88 F2
たかとお 高遠 …………………… 98 D5
たかとり 高取 …………………… 88 G4N
たかなべ 高鍋 …………………… 76 F5S
たかなわ山 高縄山 ……………… 83 C3N
たかなわ半島 高縄半島 ………… 83 C3N
たかねざわ 高根沢 …………… 101 D4
たかのす 鷹巣 ………………… 113 C2
たかはぎ 高萩 ………………… 101 F4
たかはし(川) 高梁 ……………… 82 G4
たかはた 高畠 ………………… 114 C6-7
たかはま 高浜 [福井] …………… 85 D4N
たかはま 高浜 [愛知] …………… 99 C4
たかはらやま 高原山 ………… 101 D4N
たかはら 高原 …………………… 76 E6N
たかまつ 高松 …………………… 84 F2
たかまつづかこふん 高松塚古墳
…………………………………… 88 G4N
たかみやま 高見山 …………… 101 C2
たかもり 高森 [熊本] …………… 75 E4
たかもり 高森 [長野] …………… 98 C5S
たかやま 高山 [長野] …………… 97 D3
たかやま 高山 [群馬] ………… 101 B4S
たかやま(盆地) 高山 [岐阜] … 97 B4
たからじま 宝島 ………………… 71 E5
たからづか 宝塚 ………………… 87 C2S
たからべ 財部 …………………… 76 D6
たがわ 田川 ……………………… 77 D2
たき 多気 ……………………… 99 B5-6
たきかわ 滝川 ………………… 117 D1S
たきざわ 滝沢 ………………… 113 E3
たきのうえ 滝上 ……………… 116 F2S
たく 多久 ………………………… 75 C3
たくま 詫間 ……………………… 83 E2
だけ 岳 ………………………… 101 E2
だけ 嶽 ………………………… 113 C1
たけお 武雄 ……………………… 75 C3
たけしま 竹島 …………………… 73 D6
たけた 竹田 …………………… 75 E4N
たけとみ島 竹富島 ……………… 72 ⑤B3N
たけとよ 武豊 …………………… 99 C4
たけはら 竹原 …………………… 82 E5
たけふ 武生 …………………… 85 E3N
たこ 多古 ……………………… 104 H4N
たごくら湖 田子倉湖 ………… 101 C3
たごのうら 田子ノ浦 ………… 98 E6S
だざいふ 太宰府 ………………… 77 C2S
たざわこ(湖) 田沢湖 ………… 113 D2
たじみ 多治見 ………………… 99 D2
たじり 田尻 [大阪] ……………… 87 E4
たじり 田尻 [宮城] …………… 114 E5
たしろ島 田代島 ……………… 114 E6
ただおか 忠岡 ………………… 88 E4N
ただみ(川) 只見 ……………… 101 C3
たちあらい 大刀洗 ……………… 77 C3
たちかわ 立川 [東京] ………… 103 D4
たちかわ 立川 [山形] ………… 114 B5
たちばな 立花 …………………… 77 C4N
たちばな湾 橘湾 ………………… 75 C4
たっこ 田子 …………………… 113 E2
たつごう 龍郷 ……………… 76 ④B1N
たつの 辰野 ……………………… 87 B2
たつの 龍野 …………………… 98 C5S
たっぴ崎 龍飛崎 ……………… 111 D1
だて 伊達 [福島] ……………… 101 F2
だて 伊達 [北海道] …………… 117 B4N
たてしな 立科 …………………… 97 D4
たてしな 蓼科 ………………… 98 D4S
たてしな山 蓼科山 …………… 97 D4S
たてばやし 館林 ……………… 103 E2N
たてやま 館山 ………………… 102 D7-8
たてやま 立山 …………………… 97 C3S
たど 多度津 ……………………… 84 E2
たどつ 棚倉 …………………… 101 E3S
たなぐら 棚倉 ………………… 101 E3S
たなし 田無 …………………… 103 E4N
たなべ(湾) 田辺 ………………… 86 C7
たにがわ岳 谷川岳 …………… 101 B4
たねいち 種市 ………………… 113 F2N

たねがしま 種子島 ……………… 72 F4S
たねさしかいがん 種差海岸 … 113 F1S
たの 田野 ………………………… 84 F4N
たのはた 田野畑 ……………… 113 F2
たばら 田原 ……………………… 99 E5
たばるざか 田原坂 ……………… 77 C4
たびら 田平 ……………………… 75 B3
たぶせ 田布施 …………………… 81 D6
たま 多摩 ……………………… 103 D4
たまかわ 玉川 ………………… 101 E3
たま川 多摩川 ………………… 104 F4S
たまがわじょうすい 玉川上水
…………………………………… 103 D4N
たまき 玉城 …………………… 99 B6N
たまきゅうりょう 玉摩丘陵 … 103 D-E4
たましま 玉島 …………………… 82 G4S
たまつくり 玉造 [島根] ………… 82 F3N
たまつくり 玉造 [茨城] ……… 104 H2
たまな 玉名 ……………………… 77 C5
たまの 玉野 ……………………… 82 G5
たまのうら 玉之浦 ………… 76 ③A2S
たまむら 玉村 ………………… 103 C5
たむら 田村 …………………… 101 E3N
たら 太良 ………………………… 75 C3S
たらぎ 多良木 …………………… 76 D5
たらだけ 多良岳 ………………… 75 C4N
たらま(島) 多良間 ……………… 71 C7
たるい 垂井 ……………………… 99 B2
たるまえ山 樽前山 …………… 117 C3S
だるまさん 達磨山 …………… 98 E7N
たるみず 垂水 ………………… 76 D7N
たろう 田老 …………………… 113 F2
たわらじま 俵島 ………………… 81 A5N
たわらもと 田原本 ……………… 88 G3S
たんが島 男鹿島 ………………… 87 B3N
たんご 丹後 ……………………… 85 C3
たんご半島 丹後半島 …………… 85 C3
たんざわ湖 丹沢湖 …………… 103 C3
たんざわ山地 丹沢山地 …103 C-D5N
だんのうら 壇ノ浦 ……………… 81 A6N
たんば 丹波 [兵庫] ……………… 87 D1N
たんば 丹波 [京都] ……………… 88 E1N
たんば高地 丹波高地 ………… 88 F1N
たんばささやま 丹波篠山 ……… 87 D1

【ち】

ちがさき 茅ヶ崎 ……………… 103 D5
ちくご 筑後 ………………… 77 B-C4N
ちくご川 筑後川 ………………… 77 B4
ちくま川 千種川 ……………… 86 A5N
ちくしの 筑紫野 ………………… 77 C3N
ちくじょう 築上 ………………… 77 E2
ちくせい 筑西 ………………… 104 F1
ちくぜん 筑前 …………………… 77 C3
ちくひ山地 筑肥山地 ……… 77 C-D4N
ちくぶ島 竹生島 ………………… 85 E4N
ちくほく 筑北 …………………… 97 C4N
ちくま 千曲 ……………………… 97 D3S
ちくま川 千曲川 ……………… 97 D-E4
ちしま 千島 …………………… 102 D8
ちしま・かむちゃつか海溝 千島・カム
チャッカ海溝 …………… 116 ③D-F3-5
ちしま(クリル)列島 千島列島
…………………………………… 116 ③D-G2-4
ちた 知多 ……………………… 99 C4
ちた半島 知多半島 ………… 99 C4-5
ちた湾 知多湾 ……………… 99 C-D4-5
ちちぶ 父島 ……………………… 74 ④C5
ちちぶ 秩父 …………………… 103 C3N
ちづ 智頭 ………………………… 82 H3
ちっぷべつ 秩父別 …………… 117 D1
ちとせ 千歳 …………………… 117 D3
ちな 知名 ……………………… 71 E6
ちなか 茅野 ……………………… 98 D4
ちば 千葉 ……………………… 104 G5N
ちば 千葉 ……………………… 104 G4
ちはやあかさか 千早赤阪 …… 88 F4N
ちぶ 知夫 …………………… 82 ②B1S
ちゃうすやま 茶臼山 …………… 70 ①B3
ちゃたん 北谷 ………………… 116 I2
ちゃちゃがたけ 爺爺岳 ……… 116 I2
ちゅうおう 中央 …………… 88 G6S
ちゅうおうアルプス 中央アルプス→
木曾山脈 ……………………… 98 C5-6
ちゅうごく山地 中国山地
………………………………81-82 D-H3-4
ちゅうぜんじ湖 中禅寺湖 …… 101 C4
ちゅうそん寺 中尊寺 ………… 114 E4-5
ちょうかいさん 鳥海山 ……… 114 C4S
ちょうし 銚子 ………………… 102 F6
ちょうせい 長生 ……………… 104 G5S
ちょうなん 長南 ……………… 104 G5S
ちょうふ 調布 ………………… 103 E4
ちょうもんきょう 長門峡 ……… 81 C5
ちよだ 千代田 [群馬] ………… 103 D2N

ちよだ 千代田 [茨城] ………… 104 G2
ちらん 知覧 ……………………… 76 C7
ちりゅう 知立 …………………… 99 D3S

【つ】

つ 津 …………………………… 99 B5N
ついき 築城 ……………………… 77 E2
ついたて 杖立 …………………… 77 E4
つが 都賀 ……………………… 102 D5N
つがる 津軽 …………………… 111 D2N
つがる海峡 津軽海峡 ………… 111 D1
つがる半島 津軽半島 ………… 111 D1-2
つがる平野 津軽平野 ………… 111 D2N
つがわ 津川 …………………… 101 C2
つきおか 月岡 ………………… 101 C2N
つきがた 月形 ………………… 117 D2
つきだて 築館 ………………… 114 E5
つきのうら 月ノ浦 …………… 114 E6
つきのわこふん 月輪古墳 …… 82 H4N
つきよの 月夜野 ……………… 101 C4
つくい 津久井 ………………… 103 D4
つくし山地 筑紫山地 …… 77 A-D2-3
つくし平野 筑紫平野 …… 77 A-B3-4
つくば 筑波 …………………… 104 G2S
つくばさん 筑波山 …………… 104 G2N
つくばみらい ………………… 104 G3N
つくみ 津久見 …………………… 75 F3
つくりやまこふん 造山古墳 … 82 G4
つしま 対馬 ………………… 75 ②A2
つしま 津島 [愛媛] ……………… 83 C4S
つしま 津島 [愛知] …………… 99 B3
つしま海峡 対馬海峡 ………… 73 C7-8
つだ 津田 ……………………… 84 F2
つちうら 土浦 ………………… 104 G2
つな 津名 ……………………… 87 C4N
つなぎ 津奈木 ………………… 76 C5
つなん 津南 …………………… 101 B3S
つねかみ岬 常神岬 ……………… 85 D3
つの 都農 ……………………… 76 F5
つの 津野 ……………………… 83 D4N
つの島 角島 ……………………… 81 A5
つばた 津幡 ……………………… 97 A3
つばめ 燕 ……………………… 101 B2
つべつ 津別 …………………… 118 I1
つまご 妻籠 ……………………… 98 C5S
つまごい 嬬恋 ………………… 101 B4S
つめきざき 爪木崎 …………… 98 E-F7
つやま(盆地) 津山 …………… 82 G-H3S
つる 都留 ……………………… 103 B4S
つるい 鶴居 …………………… 118 I2
つるおか 鶴岡 ………………… 114 B5
つるが(湾) 敦賀 ………………… 85 E3
つるがしま 鶴ヶ島 …………… 103 D3
つるぎ 剣崎 …………………… 84 F2S
つるぎさき 劒崎 ……………… 102 D7
つるぎさん 剣山 ………………… 84 F3N
つるぎだけ 剱岳 ………………… 97 C3S
つるさき 鶴崎 …………………… 75 F3
つるた 鶴田 …………………… 113 C1
つるだ 鶴田 …………………… 75 F4N
つるみ 鶴見 …………………… 75 F3
つるみざき 鶴御崎 …………… 75 G4N
つる 鶴 ……………………………… 81 C4S

【て】

ていねやま 手稲山 …………… 117 C2S
てうり島 天売島 ……………… 115 D2
てが沼 手賀沼 ………………… 104 F-G3
てしお(川) 天塩 ……………… 115 D2N
てしお山地 天塩山地 ………… 115 D-E2
てしおだけ 天塩岳 …………… 118 F1N
てしかが 弟子屈 ……………… 118 I2N
て島 豊島 ……………………… 84 F2N
てどり川 手取川 ………………… 97 A4
てらどまり 寺泊 ……………… 101 B2
でわ山地 出羽山地 ……… 113-114 C-D3-4
てんえい 天栄 ………………… 101 E3S
てんかわ 天川 ………………… 88 G5N
てんじんざき 天神崎 ………… 86 C7
てんどう 天童 ………………… 113 C6
てんのう 天王 ………………… 113 B3
てんり 天理 …………………… 88 G3
てんりゅう 天龍 ……………… 98 C7
てんりゅう(川) 天竜 ………… 98 C7

【と】

とい 土肥 ……………………… 98 E7N
どい 土居 ……………………… 83 D3N
とい岬 都井岬 …………………… 76 E7
とういん 東員 ………………… 99 B3
とうえい 東栄 ………………… 98 C6S
とうおん 東温 ………………… 83 C3
とうかい 東海 [愛知] ………… 99 C3S

とうかい 東海 [茨城] ………… 101 F5N
どうがしま 堂ヶ島 ……………… 98 E7
どうがね 東金 ………………… 104 H4S
とうきょう 東京 ……………… 103 C3S
とうきょう 東京 ……………… 103 E4
とうきょう湾 東京湾 ………… 104 F4-5
どうご 島後 ……………………… 82 ②B1
どうご 道後 ……………………… 83 C3
とうごう 東郷 [鳥取] …………… 82 G3N
とうごう 東郷 [愛知] …………… 99 D3
とうごう池 東郷池 …………… 82 G3N
どうし 道志 …………………… 103 C4S
どうし島 答志島 ………………… 99 C5S
とうじんぼう 東尋坊 ………… 85 F2
どうぜん 島前 ……………… 82 ②B1S
とうじょう 東庄 ……………… 102 F6
とうはく 東伯 …………………… 82 G3N
とうふつ湖 涛沸湖 …………… 118 I1N
とうべつ 当別 ………………… 117 D2
とうほう 東峰 …………………… 77 D3
とうほく 東北 ………………… 113 E1
とうま 当麻 …………………… 118 F1
とうみ 東御 ……………………… 97 D4
とうや 東予 ……………………… 83 D3N
とうよう 東洋 …………………… 84 F3S
とおがった 遠刈田 …………… 114 D6S
とおがくし(山) 戸隠 …………… 97 D3
とおかまち 十日町 …………… 101 B3
とおかまち盆地 十日町盆地 … 101 B3
とおの 遠野 …………………… 113 F4
とかしき(島) 渡嘉敷 …………… 71 D6S
とかち川 十勝川 ……………… 118 H3
とかち岳 十勝岳 ……………… 118 F2N
とかち平野 十勝平野 ………… 118 G2-3
とから列島 吐噶喇列島 …71-72 E-F5
とき 土岐 ……………………… 99 D2
ときがわ ……………………… 103 D2S
とぎつ 時津 …………………… 75 B4
とくさ 木賊 …………………… 101 C3S
とくしま 徳島 …………………… 84 F3N
とくしま 徳島 …………………… 84 G2S
とくしま平野 徳島平野 ………… 84 F2S
とくのしま 徳之島 ……………… 71 E6N
とくやま 徳山 …………………… 81 C5S
とぐら 戸倉 …………………… 97 D4N
とごうち 戸河内 ………………… 81 D4S
とこなめ 常滑 …………………… 99 C4
ところ 常呂 …………………… 116 G2
ところざわ 所沢 ……………… 103 D3S
とさ 土佐(市) [高知] ………… 83 D3
とさ 土佐(町) [高知] ………… 83 E3
とさしみず 土佐清水 ………… 83 C5
とさやまだ 土佐山田 ………… 83 E3S
とざわ 戸沢 …………………… 114 C5
とさ湾 土佐湾 ……………… 83-84 D-E4
としま 利島 ……………………… 74 ③B2
と島 十島 ……………………… 71 E5
とじま 利島 ……………………… 74 ③B2
とす 鳥栖 ……………………… 77 C3
とだ 戸田 ……………………… 103 E3
とちお 栃尾 …………………… 101 B3N
とちぎ 栃木 …………………… 103 E1S
とちぎ 栃木 …………………… 104 E1N
とつかわ 十津川 ………………… 77 D3
とつ川 十津川 ………………… 88 F-G5
とっとり 鳥取 …………………… 82 G3
とっとり 鳥取 …………………… 82 H3N
とっとり砂丘 鳥取砂丘 ………… 82 H2S
とっとり平野 鳥取平野 ………… 82 H3N
とどが崎 魹ヶ崎 ……………… 113 G3S
とど々島 ……………………… 76 F4S
となき(島) 渡名喜 …………… 71 D6S
となみ(平野) 砺波 …………… 97 A3
とね 利根 ……………………… 104 G3
とね川 利根川 ………………… 102 F6
とのしょう 土庄 ………………… 84 F2N
とば 鳥羽 ……………………… 99 C6
とびしま 飛島 ………………… 114 A-B4
とべ 砥部 ………………………… 83 C3
とまこまい 苫小牧 …………… 117 D3S
とまま 苫前 …………………… 115 D2
とまり 泊 [北海道, 国後島] …116 H3N
とまり 泊 [北海道, 後志] …… 117 B2S
とみあい 富合 …………………… 75 D4
とみうら 富浦 ………………… 102 D7S
とみおか 富岡 [福島] ………… 101 F3
とみおか 富岡 [群馬] ………… 102 B5
とみおかせいしじょう 富岡製糸場
…………………………………… 102 B5
とみか 富加 …………………… 99 C2N
とみぐすく 豊見城 …………… 70 ①A4
とみさと 富里 ………………… 104 H4N
とみや 富谷 …………………… 114 D6
トムラウシ山 ………………… 118 F1S
ともがしま 友ヶ島 ……………… 87 D4
ともがしますいどう 友ヶ島水道 … 87 C4S

163 日本編（とも〜まん）

ともべ 友部	104 H3
とやま 富山	97 B3-4
とやま（平野）富山	97 B3
とやま湾 富山湾	97 B3N
とよあけ 豊明	99 D3S
とようら 豊浦［山口］	81 A5
とようら 豊浦［北海道］	117 B3N
とよおか 豊岡	85 B3S
とよおか盆地 豊岡盆地	85 B4N
とよおか用水 豊川用水	99 E4
とよころ 豊頃	118 H3
とよさか 豊栄［広島］	82 E4S
とよさか 豊栄［新潟］	101 C2N
とよさと 豊郷	85 E4
とよしな 豊科	97 C4
とよた 豊田［山口］	81 A5
とよた 豊田［愛知］	99 D3
とよとみ 豊富	115 D1S
とよなか 豊中	88 E2S
とよね 豊根	98 C6
とよの 豊能	88 F2
とよは 豊羽	117 C3N
とよはし 豊橋	99 E4S
とよひら川 豊平川	117 C3N
とよま 登米	114 E5
とよやま 豊山	99 C2-3
とらひめ 虎姫	85 E4N
とり峠 鳥居峠	98 C5N
とりで 取手	104 G3
とりはまかいづか 鳥浜貝塚	85 D3S
とろいせき 登呂遺跡	98 D7N
とろく 土呂久	75 E4
どろはっちょう 瀞八丁	86 D7N
とわだ 十和田	113 F2N
とわだ湖 十和田湖	113 D-E2N
とんだばやし 富田林	88 F4N
とんべつ平野 頓別平野	115 E1

【な】

項目	ページ
ないえ 奈井江	117 D2N
なえば山 苗場山	101 B4
なおえつ 直江津	97 D2
なおしま 直島	84 E2N
なか 那賀	84 F3
なか 那珂	102 E5N
なかい 中井	103 C4
ながい 長井	114 C4
ながいずみ 長泉	98 E6S
なか海 中海	82 F3N
ながおかきゅうあと 長岡宮跡	88 F2N
ながおかきょう 長岡京	88 F2
ながかわ 那珂川［福岡］	77 B3N
ながかわ 那珂川［栃木］	101 E4
なか川 那珂川	104 I1
なかがわ 中川［長野］	98 C5N
なかがわ 中川［北海道］	115 E2N
なか川 那賀川	84 G3N
なか川 那賀川	84 F-G3
なかぐすく 中城	70 ①B3S
ながくて 長久手	99 D3
ながさき 長崎	75 B4N
ながさき（半島）長崎	75 B4
ながさきばな 長崎鼻	76 D7
なかさとない 中札内	118 G3
なかさと 中里	111 D2N
なかしべつ 中標津	118 ②J6S
なかじま 中島	101 E2
なか島 中島	83 C3N
ながしま 長島［鹿児島］	76 C5
ながしま 長島［三重］	99 E3
ながしま 長島	76 C5
なかじょう 中条［長野］	97 D3S
なかじょう 中条［新潟］	114 A6S
なかす 中洲	77 B3N
なかやま 中山	113 D3S
なかたね 中種子	76 ⑤A1S
なかつ（平野）中津	75 E2S
なかつがわ 中津川	98 C6N
なかと 那門	81 B5N
なかどおり島 中通島	76 ③B2
なかどまり 中泊	111 D2N
なか土佐 中土佐	83 D4
なかにわ 中庭	103 C2
なかとんべつ 中頓別	115 E2N
なかぬま 中沼	117 D2S
ながの 長野	98 C-D3
ながの（盆地）長野	97 D3
なかのじょう 中之条	101 B4S
なかの岳 中ノ岳	101 C3S
なかのと 中能登	97 A3N
なかのはら 中之原	85 E4N
ながはま 長浜	85 E4N
なかふらの 中富良野	118 E2N

項目	ページ
なかま 中間	77 C1
なかみなと 那珂湊	104 I1
なかむら 中村	83 C5N
なかやま 中山	114 C6
なかやまましちり 中山七里	98 B5
なかゆ 長湯	75 E3S
なが与 長与	75 B4
ながら 長柄	104 G5
ながら川 長良川	98 A5
ながれやま 流山	104 F3
なかわ 長和	97 D4
なぎ 奈義	82 H3
なきじん 今帰仁	70 ①B2N
なぎそ 南木曽	98 C5S
なご 名護	70 ①B2
なこそせきあと 勿来関跡	101 F4
なごみ 和水	77 C5N
なごや 名古屋	99 C3
なごやじょうあと 名古屋城跡	
なす 那須	75 B2S
なすからすやま 那須烏山	101 E3S
なすしおばら 那須塩原	101 E4N
なす岳 那須岳	101 D3
なすゆもと 那須湯本	101 E3
なぜ 名瀬	76 ④B1
なださき 灘崎	82 G4S
なちかつうら 那智勝浦	86 D7S
なちの滝 那智滝	86 D7
なつどまり崎 夏泊崎	111 D1S
なとり 名取	114 D6
なとり川 名取川	114 D-E6
ななえ 七飯	117 B5
ななお（湾）七尾	97 A2S
ななしぐれ山 七時雨山	113 E2S
ななつ島 七ツ島	97 A1
なは 那覇	70 ①A4N
なはり 奈半利	84 F4N
なばり 名張	88 H3
なみえ 浪江	101 F3N
なみおか 浪岡	113 D1
なめがた 行方	104 H3N
なめかわ 滑川	103 D2
なめりかわ 滑川	97 B3
なよろ（盆地）名寄	115 E2
なら 奈良	88 G3S
なら（盆地）奈良	88 G3
ならしの 習志野	104 G3
ならは 楢葉	101 F3
なりた 成田	104 H3S
なりゅう岬 成生岬	85 E3
なると 鳴門	84 G2S
なるさわ 鳴沢	102 B7N
なるせ 鳴瀬	114 E6
なる瀬 鳴瀬	84 G2
なると 成東	104 H4
なんかん 南関	77 C4
なんごう 南郷［宮崎］	76 E6S
なんごう 南郷［宮城］	114 E6N
なんこく 南国	83 E3S
なんじょう 南城	70 ①B4N
なんせい諸島 南西諸島	71-72 D-F5-7
なんたい山 男体山	101 C4
なんたん 南丹	88 E1
なんだん 南淡	87 B4S
なんと 南砺	97 A3S
なんぶ 南部［鳥取］	82 F3
なんぶ 南部［山梨］	102 A7
なんぶ 南部［青森］	113 E2N
なんぽろ 南幌	117 D2S
なんもく 南牧	102 B5
なんよう 南陽	114 C6S

【に】

項目	ページ
にいがた 新潟	101 C2S
にいがた 新潟	101 C2N
にいかっぷ 新冠	117 E4
にいざ 新座	103 E3S
にいじま 新島	74 ③B2
にい島 新島	74 ①B2
にいつ 新津	101 C2
にいはま（平野）新居浜	83 D3N
にいみ 新見	82 F4N
にいみ湾 贅湾	86 F6
にかほ 仁賀保	114 B4
にき 仁木	117 B3
にしあいづ 西会津	101 D2S
にしあざい 西浅井	85 E4N
にしあわくら 西粟倉	82 H3
にしいず 西伊豆	102 B7N
にしお 西尾	99 D4
にしおこっぺ 西興部	116 E2
にしかた 西方	101 D5N
にしかつら 西桂	103 B4S
にしかわ 西川	114 C6N
にしき 錦	76 D5
にしごう 西郷	101 E3

項目	ページ
にし水道 西水道（朝鮮海峡）	75 ②A1-2
にしそのぎ半島 西彼杵半島	75 B3-4
にしとうきょう 西東京	103 E4N
にしなすの 西那須野	101 D4N
にしね 西根	113 E3N
にしのおもて 西之表	72 F4
にしのしま 西ノ島	82 ②A1
にじのまつばら 虹の松原	75 C3N
にしのみや 西宮	87 E3N
にしはら 西原［沖縄］	70 ①B4N
にしはら 西原［熊本］	75 D4
にしわじま 西琵琶乳島	75 C3N
にしめや 西目屋	113 C1S
にしめわ 西米良	76 E5
にじょう 二丈	75 C2S
にじょう山 二上山	88 F3S
にしわき 西脇	87 C2N
にしわき 西和賀	113 D-E4N
ニセコ	117 B3
ニセコアンヌプリ	117 B3N
にちなん 日南［宮崎］	76 E6S
にちなん 日南［鳥取］	82 F3
にちはら 日原	81 C4S
にっこう 日光	101 D4
にっしん 日進	99 D3
にった 新田	103 D1
にっぱら鍾乳洞 日原鍾乳洞	103 C3
にのへ 二戸	113 E2
にのみや 二宮［神奈川］	103 D5S
にのみや 二宮［栃木］	104 F1N
にぶたに 二風谷	117 E3
にほんまつ 二本松	101 E2S
にほんライン 日本ライン	99 C2
にゅうぜん 入善	97 B-C3N
によどがわ 仁淀川	83 D3S
によど川 仁淀川	83 D-E4N
にらさき 韮崎	102 A6
にらやま 韮山	98 E6S
にんぎょう峠 人形峠	82 G3

【ぬ】

項目	ページ
ぬかた 額田	99 E4
ぬかびら 糠平	118 G2N
ぬ島 沼島	87 C5
ぬのびき山地 布引山地	86 E5
ぬまくま 沼隈	82 F5N
ぬまた 沼田［群馬］	101 C4S
ぬまた 沼田［北海道］	117 D1
ぬまづ 沼津	98 E6S

【ね】

項目	ページ
ねあがり 根上	85 E2N
ねざめのとこ 寝覚の床	98 C5
ねじめ 根占	76 D7
ねずがせきあと 念珠関跡	114 B5S
ねば 根羽	98 C6
ねむろ 根室	118 ②L7
ねむろ海峡 根室海峡	116 H3
ねむろ半島 根室半島	116 H3
ねやがわ 寝屋川	88 F2S

【の】

項目	ページ
のうび平野 濃尾平野	99 B-D2S
のおがた 直方	77 C2N
のおがた平野 直方平野	77 C-D1-2
のぎ 野木	104 F2N
のこぎり山 鋸山	102 D7
のこの島 能古島	77 B2N
のさか山地 野坂山地	85 D-E3-4
のざっぷ岬 納沙布岬	116 H3
のざわおんせん 野沢温泉	97 D3N
のじま崎 野島崎	102 D8
のしゃっぷ岬 野寒布岬	115 D1
のじり 野尻	76 E6N
のじり湖 野尻湖	97 D3
のしろ（平野）能代	113 C2
のせ 能勢	88 E2N
のせがわ 野迫川	88 F5
のぞり湖 野反湖	101 B4S
のだ 野田［千葉］	104 F3N
のだ 野田［岩手］	113 F2S
のだがわ 野田川	85 C3S
のつけ崎 野付崎	118 ②K6S
のと 能都	97 B2
のと 能登	97 B2
のとこんごう 能登金剛	97 A2
のと島 能登島	97 A-B2
のと半島 能登半島	97 A-B2
のとろ湖 能取湖	118 I1N
ののいち 野々市	97 A3S
のびどめ用水 野火止用水	103 E3

項目	ページ
のべおか 延岡	75 F4
のへじ 野辺地	113 E2N
のぼりべつ 登別	117 C4N
のま岬 野間岬	76 C7
のみ 能美	85 F2N
のむぎ峠 野麦峠	98 C4S
のもざき 野母崎	75 B4S
のりくら岳 乗鞍岳	97 C4S

【は】

項目	ページ
はいばら 榛原［奈良］	88 G3S
はいばら 榛原［静岡］	98 D7
はえばる 南風原	70 ①A4
はが 芳賀	101 E4S
はかた（島）伯方	83 E3
はかた湾 博多湾	77 B2
はがさき 波勝崎	98 E6
はぎ 萩	81 B5N
はぎわら 萩原	98 B5N
はくい 羽咋	97 A3S
はくさん 白山	97 A3S
はく山 白山	97 A3
はくば 白馬	97 C3N
はぐろ（山）羽黒	114 B6
はこだて（平野）函館	117 B5
はこね 箱根	102 C7
はこねせきあと 箱根関跡	102 C7
はこね峠 箱根峠	102 C7
はさき 波崎	114 I4
はさま 迫	
はさみ 波佐見	75 B3
はしかみ 階上	113 F2N
はしま 羽島	99 B3
はしもと 橋本	88 F4
はず 幡豆	99 D4S
はすだ 蓮田	103 E3N
はた 波田	97 C4
はだの 秦野	103 C5
はちおうじ 八王子	103 C4
はちじゅうりごえ 八十里越	101 C2S
はちじょう（島）八丈	74 ③B3S
はちのへ 八戸	113 E1S
はちまん 八幡	98 E1N
はちまんたい 八幡平（山）［岩手］	113 D3N
はちまんたい 八幡平（市）［岩手］	113 E3N
はちろうがた 八郎潟	113 C3N
はちろうがたかんたくち 八郎潟干拓地	113 C2-3
はっかい山 八海山	101 C3S
はつかいち 廿日市	81 D5
はっか峠 発荷峠	113 D2N
はっきょうが岳 八経ケ岳	86 D6
はっけん山／八剣山→八経ケ岳	86 D6
はっこうだ山 八甲田山	113 D1
はっこうだトンネル 八甲田トンネル	111 D2N
はつ島 初島	102 E5
はっちょうばら 八丁原	75 E3S
はてるま島 波照間島	71 B7S
はとがや 鳩ケ谷	104 E3
はとやま 鳩山	103 D3N
はとり湖 羽鳥湖	101 E3
はないずみ 花泉	114 E5
はなおか 花岡	113 D2S
はなさき 花咲	116 H3
はなぞの 花園	103 C2
はなまき 花巻	113 E4N
はなわ 塙	101 E4N
はにゅう 羽生	104 E4N
ははじま 母島	74 ④C5
はびきの 羽曳野	88 F3S
はぼまい群島 歯舞群島	116 H-I3
はぼろ 羽幌	115 D2
はまおか 浜岡	98 D7S
はまきた 浜北	98 C7N
はまさか 浜坂	85 A3
はまだ 浜田	81 D4N
はまたま 浜玉	75 C3N
はまとんべつ 浜頓別	115 E1S
はまなか 浜中	118 ②K7S
はまな湖 浜名湖	98 C7
はままつ 浜松	98 C7
はむら 羽村	103 D3S
はやかわ 早川	102 A7
はやちね山 早池峰山	113 E3S
はやと 隼人	76 D6
はら 葉山	98 D5N
はら 原	98 D5N
はらじゅく 原宿	101 E4N
はりま 播磨	87 C3N
はりま灘 播磨灘	87 B3
はりまかもうら平野 播磨平野	87 B-C2-3
はるな湖 榛名湖	101 C4S
はるな山 榛名山	101 B5N

るの 春野 ……………………… 83 D3-4
るひ 春日 ……………………… 99 C3N
わい 羽合 ……………………… 82 G3N
んだ 半田 ……………………… 99 C2N
んだい 磐梯 …………………… 101 D2S
んだいあたみ 磐梯熱海 ……… 101 E2S
んだい山 磐梯山 ……………… 101 E2S
んどう 坂東 …………………… 104 F2S
んなん 阪南 …………………… 87 D4
んのう 飯能 …………………… 103 D3

【ひ】

いがわ 斐伊川 ………………… 82 E3
うちが岳 簷ヶ岳 ……………… 101 C4N
うち灘 燧灘 …………………… 83 D2S
えい 美瑛 ……………………… 118 E1S
えい山 比叡山 ………………… 88 G1
えづ 日吉津 …………………… 82 F3N
おき 日置 ……………………… 76 C6S
がし 東 ………………………… 70 ①C2
がしあがつま 東吾妻 ………… 101 B4S
がしいず 東伊豆 ……………… 98 F7
がしいずも 東出雲 …………… 82 F3N
がしいちき 東市来 …………… 76 C6
がしうら 東浦 ………………… 99 C4N
がしおうみ 東近江 …………… 88 H1
がしおおさか 東大阪 ………… 88 F2
がしかがわ 東かがわ ………… 84 F2
がしかぐら 東神楽 …………… 118 E1
がしかわ 東川 ………………… 118 F1
がしくしら 東串良 …………… 76 D7
がしくしろかいづか 東釧路貝塚
 ……………………………… 118 I3N
がしくびき丘陵 東頸城丘陵
 ……………………………… 97 D-E2
がしくるめ 東久留米 ………… 103 E3S
がしらかわ 東白川 …………… 98 B5
がしそのぎ 東彼杵 …………… 75 B3S
がしちちぶ 東秩父 …………… 103 C2
がしどおり 東通 ……………… 111 E1
がしなるせ 東成瀬 …………… 114 C6N
がしね 東根 …………………… 114 C6N
がしひろしま 東広島 ………… 82 E5N
がしまつうら半島 東松浦半島
 ……………………………… 75 B2-3
がしまつしま 東松島 ………… 114 E6N
がしまつやま 東松山 ………… 103 C3N
がしみよし 東みよし ………… 84 E2S
がしむらやま 東村山 ………… 103 D3-4
がしやま 東山 ………………… 101 D3N
がしやまと 東大和 …………… 103 D4N
がしやましろ 東山代 ………… 88 G4
がみ 氷上 ……………………… 87 D1N
がり 光 ………………………… 81 C6N
かわ 氷川 ……………………… 75 D4
かわ 斐川 ……………………… 82 E3
けた 引田 ……………………… 84 F2
こ山 英彦山 …………………… 77 D3N
こね 彦根 ……………………… 85 E4
さい 尾居 ……………………… 86 E5
さい 尾西 ……………………… 99 C2S
さやま 久山 …………………… 77 B-C2
さん諸島 備讃諸島 …………… 84 E2N
じ 日出 ………………………… 75 F3N
じおり 肘折 …………………… 114 C5
じかり 菱刈 …………………… 76 D5S
ぜん 備前 ……………………… 82 H4
た (盆地) 日田 ………………… 77 D3
だ 飛騨 ………………………… 97 B4
だか 日高[高知] ……………… 83 D3S
だか 日高[兵庫] ……………… 85 B4N
だか 日高[和歌山] …………… 86 C7N
だか 日高[埼玉] ……………… 103 D3
だか 日高[北海道] …………… 117 E4N
だかがわ 日高川 ……………… 86 C7N
だかがわ湾 単冠湾 …… 116 ②B2N
どとつせ川 一ツ瀬川 ………… 76 F5
とよし (盆地) 人吉 …………… 76 D5
ない 比内 ……………………… 113 D2
なか 比奈久 …………………… 76 D5N
なせ 日生 ……………………… 82 H4
ぬ沼 涸沼 ……………………… 104 I1S
の 日野[鳥取] ………………… 82 F3
の 日野[滋賀] ………………… 88 H-I1S
の 日野 ………………………… 103 D4
のえまた 檜枝岐 ……………… 101 C3S
のかげ 日之影 ………………… 75 E4

ひの川 日野川 ………………… 88 H-I1
ひので 日の出 ………………… 103 D4N
ひのとだけ山地 丁岳山地 …… 114 C4
ひのはら 檜原 ………………… 103 C4N
ひのみさき 日御碕 …………… 82 E3
ひノみさき 日ノ御埼 ………… 86 C7N
びばい 美唄 …………………… 117 D2
ひば山 比婆山 ………………… 82 F3S
ひばら湖 桧原湖 ……………… 101 E2
ひびき灘 響灘 ………………… 81 A5
びふか 美深 …………………… 115 E2
ひぶり島 日振島 ……………… 83 B4S
ひぼろ (峠) 美幌 ……………… 118 I1
ひゅうがなだ 日向灘 ………… 97 A3N
ひめかみ山 姫神山 …………… 113 E3N
ひめ川 姫川 …………………… 97 C3
ひめじ 姫路 …………………… 87 E2N
ひめしま 姫島 ………………… 75 F2
ひめじ 姫路 …………………… 75 F2
ひやみず峠 冷水峠 …………… 77 C2S
ひゅうが 日向 ………………… 76 F5
ひゅうがなだ 日向灘 ………… 76 F5
ひょうご 兵庫 ……………… 87 B-C1S
ひょうの山 (せん) 氷ノ山 …… 82 H3
ひよし 日吉 …………………… 88 F1N
ひょうどりごえ 鵯越 ………… 87 D3
ひらいずみ 平泉 ……………… 114 E5N
ひらいでいせき 平出遺跡 …… 97 C4S
ひらお 平生 …………………… 81 D6
ひらお台 平尾台 ……………… 77 C2S
ひらか 平賀 …………………… 113 D1
ひらか 平鹿 …………………… 114 C4
ひらかた 枚方 ………………… 88 F2
ひらかわ 平川 ………………… 113 D1S
ひら山地 比良山地 …………… 85 D4
ひらた 平田[島根] …………… 82 E3N
ひらた 平田[福島] …………… 101 F3
ひらつか 平塚 ………………… 103 D5
ひらど 平戸 …………………… 75 A3
ひらど島 平戸島 ……………… 75 A3
ひらとり 平取 ………………… 117 E3S
ひらない 平内 ………………… 111 D1N
ひらや 平谷 …………………… 98 C6
ひらやま 平山 ………………… 77 C4
ひらら 平良 …………………… 72 ④B2N
ひる山 (ぜん) 蒜山 …………… 82 G3
びろう島 枇榔島 ……………… 76 E7N
ひろお 広尾 …………………… 118 G4
ひろかわ 広川[福岡] ………… 77 C4N
ひろがわ 広川[和歌山] ……… 86 C6S
ひろさき 弘前 ………………… 113 C1S
ひろしま 広島 ………………… 82 E4S
ひろしま 広島 ………………… 82 E4S
ひろしま平野 広島平野 …… 81 D-E5N
ひろせ 広瀬 …………………… 82 F3
ひろせ川 広瀬川 ……………… 114 D6
ひろの 広野 …………………… 101 F3
ひろの 洋野 …………………… 113 F2N
びわ 広畑 ……………………… 87 B2-5
びわ湖 琵琶湖 ………………… 85 E4
ひわだ峠 桧皮峠 ……………… 83 C3

【ふ】

ふうれん 風連 ………………… 115 E2
ふうれん湖 風蓮湖 ……… 118 ②K7
ふえふき 笛吹 ………………… 102 B6
ふえふき川 笛吹川 …………… 102 B6
ふかうら 深浦 ………………… 113 B1
ふかえ 深江 …………………… 75 C4
ふかがわ 深川 ………………… 117 E1
ふかや 深谷 …………………… 103 D2N
ふきあげ 吹上 ………………… 76 D5N
ふきあげ浜 吹上浜 …………… 76 C6-7
ふくい 福井 …………………… 85 E3
ふくい (平野) 福井 …………… 85 E2S
ふくえ (島) 福江 ………… 76 ③A2S
ふくおか 福岡 ………………… 77 C2
ふくおか (平野) 福岡 ………… 77 B2
ふくさき 福崎 ………………… 87 C2
ふくしま 福島 ………………… 101 D-E3
ふくしま 福島[福島] ………… 101 E2S
ふくしま 福島[北海道] ……… 115 C5S
ふくしま盆地 福島盆地 …… 101 E-F2
ふくち 福智 …………………… 77 C2N
ふくちやま (盆地) 福知山 …… 85 C4
ふくつ 福津 …………………… 77 B1S
ふくの 福野 …………………… 97 A3S
ふくおか 福岡 ………………… 77 B1S
ふくみつ 福光 ………………… 97 A3S
ふくやま 福山 ………………… 82 F5N
ふくろだの滝 袋田の滝 ……… 101 E4
ふげん岳 普賢岳→雲仙岳 …… 75 C4
ふじ 富士 ……………………… 98 E6
ふじいでら 藤井寺 …………… 88 F3

ふじえだ 藤枝 ………………… 98 D7N
ふじおか 藤岡[群馬] ………… 103 C1S
ふじおか 藤岡[栃木] ………… 103 E1S
ふじかわ 富士川[静岡] ……… 98 E6S
ふじかわ 富士川[山梨] ……… 102 A6
ふじ川 富士川 ………………… 98 E6
ふじかわぐちこ 富士河口湖 … 103 B4S
ふじさき 藤崎 ………………… 113 D1
ふじさと 藤里 ………………… 81 F1S
ふじさわ 藤沢[神奈川] ……… 103 D-E5
ふじさわ 藤沢[岩手] ………… 114 E5
ふじ山 富士山 ………………… 102 B7
ふじしま 藤島 ………………… 114 B5
ふじしろ 藤代 ………………… 104 G3
ふじのきこふん 藤ノ木古墳 … 88 F3
ふじのみや 富士宮 …………… 98 E6
ふじみ 富士見 ………………… 101 D4
ふじまえ干潟 藤前干潟 ……… 99 C2S
ふじみ 富士見[長野] ………… 98 D5N
ふじみ 富士見[群馬] ………… 101 C5N
ふじみ 富士見[埼玉] ………… 103 D3S
ふじみ 富士見 ………………… 103 E3
ふじみの ふじみ野 …………… 103 E3
ふじよしだ 富士吉田 ………… 102 B7N
ふじわらきゅうせき 藤原宮跡
 ………………………………… 88 G4N
ぶぜん 豊前 …………………… 75 E2S
ふそう 扶桑 …………………… 99 C2
ふだい 普代 …………………… 113 F2S
ふたおい島 蓋井島 …………… 81 A5S
ふたご山 両子山 ……………… 75 F2S
ふたば 双葉 …………………… 101 F3N
ふたみ 二見 …………………… 99 C5S
ふたみうら 二見浦 …………… 86 F5N
ふちゅう 府中(町)[広島] …… 81 E5N
ふちゅう 府中(市)[広島] …… 82 F4S
ふちゅう 府中[東京] ………… 103 D4N
ふつかいち 二日市 …………… 77 C3N
ふっさ 福生 …………………… 103 D4N
ふっつ 富津 …………………… 104 F5S
ふっつ岬 富津岬 ……………… 104 F5
ふてんま 普天間 …………… 70 ①B3S
ふなかた 舟形 ………………… 114 C5
ふながた山 船形山 ………… 114 D6N
ふなはし 舟橋 ………………… 97 B3
ふなばし 船橋 ………………… 104 F4
ふねひき 船引 ………………… 101 F3N
ふらの 富良野 ………………… 117 E2
ふらの岳 富良野岳 …………… 118 F2
ふらの盆地 富良野盆地 …… 118 E-F2
ふるかわ 古川 ………………… 114 D6
ふるどの 古殿 ………………… 101 F3S
ふるどの 古殿 ………………… 101 F3S
ふるや 古平 …………………… 117 B2
ふるゆ 古湯 …………………… 77 A3
ふわのせきあと 不破関跡 …… 85 E4N
ぶんごおおの 豊後大野 ……… 75 F4N
ぶんご水道 豊後水道 ………… 83 B4-5
ぶんごたかだ 豊後高田 ……… 75 E2S

【へ】

へい川 閉伊川 ………………… 113 F3S
へいせいしん山 平成新山 …… 75 C4
べかんべうし湿原 別寒辺牛湿原
 ……………………………… 116 G-H3S
へきなん 碧南 ………………… 99 C4
へぐり 平群 …………………… 88 F3
べつかい 別海 ………………… 116 H3N
べっしどうざんあと 別子銅山跡
 ………………………………… 83 D3N
べっしょ 別所 ………………… 97 D4
べっぷ 別府 …………………… 75 F3
べっぷ湾 別府湾 ……………… 75 F3
へど岬 辺戸岬 ……………… 70 ①D1
へなし崎 艫作崎 ……………… 113 B1
へのこ岬 辺野古崎 ………… 70 ①C2S

【ほ】

ほうえい山 宝永山 …………… 103 B5
ほうおうざんよこあなこふん
 法皇山横穴古墳 ……………… 85 E2
ほうき 伯耆 …………………… 82 F3N
ほうじょう 北条 ……………… 83 C3N
ほうそう半島 房総半島 …… 104 G-H5
ほうだつ山 宝達山 …………… 97 A3
ほうだつしみず 宝達志水 …… 97 A3N
ほうの 坊野 …………………… 76 C7
ほうの岬 坊ノ岬 ……………… 76 C7
ほうや 保谷 …………………… 103 E4N
ほうりゅうじ 法隆寺 ………… 86 D5
ほうえい 北栄 ………………… 82 G3N
ほうせ 北勢 …………………… 85 F4
ほくと 北杜 …………………… 102 A6
ほくと 北斗 …………………… 117 B5

ほくとうせき 北投石 ………… 113 D3N
ほくりゅう 北竜 ……………… 117 D1
ほけん 保険 …………………… 104 I2
ほしの 星野 …………………… 77 D3-4
ほしくら 細倉 ………………… 114 D5
ほたか (岳) 穂高 ……………… 97 C4
ほたか山 武尊山 ……………… 101 C4
ほっかいどう 北海道 ………… 118 F-G2
ほづ川 保津川 ………………… 88 F1S
ほったのさくあと 払田柵跡 … 113 D4N
ポートアイランド ……………… 87 D3
ほとけ沼 仏沼 ………………… 113 E1N
ほろかない 幌加内 …………… 115 E2-3
ほろかべつ岳 幌尻岳 ………… 118 F3
ほろない山地 幌内山地 ……… 117 E1
ほろのべ 幌延 ………………… 115 D1S
ほんかう 本宮 ………………… 86 D7
ほんじょう 本庄 ……………… 103 C2N
ほんじょう (平野) 本荘 ……… 113 C4
ほんど 本渡 …………………… 76 C5N
ほんべつ 本別 ………………… 118 H2

【ま】

まいこの浜 舞子の浜 ………… 87 D3
まいさか 舞坂 ………………… 98 E2
まいづる 舞鶴 ………………… 85 C4N
まいさわ 米原 ………………… 85 E4
まえさわ 前沢 ………………… 114 E4S
まえばしい 前橋 ……………… 103 C1N
まえばる 前原 ………………… 77 A2S
まかべ 真壁 …………………… 104 G1S
まき 巻 ………………………… 101 B2
まきおか 牧丘 ………………… 102 B6
まきのはら 牧之原 …………… 98 D7
まきのはら 牧ノ原 …………… 98 D7
まくべつ 幕別 ………………… 118 G3N
まくらざき 枕崎 ……………… 76 C7
まごめ 馬籠 …………………… 98 C5S
まさき 松前 …………………… 83 C3
ましき 益城 …………………… 75 D4
ましけ 増毛 …………………… 117 D1N
ましけ山地 増毛山地 ……… 117 D1-2
ましこ 益子 …………………… 101 E5N
ましゅう 摩周湖 ……………… 118 J1
ますだ 益田 …………………… 82 A6S
ますほ 増穂 …………………… 102 A6S
まち 町田 ……………………… 103 D4S
まついだ 松井田 ……………… 102 B5
まつうら 松浦 ………………… 75 B3
まつえ 松江 …………………… 82 F3N
まつお 松尾 …………………… 113 E3N
まつおか 松岡 ………………… 85 E2S
まつかわ 松川(村)[長野] …… 97 C4N
まつかわ 松川(町)[長野] …… 98 C5S
まつかわうら 松川浦 ………… 101 F2
まつさか 松阪 ………………… 99 B5
まつざき 松崎 ………………… 98 E7
まつしげ 松茂 ………………… 84 G2S
まつしま 松島 ………………… 114 E6
まつしろ 松代 ………………… 97 D3S
まつだ 松田 …………………… 103 C5
まつとう 松任 ………………… 104 F3S
まつとう 松任 ………………… 97 A3S
まつの 松野 …………………… 83 C4
まつばら 松原 ………………… 88 F3
まつぶし 松伏 ………………… 104 F3
まつまえ 松前 ………………… 115 C5S
まつまえ半島 松前半島 ……… 115 B-C5
まつもと 松元 ………………… 76 C6S
まつもと (盆地) 松本 ………… 97 C4
まつやま (平野) 松山 ………… 83 C3
まつやま川 円山川 …………… 85 B3
まとや湾 的矢湾 ……………… 86 F6
まなづる 真鶴 ………………… 102 C7
まなづる岬 真鶴岬 …………… 102 C7
まにわ 真庭 …………………… 82 G3S
まの (湾) 真野 …………… 97 ②A2
まの 真備 ……………………… 82 G4
まひる山地 真昼山地 ……… 113 D3-4
まぶに 摩文仁 ……………… 70 ①A4
まべち川 馬渕川 ……………… 113 E2N
まむろがわ 真室川 …………… 114 C5
まや山 摩耶山 ………………… 87 D3N
まる 丸 ………………………… 76 D6N
まるおか 丸岡 ………………… 85 E2
まるがめ 丸亀 ………………… 84 E2
まるこ 丸子 …………………… 97 C4
まるもり 丸森 ………………… 114 D7
まるやま川 円山川 …………… 85 B3
まわきいせき 真脇遺跡 ……… 97 B2
まん湖 漫湖 ………………… 70 ①A4
まんざ 万座 …………………… 101 B4S
まんのう 満濃 ………………… 84 E2
まんのう池 満濃池 …………… 84 E2

165 日本編（みう～わら）

【み】

項目	ページ
みうら(半島) 三浦	102 D7
みえ 三重	86 E5
みかさ 三笠	117 D3
みかた湖 三方湖	85 D3S
みかた原 三方原	98 C7
みかわ 三河	114 H5
みかわ湾 三河湾	99 D5N
みき 三木[香川]	84 F2
みき 三木[兵庫]	87 C2S
みくに 三国	85 E4
みくに峠 三国峠	101 B4
みくに山 三国山	102 B6N
みくらじま 御蔵島	74 ③B3N
みくら島 御蔵島	74 ③B3N
みさか峠 美坂峠	103 B4
みさき 美咲	82 G4N
みさき 三崎[愛媛]	83 B4N
みさき 三崎[神奈川]	102 D7
みさき 岬[大阪]	87 D4
みさき 岬[千葉]	104 H5
みさくぼ 水窪	98 C6
みささ 三朝	82 G3N
みさと 美里[熊本]	75 D4
みさと 美里[埼玉]	103 C2
みさと 美里[宮城]	114 E5S
みさと 美郷[宮崎]	76 C5N
みさと 美郷[島根]	82 E3S
みさと 美郷[秋田]	113 D4N
みさと 三郷	104 F3
みさわ 三沢	113 E1
みしま 三島[鹿児島]	71-72 E-F4
みしま 三島[新潟]	101 B3N
みしま 三島[福島]	101 D3N
みしま 三島[静岡]	98 E6S
み島 見島	81 B3N
みずかみ 水上	76 E3N
みずさわ 水沢	114 E4
みずしま 水島	82 G4S
みずなみ 瑞浪	99 C2
みずほ 瑞穂[京都]	88 E1N
みずほ 瑞穂[岐阜]	99 B2
みずほ 瑞穂[東京]	103 D3S
みずまき 水巻	77 C1
みすみ 三角	75 C4S
みたか 三鷹	103 E4
みたけ 御嶽	99 D2N
みたけ山 御岳山	103 C3S
みたけしょうせんきょう 御岳昇仙峡	102 B6
みたね 三種	113 C2S
みつ 御津	82 G4
みつえ 御杖	88 H4N
みっかいどう 水海道	104 F2S
みっかび 三ケ日	98 C7
みつけ 見附	101 B2S
みつぜ峠 三瀬峠	77 B3N
みつ津 御津	99 E4
みと 水戸	104 H1
みとう 美東	81 B5N
みとよ 三豊	84 E2
みどり 緑	103 D1N
みどり川 緑川	75 D4
みなかた 皆方	101 C4
みなかみ 水上	101 B3N
みなくち 水口	88 H2N
みなの 皆野	103 C2S
みなべ 南部	86 C3
みなまた 水俣	76 C5
みなみ 美波	84 G3S
みなみあいき 南相木	98 E4S
みなみあいづ 南会津	101 D3
みなみあしがら 南足柄	103 C5S
みなみあそ 南阿蘇	75 E4
みなみアルプス 南アルプス(山脈)→ 赤石山脈	98 D5-6
みなみアルプス 南アルプス(市)	102 A6S
みなみあわじ 南あわじ	87 C4S
みなみいず 南伊豆	98 E7
みなみいせ 南伊勢	86 F6
みなみうおぬま 南魚沼	101 B3S
みなみえちぜん 南越前	85 E3
みなみおおすみ 南大隅	76 D5
みなみおぐに 南小国	77 E4
みなみきゅうしゅう 南九州	76 C7N
みなみさつま 南さつま	76 C7N
みなみさんりく 南三陸	114 E3
みなみしまばら 南島原	75 C4S
みなみそうま 南相馬	101 F2
みなみだいとう(島) 南大東	72 F7
みなみたね 南種子	76 ⑤A2N
みなみちた 南知多	99 C5N
みなみとり島 南鳥島	6 H7N
みなみふらの 南富良野	118 F2
みなみぼうそう 南房総	102 D7S
みなみまき 南牧	102 A5
みなみみのわ 南箕輪	98 C5N
みなみやましろ 南山城	88 G2S
みぬまだい用水 見沼代用水	103 E2
みね 美祢	81 B5
みねやま 峰山	85 C3
みの 美濃	99 C1
みのお 箕面	88 E2
みのかも 美濃加茂	99 D2N
みのぶ(山) 身延	102 A7N
みのぶ山地 身延山地	98 D5-6
みのみかわ高原 美濃三河高原	99 D-E2-3
みのわ 箕輪	98 C5N
みはま 美浜[福井]	85 D3
みはま 美浜[和歌山]	86 C7N
みはま 美浜[愛知]	99 C4S
みはら 美原	86 E7
みはら 三原[広島]	82 F5
みはら 三原[高知]	83 C5N
みはら山 三原山	74 ③B2
みはる 三春	101 E3N
みぶ 壬生	102 D5N
みふね 御船	75 D4
みほ 美保	104 H2S
みほのせき 美保関	82 F2S
みほのまつばら 三保松原	98 E7N
みほろダム 御母衣ダム	97 A4
みま 美馬	84 F2S
みまさか 美作	82 H3S
みまた 三股	76 E6
みまわ川 耳川	76 E5
みみつ 美々津	76 E5
みみなし山 耳成山	93 ②B2S
みながせ湖 宮ヶ瀬湖	103 C4S
みやぎ 宮城	114 D-E6N
みやけ 三宅[奈良]	93 ②B2S
みやけ(島) 三宅[東京]	74 ③B2S
みやこ 都	77 D2N
みやこ 宮古	113 F3S
みやこ島 宮古島	71 C7
みやこじま 宮古島	71 C7
みやこのじょう(盆地) 都城	76 E6
みやざき 宮崎	76 E6
みやざき 宮崎	76 E6N
みやざき平野 宮崎平野	76 E5-6
みやじま 宮島	81 D5
みやしろ 宮代	104 E2S
みやた 宮田	77 C2N
みやだ 宮田	98 C5
みやづ(湾) 宮津	85 C3S
みやと島 宮戸島	114 E6
みやのうら岳 宮之浦岳	72 F4S
みやま 美山	85 B4
みやわか 宮若	77 C2N
みょうぎ山 妙義山	102 B2S
みょうけん山 妙義山	88 E2
みょうこう山 妙高山	97 D3N
みよし 三好	84 E2S
みよし 三芳	103 E3
みよし(盆地) 三次	82 E4S
みよた 御代田	97 E4
みんまや 三厩	111 D1

【む】

項目	ページ
むいかまち 六日町	101 B3S
むかいしま 向島	82 F5N
むかわ 鵡川	117 D-E3S
むぎ 牟岐	84 F3
むぎくさ峠 麦草峠	98 D4S
むこう 向日	88 F2N
むこ川 武庫川	87 B2
むさし 武蔵	75 F1N
むさしの 武蔵野	103 E4N
むさしむらやま 武蔵村山	103 D4N
むつ 陸奥湾	111 E1
むつざわ 睦沢	104 H5
むつ陸奥湾	111 D-E1S
むなかた 宗像	77 C1S
むらおか 村岡	85 B4N
むらかみ 村上	114 A6
むらた 村田	114 D6
むろと(岬) 室戸	84 F4
むろらん 室蘭	117 B4

【め】

項目	ページ
めあかん岳 雌阿寒岳	118 I2N
めいじ用水 明治用水	99 D3-4
めいわ 明和[三重]	86 F5S
めいわ 明和[群馬]	103 E2N
めぎ島 女木島	84 F2N
めぬま 妻沼	103 D2N
めまんべつ 女満別	118 I1N
めむろ 芽室	118 G3N
めらのしょう 米良荘	76 E5

【も】

項目	ページ
もいわ山 藻岩山	117 C2S
もおか 真岡	102 E5N
もがみ 最上	114 D5
もがみ川 最上川	114 B5N
もぎ 茂木	75 B4
もこと山 藻琴山	118 I1
もずふるいちこふんぐん 百舌鳥・古市古墳群	86 C-D5S
もせうし 妹背牛	117 D1
もてぎ 茂木	101 E4S
もとす 本巣	99 B2N
もとすこ 本栖湖	102 B7N
もとの 本野	104 G3S
もとぶ 本部	70 ①B2
もとみや 本宮	101 E2S
もとやま 本山	83 E3
もとよし 本吉	114 F5
もの(べ川) 物部	84 E3
もばら 茂原	104 H5
もり 森[静岡]	98 C7
もり 森[北海道]	117 B4S
もりおか 盛岡	113 E3
もりぐち 守口	88 F3N
もりや 守谷	104 F3N
もりやま 守山	88 G1
もろいし山 諸石山	88 G1
もろざき 師崎	99 C5
もろつか 諸塚	76 E4S
もろ山 毛呂山	103 D3N
もんべつ 紋別	116 F2

【や】

項目	ページ
やいた 矢板	101 D4
やいづ 焼津	98 D7N
やえせ 八重瀬	70 ①A4
やえやま列島 八重山列島	71 B7
やお 八尾	88 F3
やかげ 矢掛	82 G4
やぎさわだむ 矢木沢ダム	101 C4N
やぎしり島 焼尻島	115 D2
やくし岳 薬師岳	97 C4N
やくしま 屋久島	72 F4S
やく島 屋久島	72 F4S
やくも 八雲	115 C4
やけ岳 焼岳	97 C4
やしお 八潮	104 F3S
やしろ島 屋代島(大島)	81 D6
やす 夜須	77 C3N
やすぎ 野洲	88 H1
やず 八頭	82 H3N
やすおか 泰阜	98 C6
やすにし川 野洲西川	88 H1-2
やすぎ 安来	82 F3N
やすだ 安田	84 E4N
やちまた 八街	104 H4
やちよ 八千代[広島]	82 E4S
やちよ 八千代[茨城]	104 F2
やちよ 八千代[千葉]	104 G4N
やつお 八尾	97 B3S
やつが岳 八ケ岳	98 D5N
やつしろ 八代	76 D4S
やつしろ海 八代海	76 C-D5N
やつしろ平野 八代平野	75-76 D4S
やつ干潟 谷津干潟	104 F-G4N
やとみ 弥富	99 B3
やない 柳井	81 D6N
やないづ 柳津	101 D2S
やながわ 梁川	101 F2N
やなせだむ 魚梁瀬ダム	84 F3S
やながわ 柳川	82 H4N
やなぎ谷 柳谷	77 F3N
やぎ川 矢作川	99 C4
やばけい 耶馬溪	75 E3N
やはたせいてつしょ 八幡製鐵所	77 D1
やばば 矢山	113 E3
やひこ 弥彦	101 B2
やひこ山 弥彦山	101 B2
やぶ 養父	85 B4N
やぶき 矢吹	101 E3
やぶづかほんまち 藪塚本町	103 D1
やべ 矢部	77 C4
やべ川 矢部川	77 B4
やまえ 山江	76 D5
やまが 山鹿	75 D3S
やまがた 山形	114 C5S
やまがた 山形[山形]	114 C6
やまがた 山形[長野]	97 C4
やまがた 山県	99 C1-2
やまがた盆地 山形盆地	114 C5-6
やまかわ 山川	84 F2S
やまがわ 山川	76 D7
やまき 山北	103 C5
やまぐち 山口	81 B-C5
やまぐち 山口	81 B5
やまぐち盆地 山口盆地	81 B-C5
やまこし 山古志	101 B3
やまさき 山崎	85 B4S
やましろ 山代	85 E2
やましろ 山城	88 G3N
やまぞえ 山添	88 H3
やまだ 山田[福岡]	77 D2S
やまだ 山田[岩手]	113 F4N
やまつり 矢祭	101 E4?
やまと 山都	75 D4
やまと 大和[鹿児島]	76 ④B1
やまと 大和[神奈川]	103 D5N
やまと川 大和川	88 E3
やまとこおりやま 大和郡山	88 E3
やまとたかだ 大和高田	88 F-G3S
やまなか 山中	85 E2
やまなかこ 山中湖	103 B5
やまなかこ湖 山中湖	103 B5
やまなし 山梨	103 B4
やまなし 山梨	102 B6
やまのうち 山ノ内	97 D3
やまのべ 山辺	114 C6
やまもと 山本[北海道]	114 D7
やみぞ山 八溝山	101 E4N
やめ 八女	77 C4
やもと 矢本	114 E6N
やりが岳 槍ケ岳	97 C4
やわた 八幡	88 F2
やわたはま 八幡浜	83 C4

【ゆ】

項目	ページ
ゆあさ 湯浅	86 C6S
ゆい 由比	98 E6S
ゆうき 結城	104 F1
ゆうすい 湧水	76 D6N
ゆうばり 夕張	117 D2S
ゆうばり山地(岳) 夕張山地	117 E2
ゆうふつ平野 勇払平野	117 D3
ゆうべつ 湧別	116 F2S
ゆがしま 湯ケ島	98 E7N
ゆがわ 湯川	101 D2S
ゆがわら 湯河原	102 C7
ゆき 湯来	81 D5N
ゆくはし 行橋	77 D2N
ゆげ 弓削	83 D2
ゆげ島 弓削島	83 D2
ゆざ 遊佐	114 B5
ゆざわ 湯沢[新潟]	101 B4N
ゆざわ 湯沢[秋田]	114 C-D4
ゆすはら 檮原	83 C4
ゆたがわ 湯田川	114 B5
ゆだな 湯田中	97 D3
ゆどの山 湯殿山	114 B5S
ゆに 由仁	117 D2-3
ゆにしかわ 湯西川	101 D4N
ゆのかわ 湯の川	117 B5
ゆのごう 湯郷	82 H4N
ゆのはま 湯野浜	114 B5
ゆのまえ 湯前	76 D5
ゆのみね 湯の峰	86 D7
ゆのやま 湯の山	85 E4
ゆばら 湯原	82 G3
ゆのひのそ 湯檜曽	101 B-C4
ゆふ(岳) 由布	75 E3
ゆふいん 湯布院	75 E3
ゆみはま 弓ヶ浜	82 F3N
ゆむら 湯村	85 A3S
ゆめさき 夢前	87 B2N
ゆもと 湯本[山口]	81 B5
ゆもと 湯本[岩手]	113 D4
ゆや 油谷	81 B5N
ゆら 由良	86 C7N
ゆら川 由良川	85 C4N
ゆり 湯梨浜	82 G3S
ゆりほんじょう 由利本荘	113 C4
ゆわく 湯涌	97 A4N

【よ】

項目	ページ
よいち 余市	117 B2
ようか 八鹿	85 B4N
ようかいち 八日市	88 H1
ようかいちば 八日市場	104 I4N
ようてい山 羊蹄山	117 B3N
ようろう 養老	99 B2
ようろう山地 養老山地	99 B2-3
ようろうの滝 養老ノ滝	99 B2S

ご 余呉 ········· 85 E3S	よねざわ(盆地) 米沢 ····· 114 C7N	りゅうせん洞 龍泉洞 ····· 113 F3N	ろっこうし山 六角牛山 ···· 113 F4
こしばひかり 横芝光 ····· 104 I4	よねしろ川 米代川 ······· 113 B2	りゅうほく 竜北 ········· 75 D4S	
こすか 横須賀 ········· 103 E5S	よねやま 米山 ··········· 101 A3	りゅうかみ山 竜神山 ······ 103 B2S	【わ】
こぜ 横瀬 ············ 103 C3N	よの 与野 ·············· 103 E3	りょうそう用水 両総用水	わが 和賀 ············· 114 D4
こた 横田 ············· 82 F3	よぶこ 呼子 ············ 75 B2S	·················· 104 H-I3-4	わかくさ山 若草山 ······ 88 G3N
こて 横手 ············ 113 D4	よみたん 読谷 ·········· 70 ①A3	りょうつ 両津 ·········· 97 ②A1	わかさ 若桜 ··········· 82 H3
こて盆地 横手盆地 ··· 113-114 C-D4	よもぎた 蓬田 ·········· 111 D2N	りょうなん 綾南 ··········· 84 E2	わかさ(湾) 若狭 ········· 85 D3
こはま 横浜[神奈川] ······ 103 E5N	より 寄居 ············· 103 C2	りょうはく山地 両白山地 · 97-98 A4-5	わかのうら 和歌浦 ········ 87 D5
こはま 横浜[青森] ······· 111 E1S	よろん(島) 与論 ·········· 71 E6		わかまつ半島 若松半島 ···· 77 C1N
さの 与謝野 ············ 85 C3S		【る】	**わかやま 和歌山** ······· 86 C-D7
しい 吉井[長崎] ········· 75 B3	【ら】	るすつ 留寿都 ·········· 117 B3	わかやま 和歌山 ······· 87 D-E5N
しい 吉井[群馬] ········· 103 B1S		るべしべ 留辺蘂 ········· 118 H1	わかやま平野 和歌山平野 · 87 D-E5N
しい 芳井 ·············· 82 F4	らうす(岳) 羅臼 ········· 116 H2S	るべつ 留別 ············ 116 ③B3	わき 和木 ·············· 81 D5
しい川 吉井川 ·········· 82 H4	らかん山 羅漢山 ·········· 81 D5	るもい 留萌 ············ 117 D1N	わきた 脇田 ············ 77 C2
しおか 吉岡[群馬] ······ 102 C5N	らんこし 蘭越 ·········· 117 B3	るやべつ 留夜別 ·········· 116 I2	わきのさわ 脇野沢 ······· 111 D1S
しおか 吉岡[北海道] ····· 115 C5S	らんざん 嵐山 ·········· 103 D2S	るり渓 琉璃渓 ··········· 88 E1S	わきまち 脇町 ··········· 84 F2S
しか 吉香 ············· 81 C5			わくや 涌谷 ············ 114 E5S
しかわ 吉川 ··········· 104 F3	【り】	【れ】	わくら 和倉 ············ 97 A2S
しだ 吉田[鹿児島] ········ 76 D4	りくぜんたかた 陸前高田 ···· 114 F4S	れいほく 苓北 ·········· 76 C4S	わけ 和気 ············· 82 H4
しだ 吉田[広島] ········· 82 E4	りくべつ 陸別 ·········· 118 H2N	れぶん 礼文 ············ 115 D1	わこう 和光 ··········· 103 E3S
しだ 吉田[静岡] ········· 98 D7	りしり 利尻 ············ 115 D1S	れぶん島 礼文島 ········· 115 D1	わじま 輪島 ··········· 97 A2N
しとみ 吉富 ··········· 75 C2S	りしり島 利尻島 ········· 115 D1S		わしみや 鷲宮 ·········· 103 E2
しのがり 吉野ヶ里 ········ 77 B3	りしりふじ 利尻富士 ······ 115 D1	【ろ】	わしゅうざん 鷲羽山 ······ 82 G5N
しのがりいせき 吉野ヶ里遺跡	りっとう 栗東 ··········· 88 G5S	ろくごう 六郷 ·········· 113 D4	わだ峠 和田峠 ·········· 97 C4
············ 77 B3	りふ 利府 ············· 114 D6	ろくのへ 六戸 ·········· 113 E1S	わだやま 和田山 ········· 85 B4
しのがわ 吉野川 ········· 84 F2S	りゅうおう 竜王[滋賀] ····· 88 H1	ろっかしょ 六ヶ所 ········ 111 E2N	わたらい 度会 ··········· 86 F6N
しの川 吉野川[徳島] ······ 84 G2S	りゅうおう 竜王[山梨] ···· 102 B6	ろっこう崎 禄剛崎 ········ 97 B1	わたらせ川 渡良瀬川 ····· 101 C4-5
しの川 吉野川[奈良] ······ 88 G4	りゅうがさき 龍ケ崎 ······ 104 G3	ろっこう山 六甲山 ········ 87 E2S	わたり 亘理 ··········· 114 D6S
しみ 吉見 ············ 103 D2S	りゅうがどう 龍河洞 ······· 84 E3	ろっこう山地 六甲山地 ···· 87 D-E2-3	わづか 和束 ············ 88 G2S
つかいち 四日市 ········· 99 B4N	りゅうきゅう諸島 琉球諸島 · 71 C-D7		わっか 和寒 ··········· 115 D1
つかいどう 四街道 ······· 104 G4	りゅうじん 龍神 ········· 86 D7N		わっさむ 和寒 ··········· 115 E2S
つくら 四倉 ··········· 101 F7N	りゅうじん岳 龍神岳 ······· 86 D6S		わどう 和泊 ············ 71 E6
ど川 淀川 ············· 88 E3			わにつか山地 鰐塚山地 ····· 76 D7
なぐに(島) 与那国 ······· 71 B7S			わのうち 輪之内 ·········· 99 B2S
なご 名護 ············· 82 F3N			わらび 蕨 ············ 103 E3
なは岳 与那覇岳 ········· 70 ①C2N			
なばる 与那原 ·········· 70 ①B4			

本地図帳使用上の注意

1. 地名の表記
   - 原則として，日本語による表記も，欧文による表記も現地語音を取り入れている。
   - 日本語表記においては，原則としてBはバ行，スペイン語圏を除くVはヴ行の表記とした。
2. 地図の記号
   地図の記号はなるべく国土交通省国土地理院の地形図とあわせた。
3. 基本図・拡大図の出典

外国	地形	タイムズアトラス，アトラスミーラ，ほか
	人口	世界人口年鑑，ほか
	国名・首都名	外務省資料，ほか
	都市名・自然に関する名称	リッピンコット地名辞典，ウェブスター地名辞典，タイムズアトラスならびに主要国の地図帳
	山の高さ	理科年表，タイムズアトラスおよび主要国の地図帳，スミソニアン協会資料，ほか

日本	地形	国土地理院：50万分の1地方図，ほか
	山の高さ	国土地理院：日本の山岳標高一覧，2.5万分の1地形図，5万分の1地形図，20万分の1地勢図
	土地利用	国土地理院：土地利用図，ほか
	市町村名	国土行政区画総覧(国土地理協会) ※合併または編入が行われた市・町・村は，令和3年3月31日までに官報に告示され，かつ令和3年4月1日までに市・町・村制施行されるものを掲載した。
	人口	住民基本台帳 人口・世帯数表
	自然に関する名称	国土地理院：標準地名集，ほか

この地図の作成に当たっては，国土地理院長の承認を得て，同院発行の500万分1日本とその周辺，50万分1地方図，20万分1地勢図及び5万分1地形図を使用した。(承認番号 平29情使，第1599号)

〔表紙デザイン〕 畑中義和　　〔写真提供〕 時事通信フォト，ほか

〈地図中の鉄道各線や道路等の情報について〉
災害等の被害により，一部交通機関において不通となっている区間があります。詳しい運行状況等は，各社のホームページ等でご確認ください。
※本書は2021年3月までの情報を基に編集しております。予定事項などが変更になる場合もあることをご了承ください。

新TVのそばに一冊
ワールドアトラス　世界・日本
8版

令和3年6月20日印刷
令和3年6月25日発行

定価1320円(本体1200円+税)

Printed in Japan
ISBN 978-4-8071-6481-3

著作・発行　株式会社 帝 国 書 院
代表者　佐藤 清

〒101-0051　東京都千代田区神田神保町3の29
振替口座　00180-7-67014
電話　東京(03)3262-0830(販売部)
　　　　　3261-9038(開発部)
URL https://www.teikokushoin.co.jp/

印刷者　新村印刷 株式会社
代表者　加藤秀明
東京都品川区大崎1の15の9

印刷者　株式会社 加藤文明社
代表者　加藤文男
東京都千代田区神田三崎町2の15の6

本書掲載の内容の無断複写および転載を禁じます。
乱丁・落丁本はお取り替えいたします。

©Teikoku-Shoin Co., Ltd. 2021